中國古代都城資料選刊

唐兩京城坊考

〔清〕徐松 撰
張穆 校補
方嚴 點校

中華書局

圖書在版編目(CIP)數據

唐兩京城坊考/(清)徐松撰;張穆校補;方嚴點校.—北京:中華書局,1985.8(2024.12 重印)
(中國古代都城資料選刊)
ISBN 978-7-101-09115-1

Ⅰ.唐…　Ⅱ.①徐…②張…③方…　Ⅲ.①長安(歷史地名)-地方史-考證-唐代②洛陽(歷史地名)-地方史-考證-唐代　Ⅳ.K242.07

中國版本圖書館 CIP 數據核字(2012)第 313435 號

特約編輯:張忱石
責任編輯:胡　珂
封面設計:周　玉
責任印製:韓馨雨

中國古代都城資料選刊
唐兩京城坊考
〔清〕徐　松　撰
　　　張　穆　校補
方　嚴　點校

*

中華書局出版發行
(北京市豐臺區太平橋西里 38 號　100073)
http://www.zhbc.com.cn
E-mail:zhbc@zhbc.com.cn
三河市宏盛印務有限公司印刷

*

850×1168 毫米 1/32 · 10 印張 · 10 插頁 · 174 千字
1985 年 8 月第 1 版　2024 年 12 月第 6 次印刷
印數:5201-5800 册　定價:49.00 元

ISBN 978-7-101-09115-1

點校説明

徐松唐兩京城坊考是研究中國古代都城的一部很重要的著作。這部書不但文獻資料豐富，而且作者很重視平面位置的復原，繪製了多幅平面示意圖，這在當時是很不容易的事情。隨着近代考古學的發展，新資料的不斷發現，徐松對唐兩京的研究和復原，自然有很多需要訂正之處，但是，唐兩京城坊考這部書仍不失爲研究唐代兩京的必備參考書。

徐松作唐兩京城坊考約始於嘉慶十四年（一八〇九）。此時他正從事纂輯全唐文的工作，積累了大量有關唐代兩京的資料，特别是又從永樂大典中發現了河南志，使原來資料比較薄弱的東都洛陽的記載大大豐富起來，促使徐松決心編著唐兩京城坊考。大概用了一年多的時間，全書已粗具規模，在嘉慶十五年（一八一〇）四月寫了序。但是，書的編輯工作並未結束，一直到道光二十八年（一八四八）二月下旬，徐松逝世前的四、五天，他還在補充材料。從開始積累資料起，先後已將近四十年了。可以説，他是用了畢生的精力從事此書的編著的。

道光二十年（一八四〇）以後，張穆協助徐松編輯唐兩京城坊考，主要是作刻印前的校訂和整理工作。張穆也作了一些補充，但數量不多，字數較多的有兩條，一是卷一大安宮下的注文，已標明爲「穆案」；另一條是卷一「承天門街之東，宮城之南第二横街之北」下的注文。這兩條案語都有錯誤。張穆校補的學術水平，是不能和徐松的原著相提並論的。但是，張穆仍是盡了他的責任的，卽使是在很困難的時候，他對原稿的整理也没有中輟。在書中卷五陶化坊「河南府參軍張軫宅」條的注文後，張穆記下了徐松給他最後一條材料時的情景，筆墨不多，却極富情感。他寫道：「星伯先生卒於道光二十八年三月初一日。此條則將屬纊之前四、五日手書示穆，令補入書中。時穆新遭妻喪，兒孝蘭疾亦垂殆。倉皇摧割之際，寶持手蹟，幸未遺失。附注於此，以志痛也。」徐松逝世後不久，於當年之内，唐兩京城坊考卽刻印出版，這不能不說是張穆的功勞。這就是本書的唯一刻本靈石楊氏連筠簃叢書本。

我們的點校本卽以連筠簃本爲底本，用北京大學圖書館藏唐兩京城坊考稿本作了訂補。稿本共三十四頁，裝成一册。半頁十行，行二十八字，註雙行。封簽爲「伯昂題」。序前有「古潭州袁卧雪廬收藏」印，圖前有「麐嘉館印」、「大興徐氏臧圖籍印」等印。我們利用稿本作了兩件事：第一、根據徐松和張穆的不同筆迹，分辨出了張穆所補的若干條，在校語中說明。第二、稿本中有數條注文和徐松的案語，刻本中已删去，現均補録在校語中。

注中所引文獻多非原文，而是經删節重編過的。文句上雖與原文歧異，但不影響文義者，均維持原狀。凡與原義不符，或上下文義因删節致誤者，則據原文改訂，或在校語中説明。避清諱的字，均恢復原字，一律不加校語。凡校語首尾均加方括號，以便識别。爲了便於檢查，補編了簡目，因爲書後另有索引，細目卽不重列。原書附圖，西京、東京本分列卷一、卷五之前，現集中卷首，圖目也相應合併。

唐兩京城坊考刻印後兩年，卽道光三十年（一八五〇），程鴻詔作唐兩京城坊考校補記一卷，繆荃孫收入藕香零拾。我們也把它附印書後。爲了讀者參考方便，我們還附印了根據近年考古學的成果繪製的唐長安城復原圖、唐大明宫圖和隋唐洛陽城圖三幅地圖，它們是中國社會科學院考古研究所提供的。點校本付排前，承張忱石同志通讀原稿，提出了很好的意見，並爲本書編製索引，謹一併致謝。

方嚴　一九八三年十二月於北京

唐兩京城坊考目録

唐兩京城坊考序

古之爲學者，左圖右史，圖必與史相因也。余嗜讀舊唐書及唐人小説，每於言宫苑曲折，里巷岐錯，取長安志證之，往往得其舛誤，而東都蓋闕如也。己巳之歲，奉詔纂輯唐文，於永樂大典中得河南志圖，證以玉海所引、禁扁所載，灼是次道舊帙，其源亦出於韋述兩京記而加詳焉。亟爲摹鈔，愛同球璧。校書之暇，採集金石傳記，合以程大昌、李好問之長安圖，作唐兩京城坊考，以爲吟咏唐賢篇什之助。昔宋皇祐中欲行入閤儀，而莫知故實，後仁宗得唐長安圖，其儀始定。元豐時，都官員外郎蒙安國得唐都省圖，獻於朝，遂遷舊七寺監如唐制。政和四年，宋昪奏端門橋制，考唐洛陽圖之四橋。而胡身之注通鑑，亦引閣本太極宫圖、閣本大明宫圖。是唐宫省之圖在宋時已珍重如斯，況於今又數百年後哉。嘉慶蒼龍上章敦牂孟夏之月，北平徐松書於文穎館直廬。

《唐兩京城坊考》地名索引

凡　例

一、本索引收録《唐兩京城坊考》及程鴻詔《唐兩京城坊考校補記》中的宫殿、苑囿、臺觀、寺院、衙署、街市、住宅、渠道等名稱。

二、地名下的數字，前者爲卷數，後者爲頁碼。

例如：韓愈宅
2/46
194

表示韓愈宅見於本書第2卷第46頁及第194頁。

三、索引中的同名異地，不作區分，讀者使用時當自鑒别之。

四、地名有缺字者，如□文殿(1/28)、□光殿(1/28)排列在索引最後。

五、本索引按四角號碼順序排列，後附筆畫檢字與四角號碼對照表，以便用不同方法檢索。

0010_8 立

18立政坊
3/90
185
立政殿
1/4
立政門
1/4
21立行坊
5/175
24立德坊
5/171
220
立德橋
5/152
5/178

0020_1 亭

17亭子院
1/8

0021_1 鹿

30鹿宫院
5/132
5/134

0021_6 兗

32兗州進奏院
3/54

0022_3 齊

10齊王暕宅

4/101
60唐昌觀
4/94
205
67唐昭宅
2/46
77唐興村
1/2
187
78唐臨宅
5/154

0028$_6$ 廣

00廣文館
2/40
22廣利坊
5/170
24廣化坊
3/72
184
32廣州進奏院
3/55
34廣遠樓
1/28
廣達樓
1/28
5/136
37廣運潭
1/30
廣運樓
1/28
廣運門
1/2
5/134
60廣恩坊
4/119
76廣陽門
1/1

0032$_7$ 鷹

27鷹鷂院
1/8

0040$_0$ 文

21文經野宅
4/96
30文安縣主宅
3/81
44文華殿
5/145
48文敬太子廟
4/121
50文泰殿
1/26
60文思院
1/23
文思殿
1/7
5/134
67文明殿
1/24
77文學館
1/3

0040$_1$ 辛

00辛京杲宅
2/43
30辛寮宅
200
80辛公義宅
5/174

0040$_3$ 率

00率府郎上柱國某氏宅
5/162
10率更寺
1/12
5/155

0040$_6$ 章

10章正字宅
203
24章仇兼瓊宅
2/37
80章善坊
5/161
章善門
5/134
90章懷太子廟
4/126
4/114

0040$_8$ 交

31交渠
4/128
50交泰殿
1/26

0044$_1$ 辨

40辨才寺
4/124

0060$_1$ 音

47音聲樹
1/13

0063$_2$ 讓

26讓皇帝廟

3/90

0071_4 雍

10雍王宅
5/148
26雍和殿
1/4
3/82
32雍州廨舍
4/107

0073_2 衣

75衣肆
4/118

玄

10玄元皇帝廟
1/23
5/168
玄元觀
215
13玄武殿
1/22
玄武門
1/2
1/5
1/19
1/30
5/132
5/134
5/142
24玄化門
1/25
玄德門
1/7
1/8
40玄真觀
3/54
44玄英門
1/25
47玄都觀
4/95
60玄圃門
5/143

襄

32襄州進奏院
3/57
43襄城公主宅
2/35

褒

80褒義寺
4/120

0080_0 六

80六合院
5/136
六合殿
5/136

0090_6 京

21京師城
2/33
32京兆府學
4/97
京兆府廨
4/107
京兆府籍坊
3/62
43京城
1/1

0091_4 雜

50雜事院
1/21

0121_1 龍

27龍鱗宮
5/144
龍鱗渠
5/144
龍鱗橋
1/30
34龍池
1/26
190
44龍華尼寺
3/91
77龍尾道
1/19
龍興道士觀
2/40
龍興寺
4/104
4/125
5/167
龍興觀
3/65
4/125
5/147
80龍首山
1/17
龍首渠
4/127
183
211
龍首池

1/29
4/128
龍首殿
1/29
90龍堂
1/26
龍光門
5/133

0128$_6$ 顔

21顔師古宅
3/90

0173$_2$ 襲

44襲芳院
5/134

0211$_4$ 氈

55氈曲
3/87

0212$_7$ 端

30端扆殿
5/133
77端門
5/137

0261$_8$ 證

30證空尼寺
4/104
60證果尼寺
4/93
4/100

0292$_1$ 新

24新射殿
1/26
47新都
1/1
5/131
新都寺
4/112
新都公主宅
4/95
4/112
50新中橋
5/178
60新昌坊
3/87
203
新昌觀
2/47
4/95
77新殿
1/6
新開門
5/143
214

0391$_4$ 就

60就日殿
1/5
1/7

0460$_0$ 謝

27謝翱宅
3/90

0464$_7$ 護

54護持寺
3/83
60護國天王院
4/104

0466$_0$ 諸

10諸王府
4/109
44諸葛穎宅
5/157

0512$_7$ 靖

30靖安坊
2/45
184
194
44靖恭坊
3/86
185
203
80靖善坊
2/38

0569$_6$ 諫

08諫議坡
1/19

0662$_7$ 謁

44謁者臺
1/14
5/139

0691$_0$ 親

06親親樓
1/4
3/82
21親仁坊
3/60
196

0710_4 望

10望雲亭
1/5
22望仙臺
1/23
望仙橋
5/170
望仙殿
1/7
望仙門
1/18
50望春宫
1/30
5/144
望春門
5/143
60望景臺
5/136

0712_0 翊

16翊聖亭
3/78
翊聖女冠觀
2/40
80翊善坊
1/18
3/49
195

0722_7 鄜

40鄜坊進奏院
2/42

0742_7 郊

34郊社署
1/17

郭

00郭廣敬宅
5/162
10郭元振宅
3/59
17郭承嘏宅
197
郭子儀宅
3/61
197
郭子儀園
4/113
郭子儀嬖人張氏宅
3/60
21郭仁鈞别墅
215
郭虔瓘宅
3/82
40郭大娘宅
5/176
44郭英乂宅
3/65
48郭敬之宅
3/85
52郭揆宅
3/73
60郭思訓宅
4/117
郭思謨宅
5/165

0762_0 詢

80詢善坊
5/162

0766_2 韶

67韶暉門
5/136

諮

44諮芳亭
1/31

0821_4 旌

80旌善坊
5/150
216

0823_2 旅

00旅店
221
77旅邸
4/113
80旅舍
2/40
2/47
5/153
5/164
5/172
5/175
194
83旅館
2/35
2/43
3/62
3/66
3/79
3/84
4/105
194

2/41

1010_3 玉

00玉京門
5/142
20玉雞坊
5/171
5/173
22玉山營
3/72
28玉作坊
1/14
30玉宸觀
189
39玉沙磧
5/160
玉沙灘
5/160
40玉真女冠觀
4/103
44玉芝觀
4/112
208
玉華門
1/27
45玉樓坊
2/40
184

1010_4 王

00王立傭居
3/54
196
200
王立宅
195
王彦伯宅
4/97
205
王方慶宅
5/152
王庭瓌宅
3/72
王廣
5/173
王文幹宅
3/73
11王璿宅
2/44
12王璠宅
2/43
13王武俊家廟
4/96
14王珪家廟
2/45
王璹宅
4/105
17王承業宅
2/41
王君廓宅
4/102
王邵宅
5/154
20王毛仲宅
3/82
5/169
21王仁皎宅
3/62
5/147
王仁祐宅
3/51
王仁忠宅
3/82
王行威宅
4/104
王處存宅
3/74
王縉宅
3/84
22王崇宅
205
23王俌宅
3/57
24王德貞宅
2/44
25王生宅
3/79
27王龜宅
4/96
王將軍宅
217
王紹宅
2/44
30王守一山亭院
5/173
王守一宅
5/167
王安仁宅
4/117
王定宅
3/89
王定保宅
4/98
31王涯宅
3/63
197
王涯家廟
4/95
王源中宅

至

1010_7 五

1010_8 豆

5/149

靈

00靈應道士觀
4/117
靈應觀
3/65
13靈武進奏院
3/57
24靈化寺
4/122
30靈安寺
4/120
靈寶寺
4/100
32靈溪門
5/143
40靈臺
1/16
44靈花寺
3/85
靈芝殿
1/23
53靈感寺
3/87
靈感觀
2/42
55靈井
4/109
60靈囿門
5/143
77靈覺寺
4/113
88靈符應聖院
1/29
靈符殿
1/29
90靈光門
5/143

1011_3 琉

10琉璃亭
5/135

1016_4 露

44露華亭
5/145
露菊亭
5/142

1020_0 丁

20丁重宅
3/89

1021_1 元

00元文都宅
5/159
14元瓚宅
4/124
21元行沖宅
2/43
5/151
22元崇簡宅
3/80
23元獻皇后廟
1/14
24元偉宅
4/110
元稹宅
2/37
2/46
5/164
195
34元法寺
3/76
201
37元沼宮
1/31
40元吉坊
5/172
213
元壽寺
5/172
43元載家廟
4/120
元載宅
2/37
元載別宅
3/72
44元孝矩宅
4/98
53元盛宅
5/165

1021_4 霍

10霍王元祥宅
5/164
霍王元軌宅
5/147
60霍國夫人王氏宅
3/57
90霍小玉宅
3/74

1022_7 兩

28兩儀殿
1/3
1/4

西洲
5/134
38西海
4/129
40西太陽門
5/137
西左藏庫
1/2
西内
1/1
44西華觀
4/125
西華門
5/133
西華公主宅
3/61
西横門
1/4
45西樓
1/31
191
西槽橋
5/180
47西朝堂
5/139
50西奉化門
1/8
60西園
2/35
67西明寺
4/109
207
西明門
5/137
77西門珍宅
4/103
78西監
1/30

百

23百戲臺
5/136
30百官待漏院
1/18
188
31百福殿
1/4
百福門
1/4

1060_1 晉

10晉王宅
2/39
60晉昌坊
3/68
184
198

1062_1 哥

87哥舒翰宅
204

1073_1 雲

07雲韶院
1/31

1080_6 賈

08賈敦頤宅
5/154
14賈耽宅
2/38
27賈蟲精舍
4/106
60賈昌宅
3/60
賈昌舍
192
80賈曾宅
5/152

1111_0 北

00北市
5/174
213
220
北廊
1/22
07北望春亭
1/30
北邙山
215
17北司
1/19
21北街
1/12
北衙
1/19
38北海
4/129
北海池
1/5
44北苑
1/8
1/28
45北樓
191
60北里
5/170

1121_1 麗

1123_2 張

1233_0 烈

1240_0 刑

1240_1 延

1241_0 孔

24孔緯宅
4/108
207

1241_8 飛

01飛龍廄
1/19
5/142
飛龍院
1/31
10飛霜殿
1/6
190
20飛香亭
5/145
飛香殿
5/134
22飛山宮
5/144
飛仙殿
1/27
44飛華亭
5/145
51飛軒門
1/27

1249_3 孫

23孫伏伽宅
3/71
36孫迴璞宅
195
39孫逖宅
5/161
40孫志廉宅
3/51
50孫秦宅
4/112
60孫思邈宅
4/108
90孫常楷宅
3/73

1314_0 武

00武庫
1/6
10武三思宅
4/115
5/148
武元衡宅
2/46
20武重規宅
4/98
24武德西門
1/4
武德東門
1/4
武德殿
1/4
武德門
1/4
28武攸宜宅
5/150
武攸寧宅
5/148
47武懿宗宅
4/106
53武成王廟
4/97
5/155
武成殿
5/134
武成門
5/134
66武器監
1/13
67武嗣宗宅
5/167
72武后母榮國夫人宅
5/170
武氏七廟
5/138

1323_6 強

17強瓊宅
4/124

1328_6 殯

30殯宮
3/81

1412_7 功

24功德尼寺
4/119
71功臣閣
1/5

1421_7 殖

32殖業坊
4/93
5/175
185

1519_4 珠

80珠鏡殿
1/23

1523_6 融

29融秋宮門

1/8
77融覺寺
4/110

1540_0 建

31建福寺
3/81
建福門
1/18
34建法尼寺
4/104
38建遵堂
206
建道堂
206
50建春門
1/2
5/146
215
60建國門
5/146
76建陽門
5/146

1561_8 醴

26醴泉坊
4/117
185
醴泉寺
4/117
醴泉監
4/117

1610_4 聖

21聖經寺
2/37
30聖容院
2/41
40聖壽寺
4/127
211

1614_4 瓔

17瓔珞門
5/136

1660_1 碧

17碧羽殿
1/24

1710_7 孟

07孟郊宅
5/172
36孟温禮宅
4/99

1714_7 瓊

22瓊山縣主宅
4/112
5/154

1717_2 瑶

34瑶池
1/28
44瑶林坊
2/35
183
90瑶光殿
5/135

1722_7 務

50務本坊
2/39
184
193

鬻

80鬻金玉者家
206
88鬻餅舍
202

1723_2 承

00承慶殿
1/4
承慶門
1/4
10承天門
1/1
1/10
187
承天門街
1/10
承雲閣
1/24
承雲門
1/27
20承香殿
1/5
1/22
31承福坊
5/171
承福門
5/140
47承歡殿
1/23
60承恩殿
1/8

67承明坊
4/117
185
承明門
1/28
承暉殿
1/29
80承義坊
5/169
212

1740_7 子

43子城
1/9

1740_8 翠

27翠阜亭
5/145
翠阜堂
5/145
28翠微宫
5/144
44翠華殿
1/28
1/29

1742_7 邢

17邢羣宅
5/173
23邢縡宅
4/116
77邢鳳宅
3/57

1750_1 羣

77羣賢坊
4/124
210

1750_7 尹

60尹思貞宅
4/97
5/157

1762_0 司

10司天臺
1/16
司天監
1/16
3/62
27司禦率府
5/139
30司空圖宅
2/42
司宫臺
1/9
5/139
司寶庫
1/6
45司隸臺
5/138
55司農官礎
5/182
司農寺
1/15
1/30
5/140
5/150
司農寺草坊
1/17
司農寺輸場
5/177
司農園地
3/70
71司馬宗宅
4/104
88司竹園
5/150

1768_2 歌

13歌武殿
1/29

1771_0 乙

35乙速孤行儼宅
3/72

1814_0 政

10政平坊
211
26政和門
1/28
50政事院
5/141
政事堂
1/20

2010_4 重

00重玄門
1/28
31重福門
1/7
35重津橋
5/179
67重明門
1/7
1/8
90重光門

1/8
5/132
5/137

垂

54垂拱前殿
1/28

2011_4 雕

40雕雄樹
1/18

2023_2 依

21依仁坊
5/166
212
219
34依法寺
4/124

2023_6 億

21億歲殿
5/135

2026_1 信

10信王宅
3/82

2040_0 千

21千步廊
1/5
千步磧渠
5/179
千步閣
5/136
25千牛衞
5/139
29千秋觀
4/126
千秋殿
1/4
千秋門
5/133
31千福寺
4/114
千福門
5/134
80千金堨
5/172
千金公主宅
5/168

2040_7 雙

67雙曜亭
5/142

2060_4 看

22看樂殿
1/29
44看花殿
1/29

2060_9 香

38香海寺
3/66

2061_4 維

31維渠
5/178
221
43維城西門
5/132
維城南門
5/132
維城殿
5/136
76維陽縣廨
5/176

2090_1 乘

01乘龍殿
1/7
10乘雲閣
3/70

2090_4 集

22集仙殿
5/135
214
34集禧門
1/28
67集曜亭
5/142
77集賢坊
5/161
集賢殿
5/135
集賢殿書院
1/21
5/135
集賢門
5/135

2108_6 順

10順天門
1/1
80順義門
1/10

2124_0 虔

24虔化門
1/3
60虔思殿
3/82

2128_6 潁

10潁王宅
3/82

2131_7 虢

10虢王邕宅
4/99
4/110
5/159
60虢國夫人楊氏宅
3/58

2150_6 衛

00衛文昇宅
5/168
60衛國寺
5/168
5/175
74衛尉寺
1/15
5/138
5/141

2155_0 拜

37拜洛壇
5/174

2160_8 睿

13睿武樓
1/19
睿武門
1/26
30睿宗在藩舊宅
3/70
199

2172_7 師

34師婆阿來宅
3/55

2180_6 貞

10貞元普濟寺
3/91
21貞順武皇后廟
2/39
23貞獻太后廟
4/127
30貞安坊
4/102
185
46貞觀殿
5/133
5/134

2190_3 紫

10紫雲樓
3/91
紫雲閣
1/6
28紫微城
5/131
紫微殿
1/7
30紫宸殿
1/22
1/24
5/136
紫宸門
1/22
44紫蘭亭
1/9
紫蘭殿
1/22
88紫籥殿
1/24

2191_0 紅

45紅樓
3/70

2191_1 經

21經行寺
4/125

2194_9 秤

21秤行
4/118

2210_8 豐

10豐王宅
3/82
22豐樂坊
4/93
30豐安坊
4/101
185
32豐州進奏院
3/54
47豐都市
5/160
60豐邑坊

4/126
211
64豊財坊
5/176

2220_0 例

00例竟門
5/137

制

79制勝樓
5/132

2221_4 任

60任晃宅
3/50
77任丹宅
3/52

崔

00崔彦昭宅
3/87
崔玄童
2/42
5/161
崔玄亮宅
5/166
10崔元暐宅
2/41
13崔琄宅
3/67
14崔琳宅
3/82
15崔融宅
5/147
崔融舊第
3/57
17崔羣家廟
4/95
崔羣宅
3/88
5/163
20崔垂休宅
2/36
崔垂林宅
2/36
23崔允宅
2/36
崔俊宅
5/175
24崔倰宅
5/175
25崔生宅
2/45
4/111
28崔倫宅
2/46
30崔寧宅
3/79
31崔沔宅
5/151
33崔泳宅
5/176
34崔造宅
2/37
35崔神慶宅
5/168
36崔混宅
5/154
38崔塗宅
3/66
198
50崔泰之宅
3/56
5/156
60崔日用宅
5/167
崔日知宅
2/42
5/167
崔昇宅
2/45
崔圓宅
2/41
崔景晊宅
4/111
67崔明香宅
5/150
72崔氏宅
4/121
198
崔鉉宅
4/98
崔公望省樓
1/14
87崔邠宅
4/108
90崔光意宅
2/42
崔尚書宅
196

2226_4 循

18循政坊
184
循政里
3/81

27循修坊
5/156

2227$_0$ 仙

07仙韶院
1/25
10仙雲門
1/26
20仙雒門
5/141
42仙桃門
5/142
47仙妤院
5/142
仙都宫
4/93
仙杼院
5/142
77仙居院
5/135
仙居殿
1/22
5/135
5/142

2271$_7$ 邕

32邕州進奏院
3/55

2277$_0$ 山

00山齋院
5/135
12山水池門
1/6
34山池
1/15
山池院
1/5
1/8

幽

32幽州進奏院
3/54

2280$_6$ 賃

30賃宅
193

2290$_0$ 利

21利仁坊
5/166
28利俗坊
5/156
212
31利涉橋
5/178
80利人市
4/117

2290$_1$ 崇

00崇慶門
5/132
崇文殿
1/8
崇文館
1/8
崇讓坊
5/163
218
16崇聖宫
4/100
崇聖寺
4/97
4/100
18崇政坊
5/151
21崇仁坊
3/53
184
195
崇仁殿
1/8
24崇化坊
4/125
186
210
崇化寺
5/150
崇德坊
4/100
185
崇德門
1/20
崇勳殿
5/134
30崇濟寺
3/66
31崇福寺
4/113
4/115
4/123
崇福殿
5/136
32崇業坊
4/95
5/149
185
崇業尼寺

4/110
38崇道門
1/7
40崇真觀
3/87
44崇蘭堂
5/145
48崇教殿
1/8
崇敬尼寺
2/46
60崇恩廟
4/96
崇因尼寺
5/168
67崇明觀
4/104
崇明門
1/20
77崇賢坊
4/110
208
崇賢館
5/148
80崇義坊
2/41
193
崇義寺
4/119

2290_4 樂

00樂府
2/46
10樂平長公主宅
5/163
26樂和坊
5/148
30樂官院
3/72
4/97
38樂遊廟
3/79
202
樂游苑
202
樂游原
202
60樂思晦宅
4/101
80樂善寺
4/116
樂善尼寺
4/116

梨

60梨園
1/31

2294_4 綏

31綏福坊
5/164
綏福門
1/7

2299_3 絲

22絲綵院
1/5

2299_4 綵

10綵霞亭
3/91
22綵絲院
1/5
1/6

2300_0 卜

44卜者李老居
209

2321_4 僦

80僦舍
4/112

2323_4 獻

50獻春門
1/4

2324_0 代

60代國公主宅
5/150

2325_0 臧

90臧懷亮宅
3/56

2371_3 毬

46毬場亭子
1/6
1/30
毬場亭子殿
1/29
毬場門
1/25

2420_0 射

47射堋
5/136
77射殿

1/8
90射堂
5/144

2421_0 化

00化度寺
4/123
209
43化城院
5/142

2421_1 先

10先天寺
4/124
先天觀
2/40
55先農壇
2/33

2421_7 仇

40仇士良宅
3/73

2423_1 德

44德懋坊
5/176
60德星堂
4/108
德昌殿
5/136
67德明興聖廟
4/102
83德猷門
5/140

2424_1 待

07待詔院
1/20
22待制院
1/23
37待漏院
3/50
77待賢坊
4/126

2429_0 休

38休祥坊
4/114

2474_7 岐

10岐王山亭院
5/152
岐王範宅
3/72
5/148
76岐陽公主宅
3/54
岐陽公主別館
4/113

2492_1 綺

10綺雲殿
5/144

2492_7 納

80納義門
1/3

2494_7 綾

24綾綺殿
1/22

2496_1 結

19結璘樓
1/24

2500_0 牛

12牛弘宅
5/173
28牛僧孺宅
3/89
5/166
204
219

2520_6 仲

17仲子陵宅
3/87

2520_7 律

44律藏寺
4/114

2522_7 佛

52佛授記寺
5/146
90佛堂
1/6
4/118
佛堂院
1/8
3/53
佛光寺
1/6
5/133

2524_3 傳

80傳舍
199

2590_0 朱

2598_6 積

2600_0 白

2610_4 皇

2621_3 鬼

2623_2 泉

2629_4 保

2641_3 魏

魏王泰宅
4/109
魏王泰故第
5/152
魏元忠宅
5/166
28魏徵家廟
2/47
魏徵宅
3/52
5/152
195
32魏州進奏院
3/57
36魏邈宅
3/74
50魏奉古宅
5/152
60魏國寺
4/115
魏國觀
4/104
86魏知古宅
4/105
90魏少遊宅
3/79

2690_0 和

10和平坊
4/127
18和政公主宅
3/85
50和春殿
5/145
77和風門
1/27
80和會坊
186

2691_4 程

10程元景宅
4/124
21程行諶宅
5/177
26程伯獻宅
3/61
27程修己宅
3/67
44程執恭宅
2/46
90程懷直宅
2/40
4/94

2692_2 穆

30穆寧宅
5/173

2692_7 絹

21絹行
208

2693_0 總

24總化寺
3/72
54總持寺
4/127

2694_1 釋

44釋梵寺
4/115

2712_7 歸

21歸仁坊
5/166
219
歸仁門
1/3
22歸崇敬宅
3/61
24歸德坊
5/153
216
40歸真觀
1/5
80歸義坊
4/122
5/173
歸義門
5/136

鄠

10鄠王元真廟
4/102
60鄠國寺
2/38

2722_0 仰

46仰觀臺
1/25

御

50御史北臺
1/21
御史臺
1/16
1/21

5/139
御史臺察院
1/16
御史臺中書南院
1/21
御史臺推事院
1/16
御史臺殿院
1/16
55御井
1/14
71御馬坊
1/29
5/136

2722_2 修

00修文坊
5/148
修文閣
1/24
修文館
1/3
18修政坊
3/81
184
21修行坊
3/80
5/149
202
修行寺
5/159
24修德坊
4/102
185
32修業坊
5/150
184
40修真坊
4/122
44修華坊
3/80
50修書院
5/135
60修甲弩坊
5/141
80修慈寺
3/66
修慈尼寺
3/74
修義坊
5/174
修善坊
5/156
修善僧寺
4/94
88修竹坊
184

2722_7 鄰

80鄰公廟
4/121

2723_2 衆

44衆藝臺
1/9

2723_4 侯

17侯君集宅
3/84
60侯景先宅
4/118
82侯釗宅
3/88

2724_7 殷

17殷子恩宅
5/162
24殷侑家廟
4/121
26殷保晦宅
3/64
殷保晦妻封氏殉節處
192
63殷踐猷宅
3/73
77殷開山宅
3/90

將

28將作監
1/15
5/141

2725_7 伊

94伊慎宅
2/38

2726_1 詹

50詹事府
1/12
5/140

2732_7 烏

20烏重胤廟
4/125

郥

60郥國公主宅

4/94
5/150

2733_6 魚

44魚藻宫
1/31
魚藻池
1/31
47魚朝恩宅
4/96
96魚糧門
1/28

2742_7 鄒

10鄒王楊慶宅
5/172
77鄒鳳熾宅
4/125

2762_0 翻

21翻經館
5/152

2762_7 鄱

76鄱陽公主邑司
4/108
207

2790_1 祭

31祭酒臺
1/28

禦

27禦冬門
5/143

2791_7 紀

60紀國大長公主宅
2/43
紀國寺
4/112

2793_2 緣

77緣覺寺
4/110

緑

15緑珠墓
5/175
67緑野堂
5/178

2824_0 徽

30徽安門
5/146
215
83徽猷殿
5/133

2825_3 儀

10儀王宅
3/82
22儀鸞殿
5/136
45儀坤廟
3/60

2828_1 從

18從政坊
5/169
80從善坊
5/165

2829_4 徐

00徐彦伯宅
5/166
27徐奮宅
4/98
32徐州進奏院
3/57
34徐浩宅
3/63
77徐堅宅
3/74
4/104
5/164
徐賢妃妝殿
4/100

2835_1 鮮

10鮮于遵義宅
4/124
鮮雲堂
5/145

2874_0 收

53收成門
5/136

2896_1 給

25給使坊
5/136

2998_0 秋

32秋澄門
5/133
60秋景門

5/133

3010$_1$ 空

30空宅
4/116
5/159
46空觀寺
4/98

3010$_6$ 宣

10宣平府
4/112
宣平坊
3/77
184
202
18宣政坊
3/77
184
宣政殿
1/19
1/24
5/134
189
宣政門
1/20
5/132
21宣仁坊
196
宣仁門
5/140
24宣化尼寺
4/101
4/120
宣化門
1/25
28宣徽殿
1/22
43宣城公主宅
4/121
5/155
48宣教坊
5/158
212
218
67宣明門
1/7
1/8
76宣陽坊
3/57
77宣風坊
5/168
80宣慈寺
3/78
宣義坊
4/101
206
83宣猷門
1/7
87宣歙進奏院
3/55
88宣範坊
5/151
90宣光門
1/7
97宣耀門
5/138
宣輝門
5/137

3010$_7$ 宜

10宜天門
1/27
21宜仁坊
3/73
184
29宜秋宮
1/8
宜秋宮門
1/8
宜秋門
1/4
43宜城公主宅
5/155
50宜春宮
1/8
宜春宮門
1/8
宜春院
5/136
5/142
宜春門
1/4
60宜男亭
5/142
67宜明門
1/28
77宜民坊
5/147
211
80宜人坊
5/147
211

3011$_3$ 流

41流杯亭
1/31
流杯石

5/154
流杯殿
5/134
44流芳亭
5/145
流芳堂
5/145
77流風亭
5/145

3011_4 淮

40淮南進奏院
3/54

滻

12滻水
183
滻水渠
4/127

瀘

31瀘渠
5/181

3011_7 瀛

32瀛洲山
5/144
瀛洲門
1/26

3012_3 濟

00濟度尼寺
4/94
4/100
10濟王宅
3/82
34濟法寺
4/105

3013_0 汴

32汴州進奏院
3/54

3014_7 淳

24淳化坊
5/147
26淳和坊
4/126
5/170
186
77淳風坊
5/167

3019_6 涼

10涼王宅
3/82
60涼國公主宅
3/83

3020_1 寧

10寧王憲山池院
3/74
寧王憲宅
5/150
21寧仁坊
212
77寧民坊
5/167
212
80寧人坊
5/167
212

3021_3 寬

18寬政坊
5/167

3021_4 寇

07寇鄘宅
4/121

3022_7 房

00房玄齡宅
2/40
21房仁裕宅
2/42
5/154

3023_2 永

00永康門
5/132
永慶殿
1/28
10永王宅
3/82
永平坊
5/120
186
22永豐坊
5/156
217
永崇坊
3/64
197
永樂坊
2/44
184
194

永樂里
194
26永和坊
4/126
186
永穆公主宅
3/56
30永寧坊
3/62
197
永寧園
3/62
永安宫
1/18
永安渠
4/128
211
永安坊
4/113
永安殿
1/29
永安門
1/2
34永達亭子
4/96
永達坊
4/95
37永通坊
5/165
212
219
永通門
5/146
40永嘉坊
3/83
永壽寺
2/44
4/113
永壽公主廟
2/37
44永巷
1/4
50永泰坊
5/162
永泰寺
4/119
永泰門
1/30
5/133
永春門
1/2
60永昌坊
1/18
3/51
永昌橋
5/178
永昌縣廨
5/155
永昌公主宅
5/153
76永陽坊
4/127
211
77永隆坊
4/120
186
永興坊
3/52
195
80永義坊
212

家

80家令寺
1/12
5/138
家令寺園
4/101

3023_4 戾

60戾園
4/115

3026_1 宿

17宿羽亭
5/144
宿羽宫
5/144
宿羽臺
5/144

3030_1 進

24進德坊
5/174
44進芳門
2/33
60進昌坊
3/68
184
198

3032_7 寫

60寫口渠
5/172
182

3040_1 宇

00宇文愷宅

3/52
5/163
宇文述宅
5/175

3040_4 安

21安上門
1/9
安上門街
1/12
1/13
安仁坊
2/36
184
安仁殿
1/5
安仁門
1/3
1/5
22安豐坊
4/101
185
安樂坊
4/102
206
安樂寺
221
安樂公主宅
5/150
24安化門
2/33
安德坊
2/47
27安修仁宅
5/157
安衆坊
5/157
217
30安宜坊
211
安寧門
5/132
5/134
安定坊
4/114
31安福門
1/10
5/134
32安業坊
4/94
5/147
205
211
35安禮門
1/2
37安禄山池亭
4/101
206
安禄山舊宅
3/60
40安南進奏院
3/55
安喜門
5/146
60安國寺
3/70
3/82
5/168
安國女道士觀
5/149
安邑坊
3/75
201
77安民坊
2/36
184
安興坊
3/72
184
安興門
2/33
80安義坊
2/39
安善坊
2/47
4/95
185

3043_2 宏

28宏徽殿
5/134
30宏濟僧寺
3/74

3060_4 客

80客舍
5/175
90客省院
5/142

3060_6 宫

43宫城
1/1
5/131
宫城南門
1/10

富

48富教坊

3/88
72竇氏家廟
4/120
209
77竇賢宅
205

3090_1 宗

00宗廟
1/10
10宗正寺
1/16
5/141
5/148
宗正寺亭子
3/81
38宗道觀
3/65
44宗楚客宅
4/117
5/168
80宗羲仲宅
2/40

3090_4 宋

10宋王元禮宅
2/47
16宋璟宅
3/72
5/147
38宋祥宅
4/124
50宋申錫宅
3/87

3111_0 江

10江西進奏院
3/55

3111_1 涇

71涇原進奏院
3/57

3112_0 河

40河南進奏院
3/54
河南府廨
5/151
河南縣廨
5/167
50河中進奏院
3/57
76河陽進奏院
3/57

3112_7 馮

10馮震宅
3/57
196
30馮宿宅
3/61
197
44馮芫宅
203
72馮臘宅
4/124
80馮慈明宅
5/151

3116_0 酒

30酒家
5/175
75酒肆
201
208

3116_1 潛

01潛龍宮
3/69

3119_6 源

48源乾曜宅
5/154
71源匡贊宅
5/163

3126_6 福

00福唐觀
4/95
5/149
15福建進奏院
3/55
24福先寺
5/162
38福祥觀
4/105
40福壽寺
4/109
44福林寺
4/114
60福田寺
4/113
80福善坊
5/157
福善坡
5/157

3128_6 禎

77禎興亭

1/31

顧

11顧非熊宅
4/120
36顧況宅
3/78
53顧成廟
4/115
90顧少連宅
5/163

3211₈ 澄

21澄虚觀
4/96
30澄空尼寺
4/104
44澄華殿
5/134
77澄覺寺
4/103

3212₁ 浙

10浙西東進奏院
3/57

3213₀ 冰

00冰廳
1/13
55冰井臺
1/28
冰井院
5/142

3214₇ 浮

42浮橋
5/178

3216₈ 淄

50淄青進奏院
3/54

3216₉ 潘

17潘孟陽宅
3/79
27潘將軍宅
4/108

3223₄ 祆

37祆祠
3/86
4/117
4/123
5/164
210

3312₇ 瀉

60瀉口磑坊
5/139

3320₀ 祕

50祕書省
1/15
5/139

3390₄ 梁

17梁君宅
4/105
24梁待賓宅
5/150
30梁守謙宅
3/51
40梁寺宅
4/120
4/125
54梁軌宅
4/124

3411₂ 沈

20沈香亭
1/26
沈香堂
5/177
25沈傳師宅
2/36
43沈越賓宅
3/90
50沈聿宅
3/66
72沈氏家廟
4/112

3412₇ 滿

21滿師善九宫
205

3413₁ 法

10法雲寺
3/78
法雲尼寺
3/78
27法身寺
4/124
法衆寺
4/115
30法寶寺
4/118
38法海寺

4/105
40法壽寺
205
法壽尼寺
2/36
58法輪寺
3/78
60法界尼寺
4/93
67法明尼寺
4/110
208
77法覺尼寺
4/113

3413₄ 漢

10漢王諒宅
4/101
漢靈臺餘阯
4/122
40漢太學餘阯
4/122
60漢圓丘餘阯
4/124
67漢明堂
4/122
70漢辟雍
4/122
76漢陽大長公主宅
2/43

3414₀ 汝

32汝州進奏院
3/55

3414₇ 波

42波斯寺
4/117
210
波斯胡寺
4/117
4/123
5/156
206
210
波斯邸
209

淩

10淩霄門
1/18
1/19
1/24
淩雲門
1/19
34淩波宮
5/145
214
91淩煙閣
1/5

3418₁ 洪

34洪池陂
2/36

3421₀ 社

26社稷
1/10

3426₀ 褚

10褚无量
3/54
5/152
38褚遂良宅
3/56

3430₄ 達

20達奚思敬宅
4/123
35達禮門
2/33

蓬

44蓬萊山
1/22
5/144
蓬萊宮
1/18
蓬萊池
1/22
蓬萊殿
1/22
蓬萊閣
1/28

3430₆ 造

22造樂器趙家
3/55

3510₆ 洩

43洩城渠
5/181

3512₇ 清

10清夏門
5/143
21清虛觀
4/126
24清化坊

5/172
221
36清禪寺
3/82
47清都觀
2/44
60清思殿
1/23
67清明渠
4/129
清暉閣
1/22
77清風堂
5/145

3514₇ 溝

34溝池
4/118

3516₆ 漕

00漕店
192
31漕渠
4/128
5/178
5/180
漕渠橋
5/180

3520₆ 神

01神龍殿
1/5
神龍門
1/5
5/132
13神武門
5/132
26神泉
5/157
神皋亭
1/31
神和亭
5/142
37神通寺
4/112
47神都
5/131
神都苑
5/143
77神居院
5/135
88神策軍營
4/102

3521₈ 禮

07禮部南院
1/13
27禮祭廳
1/16
30禮賓院
2/42
80禮會院
3/53

3530₀ 連

70連壁殿
5/144

3611₇ 温

00温彥博宅
5/150
17温柔坊
5/154
217
20温雒坊
5/171
30温室殿
1/23
34温造宅
3/89
60温國寺
4/97
4/116

3625₆ 禪

30禪定寺
4/127
211
44禪林寺
3/83

3628₁ 禔

27禔象門
5/141

3630₀ 迴

30迴流亭
5/145

3630₃ 還

77還周殿
1/23

3711₄ 濯

01濯龍門
1/26

3712₀ 洞

00洞玄堂

3730_4 運

3750_6 軍

3780_6 資

3812_7 汾

3813_7 冷

3814_0 澂

3814_7 游

3815_7 海

4003_8 夾

4010_1 左

5/138
24左備身府
5/138
27左御衛府
5/138
30左永福門
1/8
35左清道率府
1/12
左神策軍
1/18
40左内率府
1/12
左嘉善門
1/8
左嘉會門
1/28
左右巡使院
1/12
44左藏庫
1/2
1/6
1/24
5/132
5/134
187
左藏外庫院
1/14
左藏院
1/2
48左教坊
3/70
5/169
50左掖門
1/28
5/137
左春坊
1/8
1/12
5/138
53左威衛
1/13
5/138
71左長林門
1/8
74左驍衛
1/12
5/138
78左監門率府
1/12
5/138
左監門衛
1/11
1/12
5/138
80左金吾衛
3/52
5/172
左金吾内府
1/12
81左領軍衛
1/13
5/138
87左銀臺門
1/18
1/20
1/23
1/29
5/136

4020_7 麥

83麥鐵杖宅
5/148

4022_7 内

00内庫
5/136
22内僕局
5/148
24内侍别省
1/23
内侍省
1/9
5/139
30内客省
1/3
40内坊
1/8
5/139
48内教坊
1/29
5/136
50内史省
5/139
77内醫局
5/135
80内倉廩
1/6

南

00南亭院
1/25
南市
5/160
218
07南望春亭
1/30
10南五殿

5/136
11南北千步廊
1/6
南北街
1/12
1/13
1/15
1/20
1/21
34南池
3/68
38南海
4/129
南海池
1/5
40南内
1/25
43南城
5/137
44南薰殿
1/26
55南曲
220
60南里
5/170
南昌國亭
1/31
76南陽縣主宅
4/124

布

18布政坊
4/104
185
206

4040$_0$ 女

37女冠觀
4/96

4040$_7$ 李

00李亮舊宅
4/124
李齊物宅
3/59
李齊古宅
3/88
李方回宅
3/67
李雍宅
3/90
李袞宅
3/59
05李靖宅
3/56
08李誨宅
3/59
10李至遠宅
4/125
李元名宅
4/97
5/167
李元禮宅
2/47
李元祥宅
5/164
李元嘉宅
5/148
李元素宅
3/72
李元軌宅
5/147
李元嬰宅
3/61
李石宅
3/61
194
李晉宅
3/62
12李琇宅
3/78
14李璀宅
5/154
李聽宅
3/64
197
15李建宅
3/80
17李及宅
5/168
220
李司倉宅
200
18李珍宅
2/39
20李千里宅
3/83
21李處士宅
4/107
李峘宅
2/43
李師道留後院
5/158
李貞宅
2/44
4/112
22李巖宅

50李泰宅
4/109
李泰故第
5/152
52李撝宅
3/72
3/83
5/149
5/169
李揆宅
3/50
53李輔國宅
3/63
54李勣宅
4/123
5/155
5/160
209
57李抱玉宅
4/103
60李日知宅
3/91
李國昌宅
3/62
李暠宅
3/61
李晟宅
3/65
198
李晟林園
4/126
李思訓宅
4/98
李思忠宅
2/45
李昌符宅
4/93
李固言宅
3/64
5/156
李員宅
4/107
李圓通宅
5/152
李景讓宅
5/149
63李貽孫宅
5/173
68李晦宅
5/154
72李氏宅
3/51
5/163
77李周南宅
204
李巽宅
3/66
80李益宅
3/88
李令問宅
2/35
3/56
李無慮宅
3/86
李義琰宅
5/149
李舍人宅
2/39
87李愬宅
3/83
88李範宅
3/72
5/148
90李懷遠宅
5/147
李少安宅
4/99
李光顏宅
2/36
李光弼宅
4/113

4046_5 嘉

00嘉慶坊
5/161
17嘉豫門
5/132
5/143
24嘉德殿
1/7
嘉德門
1/3
1/8
31嘉福門
1/7
1/8
40嘉壽殿
1/7
80嘉善坊
5/159
218
嘉會坊
4/120
186
209
83嘉猷坊
5/165
嘉猷觀

3/56
嘉猷門
1/2

4050_6 韋

00韋文恪宅
3/60
韋讓宅
4/101
02韋端宅
3/62
3/89
10韋元琰宅
3/83
韋元魯宅
3/86
韋夏卿宅
5/164
13韋武宅
3/90
14韋瓘宅
5/163
15韋建宅
3/86
16韋琨宅
3/61
17韋珮宅
5/164
韋承慶宅
5/153
18韋玢宅
3/86
21韋虛心宅
5/167
韋行佺宅
3/74
24韋待價宅
2/39
26韋臯家廟
4/114
韋和業宅
4/105
27韋叔夏宅
3/59
30韋安石宅
3/69
5/169
31韋渠牟宅
3/86
32韋澄宅
3/56
35韋津宅
5/159
韋溙宅
5/150
韋溙家廟
3/90
36韋温宅
3/59
42韋機宅
4/123
5/168
44韋莊宅
4/120
韋蒙宅
195
50韋聿宅
2/43
韋抗宅
3/65
5/169
韋青宅
3/67
67韋嗣立宅
5/153
71韋巨源宅
3/59
72韋氏宅
5/164
77韋堅宅
2/41

4060_0 古

34古池
4/107
37古冢
2/45
4/93

右

01右龍武軍
1/19
右雲龍門
1/29
12右延福門
5/133
右延明門
1/3
13右武衛
1/15
5/139
右武侯府
4/104
17右羽林軍
1/19
右司禦率府
1/12
20右千牛衛

1/15
21右衛
1/15
5/139
右衛率府
1/12
5/139
30右永福門
1/8
35右清道率府
1/12
右神策軍
1/19
37右軍巡院
4/104
40右内率府
1/12
右嘉善門
1/8
右嘉會門
1/28
44右藏
1/2
48右教坊
3/50
5/169
50右掖門
1/28
5/137
右肅政御史臺
5/139
右春坊
1/8
1/12
5/138
53右威衛
1/15
5/139
71右長林門
1/8
74右驍衛
1/15
5/139
78右監門率府
1/12
5/139
右監門衛
1/15
5/139
80右金吾衛
4/104
81右領軍衛
1/15
5/139
87右銀臺門
1/18
1/21
1/23
5/136

4060_1 吉

12吉水
5/181

4060_5 喜

30喜寧門
5/146

4060_9 杏

60杏園
3/69

4064_1 壽

10壽王宅
3/82
30壽安門
1/7
50壽春殿
1/25
190
60壽昌門
5/142

4071_0 七

30七寶臺
3/50
4/119
七寶閣
5/142
40七太子廟
3/65
46七架亭
1/31

4073_2 袁

21袁師德樓
217
27袁象先宅
5/165
袁象先園
5/165
50袁夫人宅
4/97
77袁民第
216
80袁公宅
4/103

4080_1 走

71走馬樓
1/24

真

24真化府
4/112
真化尼寺
4/124
30真空寺
4/104
真寂寺
4/123
33真心尼寺
4/124

4080_6 賣

87賣飲子家
208

4090_0 木

44木塔院
3/70

4090_8 來

00來庭坊
3/51
來庭縣廨
5/165
04來護兒宅
5/155
30來濟宅
3/85

4092_7 柿

44柿林院
1/25

4123_2 幈

44帳幕坊
1/15

4191_6 桓

00桓彥範宅
3/70
5/159

4192_7 樗

60樗里子墓
186
191

4196_0 栖

10栖雲宮
5/145

4212_2 彭

23彭獻忠宅
3/50

4240_0 荆

40荆南進奏院
3/55

4241_3 姚

00姚辨宅
5/170
10姚元崇宅
3/56
3/82
22姚崇山池院
5/162
姚崇宅
5/161
40姚南仲宅
3/78
44姚萇浴室
3/69
80姚合宅
3/89
姚合寓
203

4291_3 桃

44桃花園
1/31
60桃園亭
1/31

4304_2 博

07博望苑
4/116

4380_5 越

10越王貞宅
2/44
4/112

4385_0 戴

10戴至德宅
4/123
24戴休顏宅
3/52
50戴夫人宅
4/119

4410_0 封

24封德彝宅

4/99
58封敖宅
3/77

4410_4 基

24基化坊
5/153
212

4410_7 蓋

00蓋文達宅
2/36

4412_1 菏

36菏澤寺
5/147
5/159

4412_7 蒲

44蒲萄園
1/31

勸

18勸政務本樓
1/27
190

4414_7 坡

11坡頭亭
1/30

鼓

45鼓樓
1/3
1/19
67鼓吹局
3/78

4416_4 落

71落雁殿
191

4421_2 苑

26苑總監
1/30

4421_4 莊

30莊宅司
3/51
48莊敬殿
5/134
66莊嚴寺
4/127
211

花

44花蕚相輝樓
1/27
190
90花光院
5/135

4422_1 荷

60荷恩寺
3/52

4422_7 芬

44芬芳殿
5/142
芬芳門
5/142

芳

32芳洲亭
5/145
44芳苑門
1/26
芳蘭殿
1/22
芳華苑
5/143
芳榭亭
5/144
芳林亭
5/145
芳林園
1/30
芳林門
1/30
2/34

勸

80勸善坊
5/152

薦

31薦福寺
2/35
薦福寺浮圖院
2/36

蕭

07蕭望之墓
2/33
13蕭琮宅
5/154
22蕭岑宅

1/29
27萬象神宫
5/133
30萬安觀
3/56
50萬春殿
1/4
萬春門
5/133
萬春公主宅
2/36
4/109
80萬年縣
2/34
萬年縣廨
3/57
萬善尼寺
4/115

4443_0 樊

17樊子蓋宅
3/61
5/168
77樊興宅
4/119

4445_6 韓

10韓王元嘉宅
5/148
12韓弘宅
3/66
198
14韓琦
2/42
26韓皋宅
197
30韓宏正宅
3/63
韓良宅
3/72
韓寶才宅
4/125
36韓洄宅
2/36
韓滉宅
3/54
60韓國貞穆公主廟
2/47
72韓氏宅
5/172
80韓愈宅
2/46
194
韓公武宅
3/59
94韓愼宅
3/66

4446_0 茹

30茹守福宅
4/115

4450_4 華

32華州進奏院
3/57
34華渚堂
5/145
44華封觀
3/82
華林門
2/34
66華嚴寺
5/174
76華陽池
4/96
華陽觀
3/65
華陽公主宅
3/65
90華光門
1/7

4453_0 芙

44芙蓉亭
5/142
芙蓉園
3/92

英

10英王宅
2/35
英王園
2/41

4460_1 菩

56菩提寺
3/55
196

4460_4 若

17若耶女子宅
3/69
199

4462_7 苟

30苟家觜
191
46苟架觜

191

4471_1 老

17老君廟
215

4472_2 鬱

28鬱儀樓
1/24
鬱儀閣
1/24

4472_7 葛

53葛威德堂
4/122

4473_1 芸

91芸輝堂
2/37

4474_1 薛

10薛王業宅
3/74
5/148
薛元超宅
3/54
5/176
薛平宅
3/59
12薛弘機宅
220
28薛繪宅
3/74
30薛良佐宅
4/97
38薛道衡宅
5/147
44薛苹家廟水亭
4/113
63薛貽簡園
5/154
72薛氏宅
5/160
薛氏奉親園
5/154
80薛夔宅
3/66
90薛少殷宅
193

4477_0 甘

10甘露尼寺
3/74
甘露殿
1/4
5/142
甘露門
1/4
26甘泉殿
3/70
36甘湯院
5/142

4477_7 舊

04舊諸王府
3/77
30舊宅監
1/30
50舊中橋
5/178

4480_1 楚

60楚國寺
3/69

4480_6 黃

31黃渠
4/128
32黃滔宅
4/112
38黃道橋
5/178
40黃女灣
5/144
黃女宮
5/144
214
44黃藏
1/2
52黃撝宅
5/158

4490_1 蔡

10蔡王智積宅
3/90
5/156
22蔡邕墓
5/153
60蔡國公主宅
3/83
4/98
5/154

禁

44禁苑
1/29

4490_4 茶

75茶肆

3/51
81茶瓶廳
1/16

某

72某氏宅
5/173

4491₀ 杜

00杜康祠
5/173
10杜亞宅
3/66
杜元徽宅
4/124
21杜行方宅
3/80
杜行敏宅
5/156
24杜佑家廟
3/92
杜佑宅
2/37
28杜從則宅
3/80
37杜鴻漸宅
2/43
60杜景佺宅
5/151
72杜氏旗亭
201
杜氏家廟
208
杜氏宅
5/149
5/156

4491₄ 桂

32桂州進奏院
3/55

權

24權德輿宅
2/38
26權自挹宅
4/105
34權達宅
3/88

榷

78榷鹽院
3/58

4491₇ 植

32植業坊
5/169
212

4498₆ 横

21横街
1/10
5/133
70横檗房
188

4524₃ 麩

21麩行
218

4593₂ 棣

10棣王宅
3/82

4594₄ 樓

10樓雲橋
1/30
77樓鳳閣
1/19

4621₀ 觀

00觀文殿
5/134
213
10觀雲殿
1/6
24觀德坊
5/168
觀德殿
1/6
1/28
27觀象臺
5/136
觀象門
1/19
1/21
35觀禮門
5/136
77觀風殿
5/142
214
觀風門
5/142

4622₇ 獨

12獨孤遐叔宅
4/111
獨孤明宅
3/59

獨孤公宅
3/63
47獨柳
4/118

4680_6 賀

44賀若誼宅
4/116
賀若弼宅
3/75
53賀拔華宅
4/105
63賀跋氏別第
4/123
86賀知章宅
202

4690_0 相

44相者宅
3/79
60相思殿
1/6

4691_3 槐

21槐衙
1/10

4692_7 楊

00楊慶宅
5/172
楊文思宅
5/168
楊諒宅
4/101
楊玄琰宅
5/161
08楊於陵宅
3/88
204
10楊再思宅
5/156
12楊弘武宅
3/61
5/167
17楊務廉宅
3/59
20楊秀宅
4/122
5/169
21楊師道宅
2/42
23楊俊宅
4/100
25楊仲宣宅
3/63
27楊紀宅
4/97
28楊復恭宅
3/73
楊收宅
3/80
31楊憑宅
3/63
5/163
197
楊憑別宅
2/45
34楊汝士宅
3/87
203
楊浩宅
4/96
5/155
36楊温宅
4/120
40楊士達宅
4/104
楊志誠宅
4/106
楊雄宅
5/174
楊去盈宅
3/74
41楊楨宅
191
44楊恭仁宅
4/115
楊執一宅
3/76
50楊素宅
4/109
5/177
60楊國忠宅
3/59
4/101
楊思勖宅
3/50
63楊暄宅
3/61
65楊暕宅
5/147
77楊興村
1/2
187
80楊義臣宅
5/172
82楊銛宅
3/65

44柳樹
5/156
60柳園亭
1/30
80柳公綽宅
3/79
90柳當宅
5/164

4794_7 穀

31穀渠
5/181

4814_0 救

00救度寺
4/117

4841_7 乾

10乾元觀
2/42
乾元院
5/135
乾元門
5/133
24乾化門
1/3
5/134
31乾福門
1/3
44乾封縣廨
4/100
76乾陽殿
5/133
88乾符門
1/25

4842_7 翰

44翰林院
1/24
1/26
5/142
190
翰林門
1/24

4844_0 教

32教業坊
5/177
221
40教坊
3/78
46教場
5/136
47教弩場
2/47
80教義坊
5/170

4864_0 敬

20敬愛寺
215

4892_1 榆

47榆柳園
5/167

4893_2 松

00松廳
1/16
27松島
5/165

4928_0 狄

21狄仁傑宅
5/150

4942_0 妙

79妙勝尼寺
4/117

4958_0 鞦

22鞦轡行
4/118
208

4980_2 趙

10趙雲卿宅
5/158
21趙仁獎宅
5/175
趙虔章宅
3/57
40趙太宅
200
趙士茂宅
4/96
趙才宅
5/154
44趙某宅
4/107
47趙椒宅
2/45
60趙景公寺
3/84
77趙履温宅
3/76
90趙懷正宅

5/164
219

5000$_6$ 中

00中京
1/1
17中丞院
1/21
26中和殿
1/25
30中宗廟
1/14
5/138
中宗昭容上官氏宅
4/124
36中渭橋
191
42中橋
5/152
5/158
5/178
44中華殿
1/4
50中書外省
1/14
5/139
中書省
1/3
1/20
77中興寺
4/104
中興觀
4/125

申

10申王府
3/84
申王撝宅
3/72
3/83
5/149
5/169

史

17史務滋宅
5/155
30史憲誠宅
3/63
3/87
史憲忠宅
2/43
史良娣墓
4/115
38史祥宅
5/159
44史萬歲宅
4/126
77史用誠宅
3/80
83史館
1/3
1/20
5/135

吏

07吏部選院
1/13
5/171
吏部南院
1/13
80吏人宅
2/35

車

20車傭宅
200
40車坊
195

5004$_7$ 掖

00掖庭西門
1/9
掖庭宮
1/1
1/9

5013$_2$ 泰

22泰山廟
5/166
26泰和門
5/134
37泰初門
5/142

5022$_7$ 青

01青龍坊
3/81
青龍寺
3/87
10青雲門
1/19
43青城宮
5/144
青城橋
1/30
77青門亭
1/31

肅

00肅章門
1/4
18肅政門
1/7
67肅明皇后廟
3/60
肅明道士觀
3/60

5023_0 本

44本枝院
5/142

5033_3 惠

02惠訓坊
5/152
216
惠訓門
1/7
10惠雲寺
4/103
4/104
26惠和坊
5/157
67惠昭太子廟
4/101
77惠覺寺
4/106
88惠節坊
5/164
212

5033_6 忠

10忠王宅
3/82

5040_4 婁

21婁師德宅
5/155
217

5050_3 奉

03奉誠園
3/63
3/75
201
24奉化門
1/8
60奉國寺
5/149
奉恩寺
4/124
67奉明園
4/115
奉明縣
4/115
80奉慈寺
3/58
奉義門
1/8

5060_0 由

28由儀門
5/138

5060_1 書

25書生宅
217
75書肆
5/160

5060_3 春

44春林殿
5/145
67春明門
2/33
192
春暉門
5/133

5080_6 貴

47貴妃豆盧氏宅
3/61
貴妃姊裴氏宅
3/76

5090_0 未

50未央宫
1/31
186
190

5090_4 秦

10秦王浩宅
4/96
5/155
44秦孝王俊宅
4/100
60秦國公主宅
5/154

5090_6 東

00東序門
1/19
東市
2/34

3/75
200
東市局
3/75
東京
5/131
東京城
5/145
10東王公墓
2/45
東平進奏院
3/84
202
東西朝堂
1/19
東雲龍門
1/28
21東上閤門
1/3
22東川進奏院
3/60
30東宫
1/1
1/7
5/137
187
東宫率府
5/139
東宫僕寺
1/12
東宫内坊
1/12
東宫藥園
3/79
東宫朝堂
1/12
32東洲
5/134
36東禪院
3/70
38東海池
1/5
40東太陽門
5/137
東左藏庫
1/2
東内
1/17
東内苑
1/29
43東城
5/140
44東華門
5/133
東横門
1/4
47東朝堂
5/138
東都
5/131
東都進奏院
3/54
東都苑
5/143
50東奉化門
1/8
67東明觀
4/122
東明門
5/134
5/137
77東門
192
78東監
1/30

5103_2 振

13振武進奏院
3/60
24振德坊
213

5202_1 折

72折氏宅
4/124

5302_7 輔

77輔興坊
4/103
185

5310_7 盛

10盛王宅
3/82

5315_0 蛾

77蛾眉班
1/19

5320_0 成

10成王千里宅
3/83
17成務殿
5/145
30成安公主宅
4/98
4/106
38成道寺

4/98

咸

30咸宜宫
1/31
咸宜女冠觀
3/60
咸宜公主宅
2/46
咸寧殿
1/27
咸安門
5/138
34咸池殿
1/5
50咸泰殿
1/24

5333_0 感

32感業寺
4/94

5496_1 耤

60耤田壇
2/33

5533_7 慧

60慧日寺
4/125

5560_0 曲

16曲環家廟
2/39
31曲江
3/91
204
曲江亭子
204
曲江池
3/91
34曲池坊
3/81

5560_6 曹

37曹郎中宅
4/111
38曹遂興宅
4/111

5580_1 典

00典廄署
5/147
78典膳廚
1/8

5604_1 擇

80擇善坊
5/154
217

5608_1 提

27提象門
5/141

5706_2 招

31招福寺
2/41

5714_7 蝦

44蝦蟇陵
3/86

5725_7 静

21静仁坊
5/167
22静樂尼寺
4/125
30静安宫
4/93
静安坊
2/45
184
34静法寺
4/109
44静恭坊
3/86
185
55静曲
218

5806_1 拾

17拾翠殿
1/22
1/29

5824_0 敷

18敷政門
5/134
24敷德門
1/28

6010_0 日

40日南王宅
4/101
44日華門
1/4
1/20

1/28
5/133
66日嚴寺
3/81
99日營門
1/18
1/28

6010_4 里

21里仁坊
5/165
75里肆
5/151

壘

24壘特勒宅
4/125

6012_7 蜀

10蜀王秀宅
4/122
5/169

6015_3 國

17國子監
2/40
5/149
5/168
國子學
5/148

6021_0 四

00四方館
1/14
5/139

6021_4 星

20星纏門
1/29
35星津橋
5/178
60星躔門
1/29
5/141

6022_7 易

30易定進奏院
2/42

6023_2 晨

67晨暉樓
4/102

圜

72圜丘
2/33

6033_0 思

18思政殿
1/23
21思順坊
5/157
44思恭坊
5/173
72思后園
4/115
77思賢殿
1/24

恩

60恩國公主宅
3/59

6040_0 田

12田弘宅
3/62
田弘正宅
5/161
37田通宅
4/104

6043_0 吴

21吴師道宅
5/156
27吴兒坊
3/90
34吴達宅
3/74
37吴通微宅
3/86
44吴兢宅
5/150
77吴丹宅
3/77
90吴少微宅
5/171

昊

10昊天觀
2/39
193

6044_0 昇

10昇平坊
3/79
202
38昇道坊

3/90
76昇陽殿
1/30

6050_0 甲

00甲庫
1/6
47甲弩坊
1/13
5/170

6050_4 畢

45畢構宅
4/100
5/152
60畢羅店
2/43
畢羅肆
201

6060_0 回

10回元觀
3/60
196

呂

22呂崇粹宅
3/65
37呂逸人宅
204

昌

22昌樂坊
2/47
昌樂公主宅
3/61
4/120
24昌化坊
3/53
184
67昌明坊
4/101

6060_4 固

50固本坊
5/170
213

圖

21圖行寺
5/167

6060_8 圓

70圓璧南門
5/133
圓璧城
5/131
5/133
圓璧門
5/133

6090_6 景

01景龍女道士觀
5/155
景龍觀
3/54
10景雲女道士觀
5/150
景雲觀
2/40
景雲閣
1/24
21景行坊
5/174
24景先宅
4/118
31景福臺
1/5
景福寺
5/168
5/177
景福尼寺
5/168
37景運門
5/134
44景華宮
5/145
67景曜門
1/30
2/34
77景風門
1/2
1/9

6091_4 羅

00羅立言宅
4/98
17羅珦宅
3/78
羅邵興宅
202
34羅漢寺
4/124
37羅鄴宅
4/111
72羅隱宅
4/100
77羅門

5/146

6138$_6$ 顯

16顯聖天王寺
4/104
21顯仁宮
5/144
顯行坊
4/122
186
24顯德殿
1/7
31顯福門
1/7
5/134
38顯道門
1/7
80顯義坊
5/169
213

6280$_0$ 則

10則天門
5/132

6315$_0$ 戢

13戢武殿
1/28
戢武閣
1/5

6401$_4$ 睦

06睦親院
3/82
21睦仁坊
5/165
212
77睦民坊
212
80睦人坊
5/165

6404$_1$ 時

10時元佐宅
201
22時邕坊
5/174
50時泰坊
5/174

6503$_0$ 映

60映日臺
5/136

6624$_8$ 嚴

22嚴綬宅
3/78
80嚴公宅
3/89

6650$_6$ 單

60單思遠宅
3/59

6701$_4$ 曜

28曜儀西門
5/132
曜儀城
5/132
曜儀東門
5/132
曜儀門
5/133

6702$_0$ 明

12明水園
1/31
24明德宮
5/144
明德寺
1/23
明德殿
1/7
明德門
2/33
5/132
26明皇舊宅
5/168
31明福門
5/134
34明法寺
4/104
48明教坊
5/147
58明輪寺
4/109
77明鳳門
1/18
明覺寺
3/62
明覺尼寺
4/105
80明義坊
5/169
213
明義殿
1/23
明義門
1/26

90明堂縣廨
2/44
明光樓
1/26
明光門
1/26

6705_6 暉

18暉政門
1/4
28暉儀門
1/7

6706_2 昭

00昭慶殿
1/6
昭慶門
1/21
1/28
昭文館
1/3
02昭訓門
1/20
21昭仁門
5/143
昭行坊
4/122
186
24昭德宮
1/31
昭德寺
1/23
昭德殿
1/6
昭德門
1/7
34昭遠門
1/30
53昭成皇后廟
3/60
昭成寺
4/115
5/172
昭成觀
4/104
昭成尼寺
4/115
60昭國坊
3/66
198
67昭暉殿
5/136
76昭陽門
1/1
80昭義進奏院
3/57

6711_4 躍

01躍龍門
1/26

6716_4 路

00路應宅
5/149
17路羣宅
3/88
22路巖宅
3/88
204
74路隨宅
2/43

6722_7 鄂

10鄂王宅
3/82
32鄂州進奏院
3/60

6832_7 黔

40黔南進奏院
3/55

7022_7 肺

10肺石
1/19

7113_6 蠶

40蠶壇亭
1/31

7121_3 厩

00厩廳
1/16

7122_0 阿

50阿史那斛瑟羅宅
5/154
阿史那宅
5/148

7122_7 隔

43隔城
5/134
5/136

7124_7 厚

43厚載門
5/146

7128_6 願

40願力寺

4/119

7132$_7$ 馬

10馬震宅
196
19馬璘池亭
4/110
26馬總宅
2/36
30馬實宅
3/85
40馬坊
5/137
馬存亮宅
3/83
72馬氏宅
3/81
77馬周宅
3/58
3/83
馬周舊宅
5/153
84馬鎮西宅
4/110
90馬懷素宅
2/41
5/176
98馬燧
3/63
3/75

7138$_1$ 驪

24驪德殿
1/31

7171$_1$ 匿

38匿道府
4/115

7173$_2$ 長

00長慶樓
1/26
長慶殿
1/26
10長夏亭
5/153
長夏門
5/146
215
12長孫无忌宅
3/53
長孫晟
3/52
長孫覽宅
3/78
長孫覽妻鄭氏宅
4/97
長孫熾宅
5/177
22長樂宅
199
長樂宫
186
長樂坊
3/70
184
長樂坡
1/30
長樂驛
2/33
長樂殿
1/7
1/22
長樂門
1/2
5/132
213
長樂監
1/30
25長生院
1/8
長生殿
1/24
190
213
26長和坊
185
29長秋監
1/9
30長寧公主宅
3/53
4/96
5/152
5/155
216
長安城
2/33
長安縣
2/34
長安縣廨
4/119
長安殿
1/22
40長塘亭
5/145
長壽坊
4/119
長壽寺
5/160

5/169
90月堂
3/56
99月營門
1/28

同

32同州進奏院
3/57
33同心閣
5/134
60同昌公主宅
3/73
67同明殿
5/135
90同光殿
1/27

周

24周皓宅
2/38
34周法尚宅
5/168
36周渭宅
4/100
38周道務宅
4/115
60周思茂宅
5/150

罔

41罔極寺
3/71

陶

24陶化坊
5/159
40陶寺
4/124
90陶光園
5/134

7724_7 殿

40殿内省
5/138
50殿中外院
1/21
殿中内院
1/21
殿中省
1/11
5/138

履

20履信坊
5/164
212
219
21履順坊
5/173
38履道坊
5/163
218

7726_4 居

24居德坊
4/124

7727_2 屈

30屈突通宅
2/47
屈突蓋宅
4/125

7733_1 熙

90熙光坊
4/123
186

7740_7 學

40學士院
1/24

7744_0 丹

77丹鳳門
1/18
189
丹鳳門街
3/51

7744_1 開

10開元觀
4/96
24開化坊
2/35
32開業寺
4/93
34開遠門
2/33
67開明坊
2/39
80開善尼寺
4/116

7744_7 段

20段秀實宅
2/41
28段倫之祖廟
4/104

4/96
5/155
30金液門
1/7
32金州進奏院
3/87
40金臺觀
4/125
43金城
5/145
金城坊
4/115
44金花落
1/26
67金明門
1/26
77金闕門
5/142
80金谷亭
5/145
金谷府
5/177
90金光門
2/34
192

8011_4 鐘

45鐘樓
1/3
1/19

8022_0 介

31介福殿
3/82
80介公廟
4/101

8030_7 令

42令狐綯宅
198
令狐楚家廟
3/70
令狐楚宅
2/36

8033_1 無

37無漏寺
3/68
50無盡藏院
4/123
60無量壽寺
3/83

8033_3 慈

11慈悲寺
4/108
21慈仁尼寺
4/110
26慈和寺
4/115
50慈惠坊
5/160
77慈門寺
4/106

8034_6 尊

77尊賢坊
5/161

8040_0 午

42午橋莊
5/179

8050_1 羊

40羊士諤宅
3/64

8051_3 毓

24毓德坊
5/176
44毓材坊
5/176
213
64毓財坊
213

8055_3 義

00義章公主宅
3/72
10義王宅
3/82
30義寧坊
4/123
186
209
義安殿
1/27
76義陽府
3/78
義陽公主宅
3/54

8060_1 合

70合璧宫
5/144

普

20普集寺

1/6

8128_6 頒

18頒政坊
4/103

8178_6 頌

40頌臺
1/16

8315_0 鐵

21鐵行
3/75

8315_3 錢

28錢徽宅
3/85
203
47錢起宅
3/88

8377_7 館

77館陶公主宅
5/164

8418_1 鎮

32鎮州進奏院
2/43
60鎮國大波著寺
4/105
鎮國寺
192

8640_0 知

71知匭使
5/139

8712_0 銅

73銅駝街
5/171
銅駝坊
5/171
220

8713_2 銀

34銀漢門
1/19
1/23
39銀沙磧
5/161
銀沙灘
5/161

8722_7 邠

10邠王守禮宅
4/99
5/164
30邠寧進奏院
3/60

8742_7 鄭

10鄭雲逵宅
4/97
205
21鄭仁愷宅
5/152
25鄭仲宅
2/43
26鄭絪宅
3/67
27鄭叔明宅
5/161
30鄭宜尊宅
3/80
32鄭州進奏院
3/75
37鄭朗宅
3/78
44鄭孝王亮舊宅
4/124
鄭孝本宅
5/151
鄭萬鈞宅
3/61
5/167
50鄭夫人宅
5/166
鄭貴妃宅
5/175
53鄭甫宅
5/163
60鄭國莊穆公主廟
4/120
鄭國夫人楊氏宅
3/90
鄭果宅
5/159
61鄭顥宅
2/43
68鄭畋宅
3/90
80鄭善果宅
3/62
5/174
88鄭餘慶家廟
4/113
鄭餘慶宅
3/67

90鄭惟忠宅
3/59
98鄭敞宅
3/51

8752_0 翔

01翔龍院
5/135
22翔鸞閣
1/19
77翔鳳觀
5/143
翔鳳殿
1/7
翔鳳門
1/7

8762_2 舒

10舒王元名宅
4/97
5/167
舒元輿宅
3/88

8778_2 飲

17飲羽殿
5/136
71飲馬橋
1/30
飲馬門
1/30

8821_1 籠

96籠烟門
5/143

8822_7 第

10第五守進宅
4/114

8824_0 符

19符璘宅
3/86
40符太元宅
4/110

8872_7 節

78節愍太子廟
4/126
節愍太子宅
5/168
節愍太子妃楊氏宅
4/97

9000_0 小

27小兒坊
1/29
38小海池
4/118
55小曲内臨路店
201

9003_2 懷

00懷音府
5/158
21懷仁坊
5/166
21懷貞坊
4/100
185
206
24懷德坊
4/124
34懷遠坊
4/118
209
77懷賢坊
4/100
185
80懷義坊
5/170

9020_0 少

00少府監
1/14
5/138
5/141
少府監作坊
5/138
76少陽院
1/20

9021_1 光

00光慶門
5/136
10光王宅
3/82
光天殿
1/8
光天門
1/9
18光政門
5/132
213
21光順門
1/21
光仁坊

4/96
185
光行坊
4/96
185
24光化寺
4/124
光化門
1/30
2/34
4/102
光德坊
4/107
185
207
光德寺
4/108
30光宅坊
3/50
195
光宅寺
3/50
195
光寶寺
4/117
31光福坊
2/37
37光禄坊
4/93
光禄寺
1/13
5/138
5/140
38光啓宫
1/31
40光大殿
1/8
50光泰門
1/30
67光明寺
2/39
4/118
光昭門
1/7
77光風堂
5/145
88光範門
1/21
5/134
189

9022_7 尚

50尚書省
1/12
5/140
尚書省亭子
3/81
55尚輦局
1/15
5/138
77尚賢坊
5/150
80尚舍局
1/15
5/139
尚善坊
5/148
216
尚食廚
5/135
尚食内院
1/6
尚食院
1/6

常

21常偕宅
3/77
22常樂坊
3/84
184
203
30常安坊
4/126
34常法寺
4/107
80常無名宅
3/60

9050_0 半

72半隱亭
4/96

9080_0 火

94火燒門
5/146

9090_4 米

00米亮宅
4/111

9101_6 恒

10恒王宅
3/82
30恒安郡王宅
3/73

9404_7 悖

38悖逆庶人宅

4/116

9592_7 精

60精思亭
201
精思堂屋
3/70

9682_7 燭

01燭龍門
5/133

9721_4 耀

90耀掌亭
5/142

9782_7 鄰

10鄰王府
4/112
5/154
鄰王宅
5/175

9990_4 榮

10榮王宅
3/82
90榮光殿
1/27

00□文殿
1/28
90□光殿
1/28

筆畫檢字與四角號碼對照表

本檢字表爲便利習慣於使用筆畫順序檢字者查檢本索引之用。凡索引中的第一字，依筆畫順序排列，同筆畫的，再依點起、横起、直起、撇起排列，每字後注明四角號碼，讀者可憑此以檢索引字頭。

一畫

横起

一 1000_0
乙 1771_0

二畫

横起

丁 1020_0
九 4001_7
七 4071_0

直起

卜 2300_0

撇起

八 8000_0
人 8000_0

三畫

横起

三 1010_1
下 1023_0
于 1040_0
子 1740_7
大 4003_0

直起

上 2110_0
山 2277_0
小 9000_0

撇起

千 2040_0
女 4040_0
乞 8071_7

四畫

點起

方 0022_7
文 0040_0
六 0080_0
火 9080_0

横起

王 1010_4
五 1010_7
元 1021_1
天 1043_0
孔 1241_0
尹 1750_7
太 4003_0
木 4090_0

直起

水 1223_0
内 4022_7
中 5000_6
日 6010_0
少 9020_0

撇起

仁 2121_0
化 2421_0
仇 2421_7
牛 2500_0
月 7722_0
丹 7744_0
介 8022_0
午 8040_0
公 8073_2

五畫

點起

立 0010_8
市 0022_7
玄 0073_2
永 3023_2
半 9050_0

横起

正 1010_1
玉 1010_3
平 1040_9
石 1060_0
弘 1223_0
功 1412_7
司 1762_0
左 4010_1
布 4022_7
古 4060_0
右 4060_0
本 5023_0
未 5090_0
民 7774_7

直起

北 1111_0
甘 4477_0
申 5000_6
史 5000_6
由 5060_0
四 6021_0
田 6040_0
甲 6050_0

撇起

仙 2227_0
代 2324_0
白 2600_0
丘 7210_1
令 8030_7

六畫

點起

交 0080_4
衣 0073_2
宇 3040_1

安 3040$_4$
江 3111$_0$
冰 3213$_0$
汝 3414$_0$
羊 8050$_1$
光 9021$_1$
米 9090$_4$

横起

至 1010$_4$
西 1060$_0$
百 1060$_0$
刑 1240$_0$
吉 4060$_1$
老 4471$_1$
吏 5000$_6$
匡 7171$_1$

直起

收 2874$_0$
曲 5560$_0$
回 6060$_0$
吕 6060$_0$
同 7722$_0$

撇起

任 2221$_4$
先 2421$_1$
休 2429$_0$
仲 2520$_6$
朱 2590$_0$
仰 2722$_0$
伊 2725$_7$
妃 4741$_7$
全 8010$_4$
合 8060$_1$

七畫

點起

辛 0040$_1$
汴 3013$_0$
宏 3043$_2$
良 3073$_2$
宋 3090$_4$
沈 3411$_2$
初 3722$_0$
汾 3812$_7$
冷 3813$_7$
沙 3912$_0$

横起

豆 1010$_8$
邢 1742$_7$
夾 4003$_8$
李 4040$_7$
杏 4060$_9$
走 4080$_1$
芝 4430$_7$
孝 4440$_7$
杜 4491$_0$
杞 4791$_7$
車 5000$_6$
折 5202$_1$
成 5320$_0$
門 7777$_7$

直起

岐 2474$_7$
里 6010$_4$
吴 6043$_0$

撇起

延 1240$_1$
何 2122$_0$
利 2290$_0$
佛 2522$_7$
迎 3730$_2$
狄 4928$_0$
妙 4942$_0$
兵 7280$_1$
含 8060$_7$
邠 8722$_7$

八畫

點起

夜 0024$_7$
京 0090$_6$
放 0824$_0$
空 3010$_1$
宜 3010$_7$
房 3022$_7$
戾 3023$_4$
官 3077$_7$
定 3080$_1$
宗 3090$_1$
河 3112$_0$
法 3413$_1$
波 3414$_7$
社 3421$_0$

横起

兩 1022$_7$
武 1314$_0$
孟 1710$_7$
承 1723$_2$
來 4090$_8$
坡 4414$_7$
花 4421$_4$
芬 4422$_7$
芳 4422$_7$
芙 4453$_0$
芸 4473$_1$
松 4893$_2$
青 5022$_7$
奉 5050$_3$
東 5090$_6$
招 5706$_2$
阿 7122$_0$
長 7173$_2$
居 7726$_4$
屈 7727$_2$

直起

虎 2121$_7$
忠 5033$_6$
典 5580$_1$
易 6022$_7$
昊 6043$_0$
昇 6044$_0$
昌 6060$_0$
固 6060$_4$
明 6702$_0$
尚 9022$_7$

撇起

垂 2010$_4$
依 2023$_2$
例 2220$_0$
制 2220$_0$
和 2690$_0$
弩 4720$_7$
狗 4722$_0$
罔 7722$_0$
周 7722$_0$
金 8010$_9$
舍 8060$_4$
命 8062$_7$
知 8640$_0$

九畫

點起

亭 0020$_1$
兗 0021$_6$
度 0024$_7$
郊 0742$_7$
宣 3010$_6$
客 3060$_4$
宫 3060$_6$
祆 3223$_4$
洪 3418$_1$
洩 3510$_6$
迴 3630$_0$
洞 3712$_0$
淨 3715$_7$
洛 3716$_4$
恒 9101$_6$

横起

飛 1241$_3$
建 1540$_0$
政 1814$_0$
南 4022$_7$
韋 4050$_6$
柿 4092$_7$

封 4410_0
苑 4421_2
英 4453_0
若 4460_4
苟 4462_7
某 4490_4
相 4690_0
胡 4762_0
柳 4792_0
春 5060_3
咸 5320_0
拾 5806_1
厚 7124_7

直起

貞 2180_6
幽 2277_0
星 6021_4
思 6033_3
則 6280_0
映 6503_0
昭 6706_2
肺 7022_7

撇起

重 2010_4
信 2026_1
看 2060_4
香 2060_9
拜 2155_0
紅 2191_0
待 2424_1
律 2520_7
皇 2610_4
泉 2623_2
保 2629_4
修 2722_2
紀 2791_7
秋 2998_0
軍 3750_6
姚 4241_3
風 7721_0
段 7744_7

十畫

點起

高 0022_7
席 0022_7
唐 0026_7
旅 0823_2
流 3011_3
家 3023_2
容 3060_8
涇 3111_1
酒 3116_0
浙 3212_1
浮 3214_7
祕 3320_0
淩 3414_7
造 3430_6
神 3520_6
海 3815_7
浴 3816_8
悖 9404_7

橫起

夏 1024_7
晉 1060_1
哥 1062_1
烈 1233_0
孫 1249_3
珠 1519_4
袁 4073_2
真 4080_1
桓 4191_6
栖 4196_0
荊 4240_0
桃 4291_3
恭 4433_8
草 4440_6
茹 4446_0
茶 4490_4
桂 4491_4
郟 4702_7
郝 4732_7
起 4780_1
泰 5013_2
書 5060_1
秦 5090_4
振 5103_2
馬 7132_7
陝 7423_8
問 7760_7
桑 7790_4

直起

虔 2124_0
恩 6033_0
時 6404_1

撇起

乘 2090_1
師 2172_7
邕 2271_7
射 2420_0
納 2492_7
鬼 2621_3
俟 2723_4
殷 2724_7
烏 2732_7
徐 2829_4
留 7760_2
倉 8060_7

十一畫

點起

鹿 0021_1
商 0022_7
康 0023_2
率 0040_3
章 0040_6
望 0710_4
翊 0712_0
郭 0742_7
旌 0821_4
許 0864_0
淮 3011_4
淳 3014_7
涼 3019_6
寇 3021_4
宿 3026_1
淄 3216_3
梁 3390_4
清 3512_7
淑 3714_0
啟 3824_0
祥 3825_1
鄭 9782_7

橫起

琉 1011_3
張 1123_2
強 1323_6
務 1722_7
連 3530_0
通 3730_2
麥 4020_7
墓 4410_4
莊 4421_4
荷 4422_1
都 4762_7
救 4814_0
乾 4841_7
教 4844_0
掖 5004_7
曹 5560_6
尉 7420_0
陸 7421_4
陳 7529_6
陶 7722_0
陰 7823_1

直起

紫 2190_3
崔 2221_4
崇 2290_1
將 2724_7
帳 4123_2
婁 5040_4
國 6015_3
晨 6023_2
畢 6050_4

常 9022$_7$

撇起

梨 2290$_4$
毯 2371$_3$
御 2722$_0$
魚 2733$_6$
祭 2790$_1$
從 2828$_1$
第 8822$_7$
符 8824$_0$

十二畫

點起

庾 0023$_7$
就 0391$_4$
詔 0766$_2$
敦 0844$_0$
富 3060$_6$
馮 3112$_7$
温 3611$_7$
湖 3712$_0$
渾 3715$_6$
游 3814$_7$
遊 3830$_4$
尊 8034$_6$
普 8060$_1$
善 8060$_5$
翔 8752$_0$

横起

雲 1073$_1$
登 1210$_8$
殖 1421$_7$
喜 4060$_5$
彭 4212$_2$
博 4304$_2$
越 4380$_5$
菏 4412$_1$
華 4450$_4$
菩 4460$_1$
黄 4480$_6$
植 4491$_7$
棣 4593$_2$
棲 4594$_4$
賀 4680$_6$
朝 4742$_0$
報 4744$_7$
惠 5033$_3$
盛 5310$_7$
提 5608$_1$
隋 7422$_7$
陽 7622$_7$
隆 7721$_4$
開 7744$_1$

直起

順 2108$_6$
貴 5080$_6$
景 6090$_6$
單 6650$_6$
鄂 6722$_7$

撇起

運 3730$_4$
集 2090$_4$
秤 2194$_9$
循 2226$_4$
絲 2299$_3$
結 2496$_1$
程 2691$_4$
衆 2723$_2$
給 2896$_1$
進 3030$_1$
勝 7922$_7$
無 8033$_1$
舒 8762$_2$
飲 8778$_2$

十三畫

點起

雍 0071$_4$
新 0292$_1$
靖 0512$_7$
詢 0762$_0$
源 3119$_6$
禎 3128$_6$
溝 3514$_7$
滑 3712$_7$
資 3780$_6$
滄 3816$_7$
道 3830$_6$
慈 8033$_3$
義 8055$_3$

横起

賈 1080$_6$
瑞 1212$_7$
聖 1610$_4$
羣 1750$_1$
達 3430$_4$
勤 4412$_7$
鼓 4414$_7$
落 4416$_4$
萬 4442$_7$
葛 4472$_7$
楚 4480$_1$
禁 4490$_1$
楊 4692$_7$
敬 4864$_0$
榆 4892$_1$
肅 5022$_7$
感 5333$_0$
隔 7122$_7$
隥 7221$_8$
隕 7628$_6$
殿 7724$_7$
熙 7733$_1$
閒 7760$_6$

直起

虞 2123$_4$
蛾 5315$_0$
蜀 6012$_7$
圓 6060$_8$
戢 6315$_0$
睦 6401$_4$
暉 6705$_6$
路 6716$_4$

撇起

經 2191$_1$
賃 2280$_6$
綏 2294$_4$
傳 2524$_3$
絹 2692$_7$
詹 2760$_1$
鄎 2732$_7$
鄒 2742$_7$
毓 8051$_3$
會 8060$_6$
頒 8128$_6$
頌 8178$_6$

十四畫

點起

齊 0022$_3$
廣 0028$_6$
端 0212$_7$
鄜 0722$_7$
韶 0766$_2$
滙 3011$_4$
寧 3020$_1$
寬 3021$_3$
賓 3080$_6$
福 3126$_6$
滿 3412$_7$
漢 3413$_4$
褚 3416$_0$
漕 3516$_6$
禔 3628$_1$
精 9592$_7$
榮 9990$_4$

横起

碧 1660$_1$
裴 1173$_2$
瑶 1217$_2$
翠 1740$_8$
歌 1768$_2$
嘉 4046$_5$
蓋 4410$_7$
蒲 4412$_7$

榷 4491_4
槐 4691_3
趙 4980_2
輔 5302_7
耤 5496_1
静 5725_7

直起

雌 2011_4
睿 2160_8
臧 2325_0
圖 6060_4

撇起

雒 2061_4
僦 2321_4
綵 2299_4
綺 2492_1
綾 2494_7
緑 2793_2
凰 7721_0
銅 8712_0
銀 8713_2
節 8872_7

十五畫

點起

廢 0024_7
慶 0024_7
諸 0466_0
論 0862_7
談 0968_9
寫 3032_7
審 3060_9
潛 3116_1
澄 3211_8
潘 3216_9
澂 3814_0
鄭 8742_7

横起

蓬 3430_4
賣 4080_6
壽 4064_1
樗 4192_7
蔣 4424_7
慕 4433_3
樊 4443_0
蔡 4490_1
横 4498_6
麩 4524_3
穀 4794_7
慧 5533_7
敷 5824_0
履 7724_7
閭 7760_6
歐 7778_2
賢 7780_6

直起

頴 2128_6
蝦 5714_7
墨 6010_4

撇起

億 2023_6
虢 2131_7
樂 2290_4
德 2423_1
鄱 2762_7
儀 2825_3
劉 7210_0
滕 7923_2

十六畫

點起

辨 0044_1
龍 0121_1
諫 0569_6
謁 0662_7
親 0691_0
凝 3718_1
遵 3830_4

横起

霍 1021_4
融 1523_6
蕭 4422_7
蔭 4423_1
燕 4433_1
翰 4842_7
擇 5604_1
閻 7777_7

直起

盧 2121_7
圜 6023_2
黔 6832_7

撇起

衛 2150_6
積 2598_6
穆 2692_2
禦 2790_1
緣 2793_2
獨 4622_7
學 7740_7
興 7780_1
錢 8315_3

十七畫

點起

膺 0022_7
應 0023_1
襄 0073_2
褒 0073_2
氈 0211_4
謝 0460_0
濟 3012_3
禪 3625_6
濯 3711_4
鴻 3712_7
燭 9682_7

横起

戴 4385_0
薦 4422_7
薰 4433_1
韓 4445_6
薛 4474_1
鞠 4752_0
隱 7223_7
臨 7876_6

直起

還 3630_3

撇起

總 2693_0
徽 2824_0
鮮 2835_1
館 8377_7

十八畫

點起

雜 0091_4
顔 0128_6
瀍 3011_4
瀉 3312_7
禮 3521_8

横起

殯 1328_6
舊 4477_7
鞦 4958_0

直起

豐 2210_8
曜 6701_4

撇起

雙 2040_7
魏 2641_3
歸 2712_7
翻 2762_0
鎮 8418_1

十九畫

點起

證 0261_8
瀛 3011_7
寶 3080_6
懷 9003_2

横起

麗 1121_1
瓊 1714_7
願 7128_6
關 7777_2

直起

羅 6091_4

二十畫

點起

護 0464_7

寶 3080_6

耀 9721_4

橫起

露 1016_4

醴 1561_8

勸 4422_7

蘇 4439_4

直起

獻 2323_4

嚴 6624_8

撇起

釋 2694_1

鐘 8011_4

二十一畫

點起

顧 3128_6

鶴 4722_7

橫起

瓔 1614_4

蘭 4422_7

櫻 4694_4

直起

酆 2712_7

酇 2722_7

躍 6711_4

撇起

鐵 8315_0

二十二畫

點起

襲 0173_2

橫起

鬻 1722_7

權 4491_4

懿 4713_8

驊 7435_4

撇起

籠 8821_1

二十三畫

點起

麟 0925_9

直起

顯 6138_6

二十四畫

點起

鷹 0032_7

讓 0063_2

橫起

靈 1010_8

蠶 7113_6

魘 7121_3

鬭 7712_1

鹽 7810_7

二十五畫

橫起

觀 4621_0

二十六畫

橫起

驥 7138_1

二十九畫

橫起

鬱 4472_2

唐兩京城坊考圖

西京宮城圖

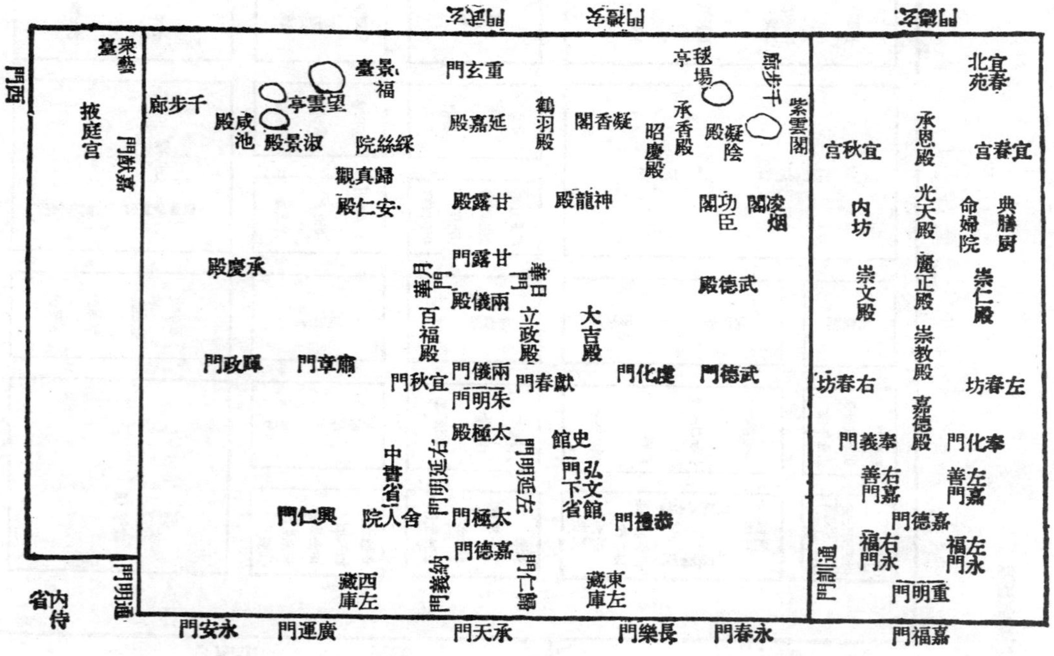
玄武門
安禮門
至德門
西門
衆藝臺
掖庭宮
嘉猷門
通明門
內侍省
千步廊
咸池殿
望雲亭
淑景殿
福景臺
綵絲院
歸真觀
安仁殿
重玄門
延嘉殿
甘露殿
鶴羽殿
凝香閣
神龍殿
昭慶殿
承香殿
毬場亭
凝陰殿
千步廊
紫雲閣
功臣閣
凌烟閣
承慶殿
甘露門
月華門
日華門
兩儀殿
百福殿
立政殿
大吉殿
武德殿
暉政門
肅章門
宜秋門
兩儀門
獻春門
虔化門
武德門
朱明門
太極殿
史館
弘文館
門下省
中書省
右延明門
左延明門
舍人院
興仁門
太極門
恭禮門
嘉德門
納義門
歸仁門
左藏西庫
左藏東庫
永安門
廣運門
承天門
長樂門
永春門
宜春北苑
宜秋宮
承恩殿
宜春宮
內坊
光天殿
命婦院
典膳廚
崇文殿
麗正殿
崇仁殿
崇教殿
右春坊
左春坊
奉義門
嘉德殿
奉化門
右嘉善門
左嘉善門
嘉德門
右永福門
左永福門
通訓門
重明門
嘉福門

西京皇城圖

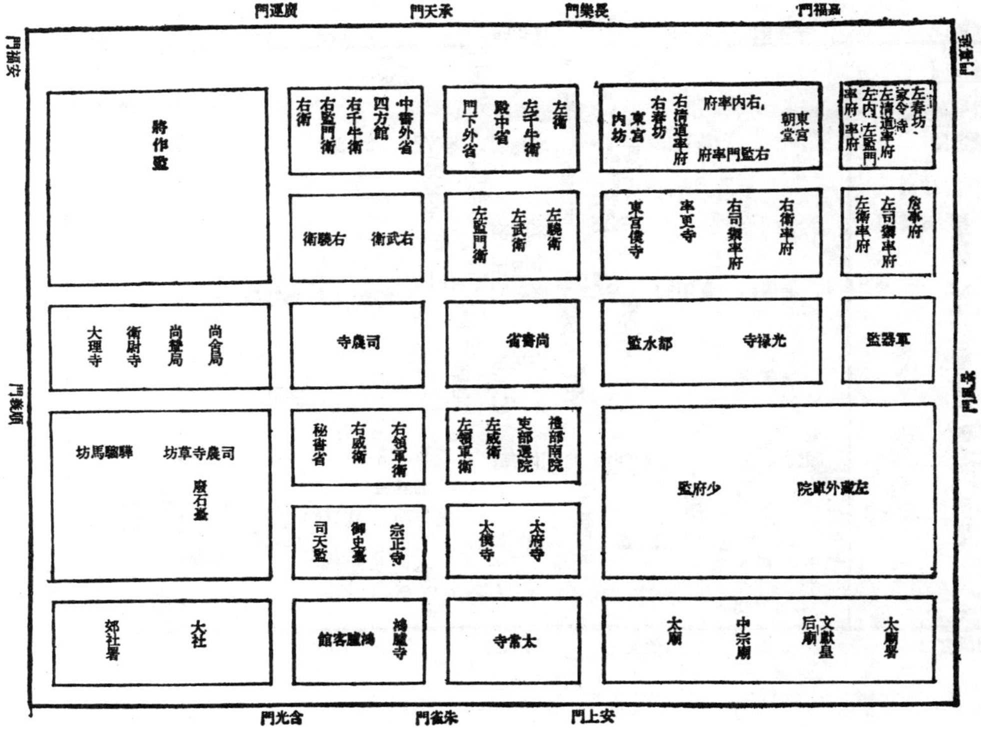
廣運門
承天門
長樂門
嘉福門
安福門
順義門
含光門
朱雀門
安上門
將作監
中書外省
四方館
右千牛衛
右監門衛
右衛
左衛
左千牛衛
殿中省
門下外省
右內率府
右清道率府
右春坊
東宮內坊
東宮朝堂
右監門率府
左春坊
家令寺
左清道率府
左內率府
左監門率府
右武衛
右驍衛
左驍衛
左武衛
左監門衛
右衛率府
右司禦率府
率更寺
東宮僕寺
詹事府
左司禦率府
左衛率府
尚舍局
尚輦局
衛尉寺
大理寺
司農寺
尚書省
光祿寺
都水監
軍器監
司農寺草坊
驊騮馬坊
廢石臺
右領軍衛
右威衛
秘書省
禮部南院
吏部選院
左威衛
左領軍衛
左藏外庫院
少府監
宗正寺
御史臺
司天監
太府寺
太僕寺
大社
郊社署
鴻臚寺
鴻臚客館
太常寺
太廟署
文獻皇后廟
中宗廟
太廟

西京大明宮圖

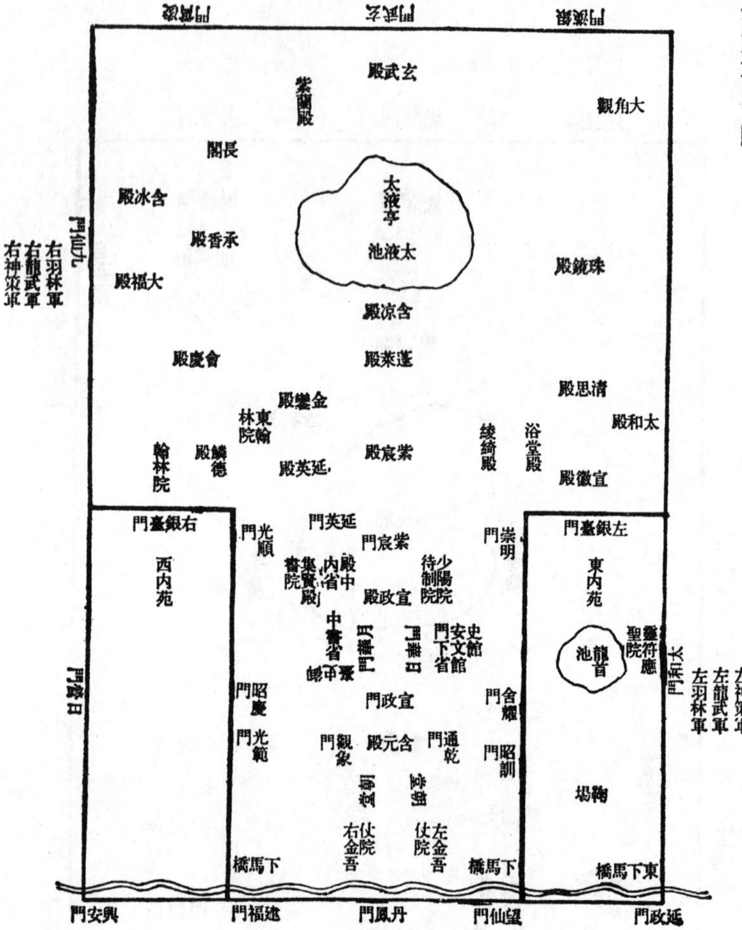
銀漢門
玄武門
青霄門
玄武殿
紫蘭殿
大角觀
長閣
太液亭
太液池
含冰殿
承香殿
大福殿
九仙門
右羽林軍
右龍武軍
右神策軍
珠鏡殿
含涼殿
會慶殿
蓬萊殿
清思殿
金鑾殿
東翰林院
太和殿
翰林院
麟德殿
延英殿
紫宸殿
綾綺殿
浴堂殿
宣徽殿
右銀臺門
西內苑
光順門
延英門
紫宸門
崇明門
左銀臺門
東內苑
集賢書院
殿中內省
宣政殿
少陽院
待制院
中書省
月華門
日華門
門下省
安文館
史館
靈符應聖院
龍首池
太和門
左神策軍
左龍武軍
左羽林軍
日營門
御史臺
昭慶門
宣政門
含耀門
光範門
觀象門
含元殿
通乾門
昭訓門
朝堂
朝堂
毬場
右金吾仗院
左金吾仗院
下馬橋
下馬橋
東下馬橋
興安門
建福門
丹鳳門
望仙門
延政門

西京興慶宮圖

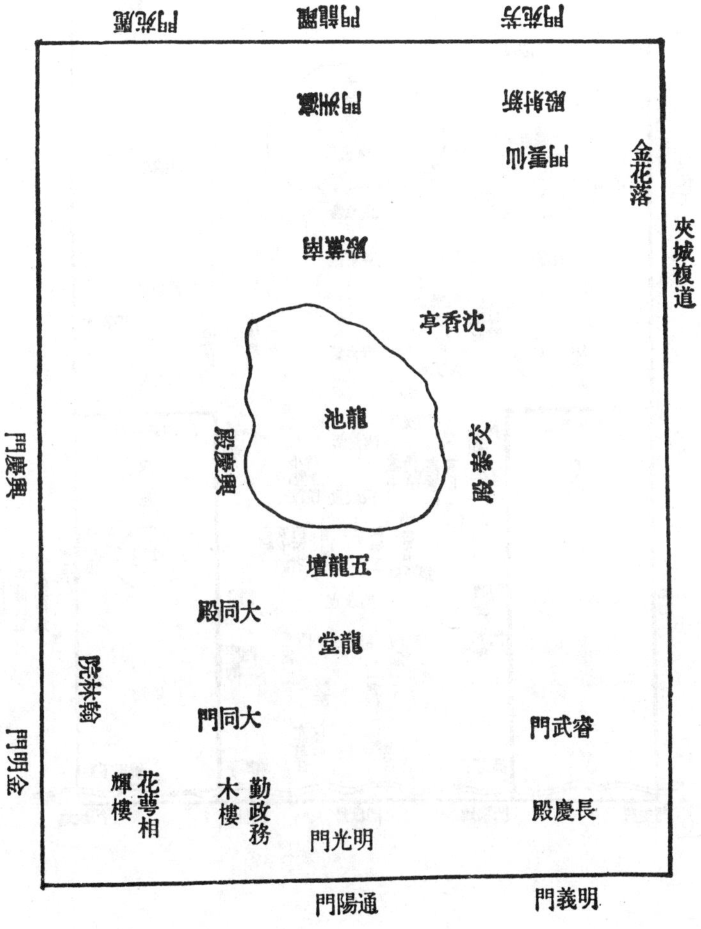
麗苑門
躍龍門
芳苑門
瀛洲門
新射殿
仙雲門
金花落
夾城複道
南薰殿
沈香亭
龍池
興慶殿
交泰殿
興慶門
五龍壇
大同殿
龍堂
翰林院
大同門
容武門
金明門
花萼相輝樓
勤政務本樓
長慶殿
明光門
通陽門
明義門

東都宮城皇城圖

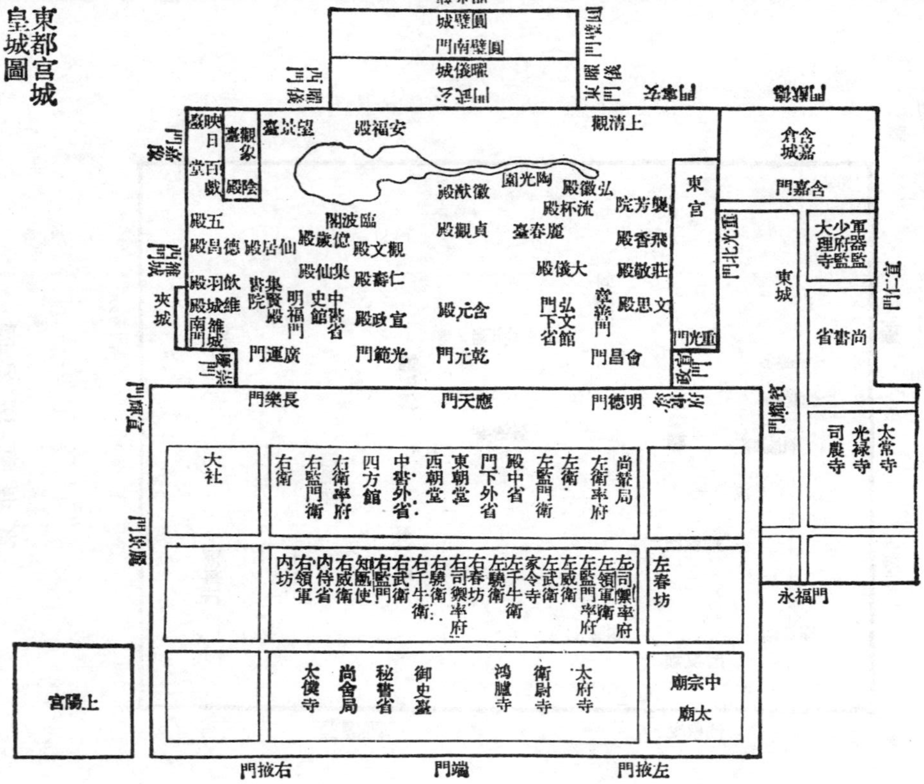

映日臺
觀象臺
百戲堂
陰殿
望景臺
安福殿
上清觀
含嘉倉城
含嘉門
陶光園
徽猷殿
弘徽殿
流杯殿
雙芳院
東宮
臨波閣
五殿
德昌殿
仙居殿
億歲殿
觀文殿
貞觀殿
麗春臺
飛香殿
集仙殿
仁壽殿
大儀殿
莊敬殿
飲羽殿
維城殿
南門
集賢殿書院
明福門
中書省
史館
宣政殿
含元殿
弘文館
門下省
章善門
文思殿
重光門
廣運門
光範門
乾元門
會昌門
重光北門
東城
大理寺
少府監
軍器監
尚書省
長樂門
應天門
明德門
大社
右衛
右監門衛
右衛率府
四方館
中書外省
西朝堂
東朝堂
門下外省
殿中省
左監門衛
左衛
左衛率府
尚輦局
司農寺
光祿寺
太常寺
內坊
右領軍
內侍省
右威衛
知匭使
右監門
右武衛
右千牛衛
右驍衛
右司禦率府
右春坊
左驍衛
左千牛衛
家令寺
左武衛
左威衛
左監門率府
左領軍衛
左司禦率府
左春坊
太僕寺
尚舍局
秘書省
御史臺
鴻臚寺
衛尉寺
太府寺
中宗廟
太廟
上陽宮
右掖門
端門
左掖門
永福門
宣仁門

東都上陽宮圖

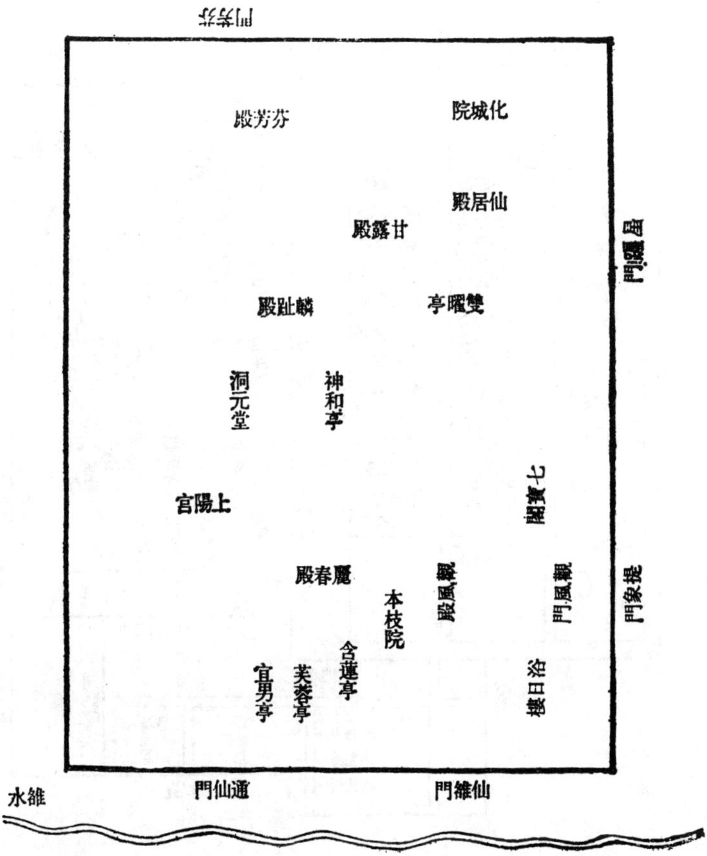
芬芳門
芬芳殿
化城院
仙居殿
甘露殿
星躔門
麟趾殿
雙曜亭
洞元堂
神和亭
上陽宮
七寶閣
麗春殿
觀風殿
觀風門
提象門
本枝院
含蓮亭
芙蓉亭
宜男亭
浴日樓
通仙門
仙雒門
雒水

唐兩京城坊考卷之一

大興徐松星伯撰
平定張穆誦風校補

西京

唐西京初曰京城，隋之新都也，開皇二年所築。按周、漢皆都長安，而皆非隋、唐之都城。文王作豐，在今西安府鄠縣。武王宅鎬，在今咸陽縣西南。漢都城在唐城西北十三里，自劉聰、劉曜、石勒、苻健、苻堅、姚萇所據皆漢城也。隋開皇二年始移於龍首原。唐天寶元年曰西京，至德二載曰中京，上元二年復曰西京，次年曰上都。

宮城

宮城，東西四里，南北二里二百七十步，按「七十」，呂大臨長安圖作「四十」。周十三里一百八十步，其崇三丈五尺。南卽皇城，北抵苑，東爲東宮，西爲掖庭宮。隋時規建，先築宮城，次築皇城，次築外郭城。故唐西京宮城最在北，皇城在宮城南，外郭城又在皇城南也。

宮城，亦曰西內，其正牙曰太極殿。唐龍朔後，天子常居大明宮。大明宮在宮城東北，故謂大內爲西內。景雲元年，改曰太極宮。城之南面五門，長安志作「六門」，蓋通東宮門計之。正南承天門，隋開皇二年作，初名曰廣陽門，仁壽元年改曰昭陽門。唐武德元年改曰順天門，神龍元年改曰承天門。門外有朝堂，東有肺石，西有

登聞鼓，其門上有樓。舊書王琚傳：以鐵騎至承天門，時睿宗聞鼓譟聲，召郭元振升承天樓宣詔下關，琚等從玄宗至樓上。舊書：高祖斬皇甫希仁於順天門。卽承天門也。朝野僉載：西京朝堂北頭，隋日唐興村，門前有大槐樹，文皇帝移長安城，將作大匠高熲常坐此樹下檢校。後栽樹行不正，欲去之，帝曰：「高熲坐此樹下，不須殺之。」至先天一百三十年，其樹尚在。承天門正當唐興村門首。按唐興村，隋日楊興村，唐時改之。若元正、冬至，陳樂設宴會，赦宥罪，除舊布新，當萬國朝貢使者、四夷賓客，則御承天門以聽政。六典：承天門，古之外朝。按舊書李泌傳：代宗山陵靈駕發引，上號送於承天門。是奉送山陵亦御此門。承天門東長樂門，舊書王志愔傳：開元十年，有京兆人權梁山僞稱襄王男，自號光帝，與其黨及左右屯營押官謀反。夜半時，擁左屯營兵百餘人，自景風、長樂等門斬關入宮城。蓋由景風門入皇城，西行折而北，由長樂門入宮城也。長樂門內東左藏庫。承天門西廣運門，長安志以廣運在長樂之東，非是。今從六典。廣運門內有西左藏庫。按隋初有右藏、黃藏，開皇十三年始闢左藏院，故有左藏庫之稱。或以在西者爲右藏，誤也。雍録：太極宮中東左藏庫在恭禮門東，西左藏庫在安仁門西。按通鑑注引閣本太極宮圖，言西左藏之西則通訓門，通訓門蓋通明門之誤。長樂門東永春門。廣運門西永安門。東面一門鳳皇門。隋曰建春門，後改通訓門。明皇時，鳳皇飛集通訓門，詔改鳳皇門。西面二門，南通明門，北嘉猷門。北面二門，長安志作「三門」，亦通東宮門計之。中爲定武門，南直承天門，李氏圖作「玄武門」。按舊書尉遲敬德傳：元吉步走，欲歸武德殿，敬德奔逐，射殺之。其宮府諸將率兵大至，屯於玄武門。則作「玄武」爲是。通鑑：隋文帝忌太子勇，於玄武門達至德門量置候人。胡注：玄武門，隋大興宮城北門。亦作「玄武」。定武門東安禮門。

太極殿者，朔望視朝之所也。六典：太極蓋古之中朝。隋曰大興殿，武德元年改。高宗以後居東内，則大喪多殯此殿。正門曰嘉德門，南直承天門。諸城劉氏喜海藏唐魚符，有文曰「嘉德門内巡」，疑入宮城所佩符，非東宮之嘉德門也。殿門曰太極門。隋曰大興門，後改乾福門，貞觀八年改太極門。長安志云：殿東隅有鼓樓，西隅有鐘樓，貞觀四年置。永樂大典載閣本太極宮圖，鐘樓在東，鼓樓在西。〔據稿本，永樂大典以下爲張穆補。〕門之兩廡爲東西閤門，通鑑注引閣本太極宮圖，太極殿有東上閤門、西上閤門。按閤門可轉北入兩儀殿，太宗時以此爲入閤。若東内，則以入紫宸爲入閤。兩廊爲左右延明門。在東者左延明門，在西者右延明門。舊書：節愍太子誅武三思，成王千里率左右數十人斫右延明門。開元禮朔日受朝儀，言設御幄於太儀殿，典儀設官位於横街之南。蓋延明相向，中爲東西横街也。左延明門外爲門下省，楊炯庭菊賦序：天子幸於東都，皇儲監守於武德之殿，以門下内省爲左春坊。爲史館，在門下省北。貞觀三年，置秘書内省以修五代史，又置史館以編國史。尋廢秘書内省。爲弘文館。在門下省東。弘文館始置於武德四年，以聚書名爲修文館，九年改弘文館，又曰文學館。館側有殿。通鑑注引閣本太極宮圖不載此館。弘文殿，貞觀三年移於納義門西。九年改昭文館，開元七年復舊。右延明門外爲中書省，省内有内客省。通鑑：上自武德殿入虔化門，捡賈膺福、李猷於内客省。胡注：四方館隸中書省，故客省在焉。爲舍人院。舊本長安志圖，舍人院在中書省東南，今從之。嘉德門之兩廊，東爲歸仁門，又東恭禮門。南直長樂門。西爲納義門，又西安仁門。「安」一作「興」。南直廣運門。太極殿北曰朱明門，門亦有東西上閤門。見大典閣本太極宮圖。其左爲虔化門，「虔」一作「乾」。按通鑑：高祖封唐王

時，日於虔化門視事。是虔化隋舊門名也。右爲肅章門。虔化南直恭禮門，肅章南直安仁門。朱明門以內爲內朝，故虔化、肅章以內爲宮內。節愍太子之索上官婉兒，衛王直之作亂，皆欲入肅章以入宮也。竇懷貞之亂，睿宗出肅章門。文德皇后之葬，段志玄等亦由肅章以出宮也。肅章西爲暉政門，虔化東爲武德門。閤門之東曰萬春殿，又東曰立政殿，見通鑑注引閣本太極宮圖，與大典閣本圖合。立政殿前有立政門，太宗文德皇后崩於此殿。又東曰大吉殿，見長安志。前有大吉門。莊恪太子薨於少陽院，遷居此殿。又東曰武德殿。殿有東西門，門西與虔化門齊。貞元四年築垣，自武德東門屬於宮城，此東門也。舊書高宗紀，許敬宗待詔武德西門，此西門也。舊書：高祖令太宗居西宮之承乾殿，元吉居武德殿後院，與上臺、東宮晝夜並通，更無限隔。六典注：武德殿後有延恩殿。閤門之西曰千秋殿，長安志：兩儀殿前有獻春門、宜秋門，當卽萬春、千秋兩殿之門。通鑑注引閣本太極宮圖云：宜秋門在千秋殿西，百福門東。然則獻春門東向，宜秋門西向矣。舊書：隱太子葬日，太宗於宜秋門哭之。「獻春」或作「宜春」。通鑑注引閣本太極宮圖，射殿在宜春門北。又西曰百福殿，前有百福門，睿宗崩於此殿，宣宗改爲雍和殿。內有親親樓，爲諸王宴會之所。又西曰承慶殿，前有承慶門，卽太宗所居，舊書作「承乾」者誤。則有暉政門焉。門東與肅章門齊。高安長公主薨，發哀于暉政門。朱明門北爲兩儀殿，常日聽政則御之。六典：兩儀，古之內朝，隋曰中華殿，貞觀五年改。中葉以後，帝后喪亦多殯此殿。按舊書令狐德棻傳：高宗召宰臣及弘文館學士於中華殿。是其時兼用舊名。殿北曰甘露殿，明皇自蜀還，常居此殿。其門曰甘露門，門外爲永巷。東西橫街。巷東東橫門，再東日華門。巷西西橫門，再西月華門。

甘露殿之北曰延嘉殿，大典閣本太極宮圖，兩儀殿後卽延嘉殿，無甘露殿。長安志云：延嘉殿在甘露殿近北，殿南有金水河，往北流入苑。故補于此。延嘉之北曰承香殿，長安志圖作「承春殿」，誤。則達玄武門焉。長安志：承香殿東卽玄武門。蓋殿在玄武門少西。大典閣本太極宮圖，玄武門在承香殿正北。甘露之左曰神龍殿，中宗、玄宗皆崩於此殿，前有神龍門。右曰安仁殿。前有安仁門。安仁之北曰歸真觀，觀北曰綵絲院。大典閣本圖作「絲綵」。院西曰淑景殿，又西則三落、四落、五落，爲東西千步廊。千步廊在月華門北，廊之北三落、四落、五落。自淑景殿以次而西，爲衛士之居。城之西北隅有山池院，其南有薰風殿、就日殿。見大典閣本圖。其東海池三，西内凡海池四：一在咸池殿東，一在望雲亭西，一在凝陰閣北，一在凝雲閣北。故雍大記謂之四海池。通鑑注引閣本太極宮圖云：太極宮中凡有三海池，東海池在玄武門内之東，近凝雲閣；北海池在玄武門内之西；又南有南海池，近咸池殿。蓋以近望雲亭與凝陰閣者爲一也。舊書：尉遲敬德殺元吉，是時高祖泛舟於海池。凝陰閣，長安志作「凝香閣」，誤，今從大典閣本圖。望雲亭、景福臺西，見長安志。鶴羽殿、凝陰閣西。咸池殿延嘉殿西。環之。又東曰景福臺。承香殿西北。神龍之北曰功臣閣、淩煙閣。通鑑注引閣本太極宮圖：延嘉殿之東爲功臣閣，功臣閣之東爲淩煙閣。與大典所載閣本圖合。貞觀十八年，畫功臣像於此閣。段志玄碑：貞觀十六年，圖形於戢武閣。未知卽淩煙閣否。又唐儉碑有淩煙閣字，敘於陷賊庭前，其事在高祖時，則閣之建也舊矣。後唐應順元年修淩煙閣奏云：閣在西内三清殿側，畫像皆北面。閣有中隔，隔内北面寫「功高宰輔」，南面寫「功高諸侯王」。隔外面次第畫功臣題贊。其北有海池、凝雲閣、通鑑注引閣本太極宮圖及大典閣本

圖皆作「凝雲閣」。長安志作「凝陰殿」，誤。毬場亭子凝雲閣北。環之。城之東北隅有紫雲閣，其南有山水池閣，西爲南北千步廊。南至尚食内院，西北盡宮城。殿閣之外廟一，曰孔子廟；大典閣本圖：月華門西有孔子廟。他書不載。寺一，曰佛光寺；長安志：寺在神龍殿西。大典閣本圖有佛堂，無佛光寺。柳宗元爲王京兆賀嘉蓮表云：聖旨出西内神龍寺前水渠内合歡蓮花圖一軸。疑神龍寺卽佛光寺，以近神龍殿得名也。院二，綵絲院，已見。曰尚食内院、長安志作「尚食院」，大典閣本圖有「内」字。舊書韓偓傳言帝行武德殿前，因至尚食局。當卽此院。公主院；長安志：院在千秋殿西。庫三，左藏庫，已見。曰司寶庫、淩煙閣東。曰武庫、在武德東門東，見大典閣本圖。曰甲庫；在西左藏庫西，見大典閣本圖。或作「武庫」，誤。倉一，曰内倉廩。在虔化門内，見大典閣本圖。通鑑注引閣本太極宫圖：武德門在虔化門東，入門過内倉廩、立政殿、萬春殿卽東上閤門。按所謂入門者，入虔化門也。

三清殿、近淩煙閣。昭慶殿、承香殿西。大典閣本圖不載，不知在景福臺左右。觀雲殿、長安志作凝陰殿北，疑卽凝陰閣之望雲亭，或在凝雲閣之側也。弘文殿、近觀雲殿。觀德殿、通鑑：侯君集獻俘於觀德殿。胡注：觀德殿，射殿也。閣本太極圖，射殿在宜春門北。新殿、長安志：近萬春殿有新殿。相思殿、通鑑：貞觀間，薛延陀突利設來納幣，上御相思殿。胡身之云：據褚遂良疏，殿在玄武門内。飛霜殿、貞觀二十五年，宴五品以上於飛霜殿，殿在玄武門北。昭德殿、太平廣記引大唐雜語：昭宗文德二年正朔，御武德殿，有紫氣出於昭德殿東隅，得金龍子一枚，改元爲龍紀元年。臨湖殿、舊書：高祖召裴寂等，欲令窮覈其事，建成、元吉行至臨湖殿覺變。〔按稿本，臨湖殿下

有紫微殿，並注云：「舊書襄邑王神符傳：以疾辭職，令乘小輿，引入紫微殿。」〕長樂殿、嘉壽殿、〔按稿本，嘉壽殿下有就日殿。〕臨照殿、〔按稿本，臨照殿下有薰風殿。〕望仙殿、翔鳳殿、乘龍殿、文思殿，見六典、禁扁。翔鳳門、宣猷門、崇道門、昭德門、正禮門、惠訓門、宣光門、通福門、光昭門、華光門、暉儀門、壽安門、綏福門、見六典、長安志。肅政門、見六典、禁扁。顯福門、通鑑注：西内翰林院在顯福門内。興安門、通鑑：太宗聞高士廉卒，帥左右自興安門出。胡身之注：貞觀以前，人主常居太極宮，則此興安門非大明宮之興安門，蓋太極宮中別自有興安門也。顯道門、金液門、通鑑：太宗力疾至顯道門外赦天下，敕太子於金液門聽政。胡身之注：顯道、金液爲通内諸門，圖志不能盡載。玄德門、白獸門，通鑑：隆基與劉幽求等出苑南門，使葛福順將左萬騎攻玄德門，李仙鳧將右萬騎攻白獸門，約會於淩煙閣前。胡身之注曰：禁苑南門直宮城之玄武門，玄德、白獸皆通内之門。按白獸門卽杜詩所謂「寂寞白獸闥」也。顏魯公康希銑碑：父國安，遷博士，白獸門内供奉。不知其處。

東宮，傅宮城之東，南北與宮城齊。長安志不載東宮東西里數，以宮城四里除皇城東西五里一百五十步，則東宮與掖庭宮皆當不足一里，惟東宮較廣耳。南面門爲嘉福門，長安志作「重福」，次北曰重明，又北曰宣明。按宮門無疊至三門者。重福，禁扁作「嘉福」，長安志言宣明是嘉福所改名，則二門爲一門明矣。今刪正。北面門爲玄德門。永樂大典載太極宮東宮圖，北門爲至德門。按至德門當是隋時舊名，見前定武門下注。長安志圖又作「安禮門」，誤，今從長安志文。宮之正殿曰嘉德殿，一曰顯德，武德九年，太宗卽位於顯德殿。後避中宗諱，改明德。

正門曰重明門，殿門曰嘉德門。嘉德門外之兩廊爲左右永福門，其門内之兩廊爲左右嘉善門。永樂大典圖作「左右嘉德」，今從長安志。嘉德殿之左右，東爲奉化門，西爲奉義門。長安志作「東西奉化門」，今從大典圖。其内爲左右春坊。嘉德殿之北爲崇教殿、或作「崇政」，誤。唐會要：貞觀十七年十一月二十八日，誕皇太孫，太子宴宮寮於弘教殿。太宗幸東宮，自殿北門入。禁扁：崇教，一曰弘教，又有弘教門。麗正殿。「正」一作「政」。麗正殿之左爲崇仁殿，麗正殿之右爲崇文殿，按東宮右春坊内有崇文館，當在此殿之側。麗正殿之北爲光天殿，長安志作「光大」，今從大典圖。又北爲承恩殿，其北爲玄德門。諸殿方位皆依大典圖。承恩殿之左右爲宜春、宜秋宮，前有宜春宮門、宜秋宮門。宜秋，禁扁作「融秋」。宜春之北爲北苑。通鑑注：天寶中，即東宮置宜春北苑。按既曰北苑，當在宜春宮之北。長安志言在宜春宮門外，非也，今正。其南，道東爲典膳廚，道西爲命婦院。宜秋之南爲内坊。又有八風殿、射殿、大典圖在宜春門内之東。左右長林門、皆見長安志。志又云左右長林門本名弘禮、嘉福，武德元年改重光、宣明。按通鑑：建成分屯左右長林，號「長林兵」。胡注：東宮有左右長林門。自是未改名時也。亭子院、山池院、佛堂院、皆見長安志。鷹鷂院、見大典圖。按皆在北苑中。長生院，舊書陳夷行傳：充皇太子侍讀，詔五日一度入長生院，侍太子講經。按胡身之通鑑注曰：唐寢殿皆謂之長生殿。武后寢疾之長生殿，洛陽宮寢殿也。肅宗大漸，越王係授甲長生殿，長安大明宮之寢殿也。長恨歌「七月七日長生殿」，華清宮之寢殿也。然則大内之寢殿通曰長生殿，則太子所居通曰長生院矣。不知其處。

掖庭宮，傅宮城之西，在千步廊之西。掖庭宮東西不及一里，長安志以爲東西四里，誤。北與宮城齊，南至通明門。有西門、貞觀三年，敕左丞戴胄於掖庭西門簡宮人出之。按掖庭宮有東西門，無南北門。東門通大内，蓋卽嘉猷門，西門外卽修德坊。其時未築夾城，故宮人於此出也。衆藝臺。長安圖志雜說云：掖庭東北垣上有一方臺，考之於志，恐所謂宮人教藝之所名衆藝臺者也。内侍省在宮西南。内侍省，隋之長秋監，唐貞觀三年改内侍省。光宅元年爲司宮臺，神龍元年復舊。省内有紫蘭亭。畢氏曰：新唐書志，長秋監武德四年曰内侍監，龍朔二年爲省，垂拱元年曰司宮臺。與長安志異。長安志：内侍省在通明門西南。

皇城

傅宮城之南面曰皇城，亦曰子城，東西五里一百一十五步，南北三里一百四十步，周十七里一百五十步。新書志：皇城長一千九百一十五步，廣一千二百步。按唐法，以三百六十步爲里，則南北之廣當作一千二百二十步。南面三門：正南曰朱雀門，北當宮城之承天門，南當外郭之明德門。門外横街正東直春明門，正西直金光明。東曰安上門，至德三載改爲光天門，尋復舊。西曰含光門。唐書劉崇望傳：楊復恭稱兵闕下，陳於通化門。上陳兵於延喜門，是夜命崇望守度支庫。明日曉，入含光門，門内禁軍列于左右，俟門開，卽劫掠兩市。崇望諭之曰：「聖上在街東，公等禁軍何不樓前殺賊！」將士唯唯，從崇望至長樂門。按是時崇望在含光門，故謂延喜爲街東。崇望之入含光，蓋欲入廣運以守西左藏，其趨長樂，則以近延喜，又衞東左藏耳。東面一門：南曰景風

門，北曰延喜門。直東當外郭之通化門。貞元四年，修延喜門複道，屬於承天門。回鶻使及回鶻公主至，德宗御延喜門觀之。宣宗御延喜門見河隴老幼數千人，賜以冠帶。西面二門：南曰順義門，北曰安福門。西當外郭之開遠門。朝野僉載曰：睿宗先天二年正月十五、十六、十七夜，於京安福門外作鐙輪，高二十丈，衣以錦綺，飾以金銀，燃五萬盞鐙，〔「燃」原作「鐙」，據朝野僉載卷三改。〕望之如花樹。宮女千數，衣羅綺，曳錦繡，耀珠翠，施香粉。一花冠、一巾帔，皆至萬錢，裝束一妓女，皆至三百貫。妙簡長安、萬年少女婦千餘人，衣服花釵媚子亦稱是，於鐙輪下踏歌三日夜，歡樂之極，未始有之。武元衡赴西川節度，憲宗御安福門慰遣之。長安志言貞元四年築武德東門垣，屬于安福門，於是武庫從西廢焉。按武德殿在西内之東，必不能及武庫，「武德」字蓋誤。城中南北七街，東西五街。左宗廟，在安上門内之東。右社稷。在含光門内之西。百僚廨署列於其間，凡省六，寺九，臺一，監四，按國子監在皇城之南。「四」當作「三」。衛十有八。按左右金吾衛在皇城之東西，左右羽林軍在大明宮之東西，此無十八衛也。東宮官屬，凡府一，坊三，寺三，率府十。自兩漢以後至於晉、齊、梁、陳，並有人家在宮闕之間。隋文帝以爲不便於事，於是皇城之内惟列府寺，不使雜居，公私有辨，風俗齊整，實隋文之新意也。

宮城南門外即承天門。有東西大街，謂之横街。東出皇城之延喜門，西出皇城之安福門，皇城各街皆廣百步，惟此街南北廣三百步，所以限隔二城也。横街之南有南北大街，曰承天門街。東西廣百步，南出皇城之朱雀門。中朝故事：天街兩畔槐樹，俗號爲槐衙。

承天門街之東，宮城之南第二横街之北。近有得唐納粟磚者，其文曰：貞觀十四年十二月廿四日，街東第一院，〔陸耀遹金石續編卷四録文作「第二院」。〕從北向南第六行，從西向東第九窖，納和糴粟六千五百石。第四頭，紀王府典籤陳元瑜，右監門直長鄭端、高買，太倉府史〔金石續編作「副史」。〕韓達、竪雲宮，副監常明，副使晉王府□〔金石續編作「府掾」。〕陸元、士使人，〔金石續編作「士」，疑「士」誤。又續編以爲「士使人」是人名，標點姑從之。〕水部郎中柳仵臣。〔「柳」原誤「抑」，據金石續編改。〕又一磚文曰：貞觀廿三年十二月九日，〔金石續編作「廿九日」。〕大街西〔原脱「西」字，據金石續編補。〕從北向南第一院，從北向南第六行，從西向東第十三窖，納和糴米四千四百石，第一頭一千五百石，和糴官人，右領□騎□賈仁，〔金石續編作「右領軍騎曹賈仁素」。〕左衛兵曹任玄逸。〔金石續編作「杜玄逸」。〕第二頭二千九百石，和糴官人，平準丞蔡彌，雍州參軍□師利，左監門校尉馮武達，右監門校尉素和陁，〔原「素」字未釋，據金石續編補。〕窖匠張阿劉，太倉府步勳監事〔金石續編作「監車」。〕趙□，〔金石續編作「趙賢」。〕丞□吴□、田□，〔金石續編作「丞宋夐□田强」。〕和糴副使左監門長史王玄、滎大任，〔原脱「任」字，據金石續編補。〕殿中丞長孫文則，司農卿清河公楊弘禮。按窖粟之地不可考，而所謂大街與街東者，當是承天門街之第二横街，故和糴官人多是左右監門、左右衛、王府之人，以皇城地皆廨舍，故可置窖。若朱雀門外之大街，則諸坊所在，民居相雜，非可儲粟矣。附此俟考。〔按稿本，自「近有得唐納粟磚者」至「附此俟考」之長注，爲張穆所補。張穆不知磚出土於西安城西北隅，相當於吕大防唐宫城圖中所記太倉之地，而以磚文之街東爲承天門街東，誤係於此。〕

從西第一，門下外省。次東，殿中省。次東，左千牛衛。次東，左衛。隋左監門衛、左翊衛

二府之地，武德初併爲此衛。門額本睿宗所題，開元初進入內。街東，安上門街，街東第一，東宮內坊。長安志作「內作坊」，誤。次東，右春坊。次東，右清道率府。次東，右監門率府。府北，右內率府。府東，東宮朝堂。有北街，〔按所附皇城圖，東宮朝堂之東有南北街。依下文文例，「有北街」句當有脫文。〕街東第一，左監門率府。府北，左內率府。次東，左清道率府。次東，家令寺。次東，左春坊。坊東有南北街，街東即皇城東面延喜門之內。

承天門街之東，第三橫街之北。

從西第一，左監門衛。武德中分取左武衛地，自北街移於此。次東，左武衛。次東，貞觀中有左金吾內府，後廢。次東，左驍衛。衛東，安上門街，街東第一，東宮僕寺。次東，率更寺。次東，右司禦率府。長安志作「司禦衛」，誤。次東，右衛率府。府東有南北街，北當東宮朝堂。街東第一，左衛率府。次東，左司禦率府。長安志作「司禦衛」，誤。次東，詹事府。府東有南北街，街東即皇城之東面。

承天門街之東，第四橫街之北。

從西第一，尚書省。省門額本睿宗書，開元初進入內。後右庶子魏華所題。省內當中有都堂，本尚書令廳事。都堂之東吏部、戶部、禮部三行，每行四司，左司統之。都堂之西兵部、刑部、工部三行，每行四司，右司統之。舊戶部在禮部後，武太后改從天地六官之名，以戶部爲地官，因移在前。凡二十四司，左右丞相總領其事。大唐新語：王上

客自負其才，意在前行員外，俄除膳部員外，頗懷悵惋。吏部郎中張敬忠戲詠之曰：「有意嫌兵使，專心去考功。誰知脚蹭蹬，幾落省牆東。」以膳部在省東北隅也。考功員外郎廳事有薛稷畫鶴，宋之問爲讚。工部尚書廳事有薛稷畫松石，並爲時所重。右丞廳事有古冢，俗誤爲樗里子墓。國史補曰：郎官故事，〔「故事」原誤「正事」，據國史補卷下改。〕吏部郎中二廳，先小銓，次格式。員外郎二廳，先南曹，次廢置。刑部分四覆，户部分兩賦，其制尚矣。舊説吏部爲省眼，禮部爲南省舍人，考功、度支爲振行，比部得廊下食，以飯從者。二十四曹呼左右司爲都公。省中語曰：「後行祠屯，不博中行都門。中行刑户，不博前行駕庫。」因話録曰：尚書省東南隅通衢有橋，相傳目爲拗項橋，言侍御史及殿中久次者，至此必拗項而望南宫也。都堂南門道東有古槐，垂陰至廣，相傳夜深聞絲竹之音，省中有入相者，俗謂之音聲樹。祠部呼爲冰廳，言其清且冷也。李涪刊誤云：尚書郎上事官面北再拜，蓋京城官署皆在大内之南，故先面北再拜，然後踐履官堂。

省東，安上門街，街東第一，都水監。次東，光禄寺。寺東有南北街，北當東宫朝堂，開元初開。街東，軍器監。本少府監甲弩坊，後爲軍器使，開元四年置監。監東即皇城東面景風門之北。畢氏曰：新唐書志云：武德初有武器監，七年廢，八年復置，九年又廢。開元以前，軍器皆出在尚方署，三年置軍器監，十一年廢爲甲弩坊，隸少府，十六年復爲監。按唐會要作武德元年置軍器監，貞觀元年廢。十六年復爲監，會要作天寶六載。

承天門街之東，第五横街之北。

從西第一，左領軍衛。衛北有兵部選院。次東，左威衛。衛北有刑部格式院。次東，吏部選院。以在尚書省之南，亦曰吏部南院，選人看榜名之所也。次東，禮部南院。四方貢舉人都會所也。摭言：進士舊例

于都省考試，南院放榜，張榜牆乃南院東牆也。別築起一堵高丈餘，外有壖垣，未辨色卽自北院將榜就南院張掛之。元和六年，爲監生郭東里決破棘籬，坼裂文榜，因之後來多以虛榜自省門而出，正榜張亦稍晚。院東，安上門街，橫街抵此而絕。

承天門街之東，第六橫街之北。

從西第一，太僕寺。寺西北隅，乘黄署，別開北門。署内貯掌指南車、記里鼓及輦輅之屬。次東，大府寺。舊都水監之地。寺東，安上門街，街東第一，少府監。僖宗再幸山南，太廟焚毁，權以少府監大廳爲太廟。次東，左藏外庫院。隋大府寺置於此，又分置坊院。東有南北街，街東卽皇城東面景風門南也。

承天門街之東，第七橫街之北。

從西第一，太常寺。廣記引國史異纂：崔日知歷職中外，恨不居八座。及爲太常卿，于都寺廳事後起一樓，正與尚書省相望，時人謂之「崔公望省樓」。寺東，安上門街，街東第一，太廟，其地本隋大府寺玉作坊，坊中有御井。貞觀中，廢玉作坊，于此置大府寺賜坊，以曝四方貢賦之物溼者。先天中，置廟廢坊焉。中宗廟、元獻皇后廟。韋公肅禮閣新儀曰：乾元元年，立廟於太廟之西。寶應二年，遷神主於太廟。貞元三年修葺，奉安昭德皇后神主。永貞元年，祔於太廟。次東，太廟署。署東、署南並有街，卽皇城東南隅也。

承天門街之西，宮城之南，第二橫街之北。

從東第一，中書外省。次西，四方館。隋曰謁者臺，卽諸方通表，通事舍人受事之司。通鑑：姚崇寓

居罔極寺，以病痁謁告。源乾曜請遷崇於四方館，崇以四方館有簿書，非病者所宜處，固辭。次西、右千牛衛。次西，右監門衛。次西，右衛。衛西，含光門街，橫街抵此而絕。

承天門街之西，第三橫街之北。

從東第一，右武衛。衞西，貞觀中有右金吾內府，後廢。次西，右驍衛。次西，含光門街，街西，將作監。卽皇城西南面安福門之南。

承天門街之西，第四橫街之北。

從東第一，司農寺。寺西，含光門街，街西第一，尚舍局。本帳幕坊，局內有山池。次西，尚輦局。次西，衛尉寺。次西，大理寺。寺西有南北街。街西卽皇城西面順義門之北。

承天門街之西，第五橫街之北。

從東第一，右領軍衛。次西，右威衛。衞門本南向，開元七年御史中丞李尚隱以此衛南門與御史臺門相對不便，遂白政事，移門北向。次西，祕書省。監院廳事前有隕星石，隋自咸陽移置于此，少監王劭作瑞石頌以贊美之。監院東有書閣重複，以貯古今圖籍。大唐新語：虞世南爲祕書監，於省後堂集羣書中奧義，號北堂書鈔，今此堂猶存。因話錄：祕書省落星石與薛少保畫鶴、賀監草書、郎餘令畫鳳，相傳爲四絕。元和中，韓公武爲祕書郎，挾彈中鶴一眼，時謂之五絕。又曰：祕書省之東卽右威衛，荒穢摧毀，其大廳逼校書院，南對御史臺。有人嘲之曰：「門緣御史塞，廳被校書侵。」省西含光門街，橫街抵此而絕。

承天門街之西，第六橫街之北。

從東第一，宗正寺。次西，御史臺。御史臺記曰：御史臺門北開，蓋取肅殺就陰之義，故京臺門北開矣。按鄴都故事曰：御史臺在宮城西南，其門北開。又故城御史臺亦北開。龍朔中，置桂坊爲東朝憲府，門亦北開。然都御史臺門南開，當時創造者不經，反於故事，同諸司，蓋以權宜邪？譚賓録曰：北開者，或云自隋初移都之時，兵部尚書李圖通兼御史大夫，欲向省便近，故開北門。元和四年，御史臺佛舍火，罰直御史李膺一季俸料。唐語林：御史臺三院，一曰臺院，其僚曰侍御史；二曰殿院，其僚曰殿中侍御史；三曰察院，其僚曰監察御史。察院南院，會昌初監察御史鄭路所葺。禮祭廳謂之松廳，南有古松也。刑察廳謂之魔廳，寢於此多魘。兵察常主院中茶，茶必市蜀之佳者，貯於陶器，以防暑溼，御史躬親緘啟，故謂之茶瓶廳。吏察主院中入朝人次第名籍，謂之朝簿廳。吏察之上則館驛使，館驛使之上則監察使，同僚之冠也。殿院廳有壁畫小山水甚工，云是吴道子真跡。次西，司天監。本隸祕書省，爲太史局，後別爲渾儀監，尋復舊名，而不屬祕書。監内有靈臺，以候雲物，崇七丈，周八十步。畢氏曰：太史局，武德四年置。改渾儀監，光宅元年也。復舊名，長安二年也。景龍二年，又曰太史監，不隸祕書省。景雲元年，又爲局，隸省。開元二年，復爲太史監。十四年，復爲局。天寶元年，復爲監，不隸省。乾元元年，曰司天臺。監西含光門街，街西第一，廢石臺。本司農寺草坊之地。景龍中，韋庶人置石臺，雕刻綵樓，上建頌臺，蛟龍蟠繞，下有石馬、石獅子、侍衛之像。初韋氏矯稱衣箱有五色雲氣，使畫工圖像，以示於朝。及節愍太子遇害，韋氏又上中宗聖威神武頌，刊石以紀其事，謂之頌臺，上官昭容之文也，并勒公卿姓名於上。諂詞僞事，有乖典實，景雲元年毁之。後爲御史臺推事院。按長安志既載石臺於此，

又載於朱雀門街下，言在開化坊，而開化坊下無一言及之。志文踳駁，今刪彼而存此。臺北，司農寺草坊。坊門北開。次西，驊騮馬坊。坊門北開。坊西有南北街。街西即皇城西面順義門之南。

承天門街之西，第七橫街之北。橫街南即皇城南面朱雀門之西。

從東第一，鴻臚寺。德宗建中元年，以鴻臚寺左右威遠營隸金吾。通鑑：回紇犯含光門，突入鴻臚寺。蓋入門而東即寺也。次西，鴻臚客館。如漢之藁街，四夷慕化及朝獻者居焉。館西，含光門街，街西第一，大社。南門額，隋平陳所得，即東晉王右軍所題，隋代重以粉墨模之。次西，郊社署。署西、署南並有街，即皇城之西南隅。

大明宮

大明宮在禁苑東偏，舊太極宮後苑之射殿，據龍首山。龍首山長六十里，來自樊川，由南而北行，至渭濱乃折向東。頭高二十丈，尾漸下，可六七丈。漢之未央據其折東高處，故宮高出長安城上。大明宮又在未央之東，其基愈高，故含元殿基高於平地四丈。南接都城之北，西接宮城之東北隅，亦曰東内。其城南北五里，東西三里。呂大臨圖云：大明宮城廣二里一百四十八步，縱四里九十五步。雲麓漫鈔云：唐志，大明宮縱一千八百步，廣一千八十步。今實計，縱一千一百一十八步，廣一千五百三十五步。按雲麓漫鈔所言唐志之數，即長安志南北五里、東西三里之數，其實數即呂大臨圖之數。惟據縱一千一百一十八步，則呂圖當云廣三里三十八步也。蓋

有脱誤。貞觀八年置爲永安宮，次年改大明宮，備太上皇清暑。龍朔二年，高宗病風痺，以宮内湫溼，命司農少卿梁孝仁修之，改名蓬萊宮。初梁孝仁悉於庭院列白楊樹，指示左驍衛大將軍契苾何力。何力不答，但誦古詩曰「白楊多悲風，蕭蕭愁殺人」，意謂此冢墓木也。孝仁遽伐去，更植松柏。南面五門：正南丹鳳門，至德三載改明鳳門，尋復舊名。本當京城翊善坊北門。置宮後，分翊善、永昌各爲二坊，當北門。街廣一百二十步，南北盡二坊之地，南抵永興坊北門之東。其東望仙門，南當皇城東第二街，貞元中修，有樓十間。望仙門内之東壁有雅樂樂具庫，見樂府雜録。次東延政門，抵長樂坊之北。丹鳳門西建福門，南抵光宅門外坊之北。望仙、建福二門各有下馬橋，跨東西龍首渠。按宰相入朝，翼衛及建福門而止，見令狐楚傳。門外有百官待漏院，雍録：故事，建福門、望仙門昏而閉，五更五點而啟。至德中，有吐蕃自金吾仗亡命，因敕晚開。宰相待漏太僕寺車坊，元和元年，初置百官待漏院，各據班品爲次，在建福門外，候禁門啟入朝。次西興安門。南當皇城之啟夏門，舊京城入苑之北門，開皇三年開。餘四門並與宮同置。按劉闢、吴元濟獻俘皆於此門。東面二門：南爲太和門，門外則左三軍列焉，門之北從西第一左羽林軍，第二左龍武軍，第三左神策軍。太和門北爲左銀臺門。西面二門：〔依下文，西面爲三門，疑「二」爲「三」誤。〕南日營門，北右銀臺門，門皆有仗舍。通鑑：昭宗恐李順節作亂，詔劉景宣、西門君遂召順節。順節入，至銀臺門，二人邀順節於仗舍坐語。按北軍仗院在銀臺門之南，不應已入銀臺而反南至仗舍。疑各門自有兵衛，皆有仗舍。右銀臺門之北九仙門，通鑑注引閣本大明宮圖：右銀臺門之北有九仙門，又北轉東則淩霄門。金鑾密記：九仙殿銀井有梨二株，枝葉交接，宮中呼爲「雌雄樹」。蓋九仙門内

有殿也。太宗草書有九仙門敕。門外則右三軍列焉。門之北從東第一右羽林軍，第二右龍武軍，第三右神策軍。按左右三軍即所謂北軍也，以中官領之。以在苑北，又謂之北司。北面三門：中玄武門，德宗造門樓，外設兩廊持兵宿衛，謂之北衙。按本紀，大中二年修左銀臺門及南面城牆，至睿武樓。則玄武改睿武矣。門外有飛龍廄，雍録：後苑有驥院，禁馬所在。玄武之左銀漢門，右淩霄門。「淩霄」一作「淩雲」，又作「青雲」。李輔國仗兵淩霄門以俟太子，即此。

丹鳳門内正牙曰含元殿，武后改大明殿，南去丹鳳門四百餘步，東西廣五百步。按殿有東序門，見舊書代宗皇后沈氏傳。大朝會御之。殿之前廊有翔鸞閣、棲鳳閣，舊書郝處俊傳：上元元年，高宗御含元殿東翔鸞閣觀大酺。肅宗紀：至德三載，大閱諸軍於含元殿庭，上御棲鳳閣觀之。李華含元殿賦：左翔鸞而右棲鳳。閣下即東西朝堂，有肺石、登聞鼓，金吾左右仗院。按李訓傳言石榴樹甘露，則左仗院也。通鑑：李晟破朱泚，屯含元殿前，舍金吾仗院，則右仗院也。其側有門，曰側門，景龍中於側門降斜封墨敕授人官。時諸王退朝，於側門候止。後又於側門受詞訟，引對都督、刺史之官及御史出使者。閣前有鐘樓、鼓樓。舒元輿御史臺記曰：每朝會，監察御史二人立於東西朝堂甎道，雞人報點，監者押百官由通乾、觀象入宣政門。及班於殿廷前，則左右巡使二人分押於鐘鼓樓下。左右砌道盤上謂之龍尾道，龍尾道自平地七轉上至朝堂，分爲三層：上層高二丈，中、下層各高五尺，邊有青石扶欄。上層之欄柱頭刻螭文，謂之螭頭，左右二史所立也。諫議大夫立於此，則謂之諫議坡。兩省供奉官立於此，亦謂之蛾眉班。其中、下二層石欄刻蓮花頂。夾道東則通乾門，西則觀象門。含元殿後曰宣政殿，

天子常朝所也。殿門曰宣政門，門外兩廊爲齊德門、在東。興禮門。在西。一作「齊禮」、「興德」。舊本長安志圖作「齊禮門」、「崇德門」，當從之。按門外有藥樹，元微之詩：松間待制應全遠，藥樹監搜可得知。其内兩廊爲日華門、在東。温造傳：宫中昭德寺火，火在宣政殿東隔垣，宰臣、兩省、京兆尹、中尉、樞密環列於日華門外。月華門。在西。唐詩紀事言張九齡、裴耀卿罷免之日，自中書至月華門。按宣政門内皆植松，入閤賜對官班退，立東階松下。日華門外爲門下省，太和六年，毁如京倉，以其地歸門下省。又云：寶曆末，好廣苑囿門，省馬廄，因通入禁中，至是還之。其東，弘文館。太宗始於弘文殿側置弘文館，後徙於門下省。又東，待詔院。唐初，仿漢立待詔。後以武后諱，改詔爲制。每御正衙日，令諸司長官二人奏本司事，謂之待制。貞元間，又令未爲長官而預常參者亦每日引見，謂之巡對，亦謂之次對。蓋此待制院候宣政殿引對者也。思政殿側之待制院，候延英殿引對者也。待詔院在史館西，據大典載閣本大明宮圖訂。又東，史館。劉寬夫剽竹記：左史院邇扆居之正地，直日華之東偏，有竹一叢，翠接階戺。史館北爲少陽院。雍録：長慶元年，於門下省東少陽院築牆及樓觀。劉季述鎖昭宗于少陽院，更名問安宫。通鑑注：少陽院在浴堂殿之東。蓋近東南也。長安志言右銀臺門北翰林院北有少陽院，誤。少陽院東有南北街，街北出崇明門，崇明門東即左銀臺門。玄宗於崇明門選後宫無用者，還其家，蓋由此以出左銀臺門。街南出含耀門，又南出昭訓門。昭訓門東與太和門直，西即通乾門。月華門外爲中書省。省有政事堂。舊制，宰臣常於門下省議事，政事堂在門下省。故長孫无忌爲司空，房玄齡爲僕射，魏徵爲太子太師，皆云知門下省事。高宗永淳二年七月，裴炎自中書令執朝政，始移政事堂于中書省。開元十一年，中書令張説改政事堂爲中書

門下，其政事印改爲中書門下印。錢氏大昕云：後唐升元觀牒有數印，其文曰「中書門下之印」，蓋宰相印也。省有四門，憲宗命宰相闔中書四門，搜捕滑涣是也。宋申錫傳亦言中書東門，又有西軒，見通鑑杜悰事。政事堂舊有後門，宰相時過舍人院咨訪政事，常衮塞之，以示尊大。唐人以左右分兩省官，左散騎、左諫議、給事中皆屬左省；右散騎、右諫議、中書舍人皆屬右省。白居易有西省北院新作小亭，種竹開窗，東通騎省，與李常侍隔窗小飲詩，蓋中書省中之舍人院東接右騎省直舍，南面有户，而北無之，樂天故於省北砌亭以通騎省牖也。雍録曰：杜甫爲左拾遺，作紫宸殿退朝詩云：宫中每出歸東省，會送夔龍集鳳池。鳳池者，中書也。言左省官方自宫中退朝而歸東省，又復集於西省者，就政事堂見宰相也。岑參爲右補闕，與杜同時，杜答參詩曰：窈窕清禁闥，罷朝歸不同。謂分東西班，各退歸本省也。又曰：君隨丞相後，我往日華東。謂宰相罷朝，由月華門出而入中書，凡西省官亦隨丞相出而西。若杜爲左省官，仍自東出日華門也。省南爲御史臺，於中書省南廊架南北爲軒，由東入院，門首爲中丞院，次西雜事院，又西左右巡使院。門皆北向，故曰御史北臺，亦曰御史臺中書南院，見舒元輿記。省北爲殿中外院、殿中内院。長安志不載外院，「内院」作「内省」，據大典閣本改。通鑑注引閣本大明宫圖，中書省與延英殿，其間僅隔殿中外院、殿中内院，與大典本合。長安志内省之北有親王待制院，閣本圖不載，故不取。院西爲命婦院，命婦朝於光順門，故置院於此。後改爲集賢殿書院。舊書職官志云：大明宫所置書院，本命婦院，屋宇宏敞。按西京之有書院，仿東都之制也。開元二十四年，駕在東都，張九齡遣直官魏光禄先入京造之。院西有南北街，街北出光順門，外命婦朝皇后及百官上書，皆於此門。門西即右銀臺門。街南出昭慶門，又南出光範門。光範門西與日營門直，東即觀象門。昌黎上宰相書

「伏光範門下」者，蓋由此門入中書省。殿東西皆有上閤門。御紫宸時，喚仗由此閤門入，故曰入閤。常朝開東閤門，忌辰則開西閤門。宣政殿後爲紫宸殿，宣政之後爲第一横街，紫宸、延英之後爲第二横街，見畫墁録。殿門曰紫宸門，天子便殿也，不御宣政而御便殿曰「入閤」。紫宸之後曰蓬萊殿。西清暉閣，其北太液池，池有亭。通鑑注：池中有蓬萊山，亦謂之蓬萊池。李泌奏德宗云：陛下嘗令太子見臣於蓬萊池。其時帝爲泌作書院於蓬萊殿側，故太子見之於蓬萊池。又憲宗欲近獵苑中，至蓬萊池西，蓋由池之西出玄武門，入重玄門卽禁苑。太液亭有尚書君臣事跡，文宗命工匠所刊。龍首之勢，至此東爲平地，而蓬萊之西偏南餘有支隴，因坡爲殿，曰金鑾。殿西曰金鑾坡。長安志云：金鑾西南有金鑾御院。環金鑾者曰長安，大典閣本圖，長安殿在金鑾殿南偏西。長安志云「長安」一名「長樂」。曰仙居，大典閣本圖，仙居殿在金鑾西。長安志：仙居在長安北。曰拾翠，大典閣本圖，拾翠殿在仙居殿西北。曰含冰，大典閣本圖，含冰殿在拾翠殿東，當金鑾西北。曰承香，大典閣本圖，承香殿在含冰殿東。長安志云：承香殿在含冰殿東南。曰長閣，長安志：承香殿北有長閣。曰紫蘭。長安志：紫蘭殿在承香殿東北。通鑑：貞觀二十年，宴回紇俟利發吐迷度等於芳蘭殿。注云：閣本大明宮圖，玄武門右玄武殿後有紫蘭殿，此「芳蘭」疑卽「紫蘭」。按今閣本圖，紫蘭殿在玄武殿之前，胡注「後」或「前」字之訛。自紫蘭而東，則太液池北岸之含涼殿，長安志：含涼殿在太液池南。今據大典閣本圖改。玄武門內之玄武殿也。長安志：玄武殿在紫蘭殿東北。由紫宸而東，經綾綺殿、雍録載館本圖在浴堂北，今從通鑑注引閣本圖及大典閣本圖。浴堂殿、殿前有浴堂門，見順宗實録。又有北廊，見李絳傳。宣徽殿，在浴堂殿東，見大典閣本

圖。温室殿、在宣徽殿南，見通鑑注及大典引閣本圖。明德寺，在左銀臺門之西，見大典閣本圖。長安志作「昭德寺」。以達左銀臺門。銀臺門之北爲太和殿、清思殿、通鑑注引閣本圖，入左銀臺門稍北卽太和殿，又西卽清思殿。又通鑑：蘇元明入銀臺門作亂，上時在清思殿擊毬。注云：自左銀臺西入經太和殿、清思殿，清思殿之南則宣徽殿，北則珠鏡殿。舊書薛存誠傳：敬宗於宮中造清思院新殿，蓋卽此也。武元衡賀甘露表「聖恩以元和殿前所降甘露宣示百寮」，疑「元和」或「太和」之譌。望仙臺、在清思殿西，見大典閣本圖。唐語林：武宗於大明宮中築望仙臺，改爲文思院。雲麓漫鈔云：望仙臺在宣政殿東北。珠鏡殿、在望仙臺北，見大典閣本圖。大角觀，長安志：大角觀在珠鏡殿東北。大典閣本圖不載，而珠鏡殿西北有玄元皇帝廟，疑卽此觀也。則極於銀漢門。大典閣本圖作「鎮濟門」，蓋傳寫之訛。由紫宸而西，歷延英殿、前有延英門。通鑑注：閣本大明宮圖，中書省與延英殿，其閒僅隔殿中外院、殿中内院。六典、會要以延英在紫宸之西。長安志、吕大臨圖、雲麓漫鈔皆據李庚賦，謂在紫宸東。王伯厚證以元和十五年於西上閤門西廊西畔開便門，以通宰臣自閤中赴延英路，則不在紫宸東明矣。僖宗乾符中以殿梁上生玉芝，改爲靈芝殿，尋復舊名。唐制，内中有公事商量，降宣頭開延英。中書有敷奏入牓子，請開延英。延英門内之左有含象殿。思政殿、在延英南，與延英相對，天子於此見羣臣。舊書崔郾、薛戎、高釴傳皆召對思政殿，穆宗亦對段文昌於此。待制院、在思政殿側，舊藥院地。大曆十四年立爲廨，備清望官待制。内侍别省，見大典閣本圖。以達右銀臺門。銀臺門之北爲明義殿、承歡殿、通鑑注引閣本圖：光順門在紫宸門之西，光順門内。則明義殿、承歡殿與大典閣本圖合，明義在東，承歡在西。以地準之，二殿當在右銀臺門北。大典圖載在延英殿東，似誤。還周殿、

在承歡殿北，見大典閣本圖。左藏庫、見大典閣本圖。「左」長安志作「右」，誤。麟德殿、殿有三面，南有閣，東西有樓，故曰三殿。憲宗謂李絳「明日三殿對來」是也。雍録又謂之三院，東樓曰鬱儀，卽裴度傳之東廊。西樓曰結璘，亦曰西廊，順宗實録有西亭，或卽西廊也。殿東卽寢殿之北相連，各有障日閣，凡内宴多於此。貞元十二年，宴宰相於麟德殿之東亭，文宗幸三殿東亭觀開元東封圖。長安志，麟德殿有會慶亭。禁扁，麟德殿側有景雲閣，殿之左卽左藏庫。明皇將幸蜀，移仗北内，出延秋門，過左藏。通鑑注謂北内爲大明宮。翰林院、在麟德殿西重廊之後，以其在銀臺門之北，故草制其閒者，因名「北門學士」。開元二十六年，於院南別置學士院，户皆東向。學士院南廳五間，翰林院北廳五間，中隔花磚道。承旨居北廳東第一間。九仙門、翰林院之門曰翰林門。長安志：翰林門北卽九仙門。三清殿、大福殿、二殿在淩霄門内，三清在左，大福在右，見大典閣本圖。則達於淩霄門。宮垣之外，兩邊有掖門，門内有凝霜殿、碧羽殿、紫簫殿、鬱儀閣、承雲閣、修文閣。此條見長安志。按諸書不言掖門，未知所在。大典閣本圖於左銀臺門外有夾道，豈掖門所在歟？九仙門之外有鬭雞樓、走馬樓。見大典閣本圖。鬭雞樓在北，走馬樓在南。

思賢殿、通鑑：文宗疾甚，迎潁王至少陽院，百官謁見於思賢殿。當亦在大明宮。會寧殿、通鑑：文宗幸會寧殿作樂。咸泰殿、通鑑：懿宗於咸泰殿築壇，爲内寺尼受戒。天福殿、文明殿、天福二年，御史臺奏云：文武百寮每五日一度内殿起居。在京城時，百官於朝堂幕次，自文明殿門入，穿文明殿庭，入東上閤門，至天福殿序班。疑文明殿卽宣政殿之更名，天福殿卽紫宸殿之更名。長生殿、肅宗大漸，越王係授甲長生殿。閻氏若璩云：大明宮寢殿也。壽

春殿、通鑑：上仗劍登乞巧樓，韓全誨等逼上下樓。上行纔及壽春殿，李彥弼已於御院焚火。是日冬至，上獨坐思政殿，翹一足，一足蹋闌干。中和殿、通鑑考異引實録：憲宗崩於大明宮之中和殿。乞巧樓、通鑑：昭宗在乞巧樓，劉季述、王仲先伏甲士於門外。胡注云：按劉季述傳，乞巧樓在思玄門內，近思政殿，門即宣化門。仰觀臺、見禁扁。含春亭、東觀奏記：上將命令狐綯爲相，夜半幸含春亭召對，盡蠟燭一炬，方許歸學士院。南亭院、東觀奏記：宣宗驛召羅浮山人軒轅集赴京師，館於南亭院。仙韶院、舊書陳夷行傳有仙韶院樂官尉遲璋。柿林院、通鑑：王叔文入至翰林，而王伾入至柿林院，見李忠言、牛昭容計事。宣化門東觀奏記：王宗實爲淮南監軍，宣化門受命，將由右銀臺出。玄英門、德宗貞元三年作玄英門及觀於大明宮北垣。玄化門、大典閣本圖，在宮城東北隅，俟考。毬場門、大典閣本圖，毬場門在玄武門外。按玄武門外即禁苑，不得有門，疑誤。乾符門，東觀奏記：大中十二年，用鄭漳、李鄴爲鄆王已下侍讀。時鄆王居十六宅，夔、昭以下五王居大明宮內院。數日追制，改充夔王以下侍讀，五日一入乾符門講讀。不知其處。

興慶宮

興慶宮在皇城之東外郭城之興慶坊，是曰南內，距外郭東垣。武后大足元年，睿宗在藩，賜爲五王子宅，明皇始居之。宅臨大池，中宗時望氣者云，此池有天子氣，故嘗宴遊此池，上巳泛舟以厭之。南街東出春明門。開元二年置宮，因本坊爲名。十四年，又取永嘉、勝業兩坊之半增廣之，置朝堂。十六年正月，以宮成御朝，德音釋

徒以下罪。二十年，築夾城入芙蓉園。自大明宮夾東羅城複道，經通化門觀以達此宮。次經春明、延興門至曲江芙蓉園，而外人不之知也。宮之正門西向，曰興慶門。其內興慶殿，殿後爲龍池。本是平地，垂拱、載初後，雨水流潦成小池。後又引龍首渠支分溉之，日以滋廣。至神龍、景龍中，彌亘數頃，深至數丈，常有雲氣，或見黃龍出其中。本以坊名池，俗亦呼五王子池。置宮後，謂之龍池。拾遺蔡孚作龍池篇以讚其事，公卿多和之。按以坊名池，蓋曰興慶池也。新書田令孜傳有興慶池。元宋褧詩注云：興慶池廣袤五七餘里，荷菱藻芡彌望，岸傍古垂楊甚多。是元時尚有舊址。興慶池南岸有草數叢，葉紫而心殷，醉者摘草嗅之立醒，名醒醉草。見開元天寶遺事。池之西爲文泰殿，天寶十載作「文」，一作「交」。殿西北爲沈香亭。在池東北。開元中，禁中初種木芍藥，得四本，上因移於興慶池東沈香殿前。興慶門之南曰金明門，門內有翰林院。學士院記曰：駕在興慶宮，則於金明門內置院。張説上闘羊表，於金明門奉進。按于休烈傳云：國史、開元實録、起居注等餘書三千六百八十二卷，並在興慶宮史館。蓋亦在翰林院也。南面二門：西曰通陽門，東曰明義門。永樂大典載閣本興慶宮圖作「初陽門」。通陽之內曰明光門，在勤政樓東，大和二年修明光樓。其內曰龍堂，閣本圖，龍堂在龍池內。金花落，據閣本圖方位載，蓋衛士之居。曰五龍壇，在池南。明義之內爲長慶殿，唐雜説曰：明皇爲太上皇，居興慶宮，每置酒長慶樓，南俯大道，徘徊觀覽。殿北曰睿武門。通鑑：李輔國迎上皇遊西內，至睿武門，輔國將射生五百騎露刃遮道。北面二門：〔按當作「三門」，見下文及興慶宮圖。〕中曰躍龍門，天寶十三載，御躍龍殿門，張樂宴羣臣。「躍」一作「濯」。其內瀛洲門、南薰殿；殿南即池。左曰麗苑門；右曰芳苑門。芳苑之內新射殿、仙雲

門。在瀛洲門東。宮之西南隅曰花萼相輝樓，開元二十四年十二月，毀東市東北角、道政坊西北角以廣花萼樓前地。置宮後，寧王憲、申王撝、岐王範、薛王業邸第相望，環於宮側，明皇因題「花萼相輝」之名，取詩人「棠棣」之義。帝時登樓，聞諸王音樂，咸召升樓，同榻宴謔。喬潭裴將軍舞劍賦序云：裴公獻捷，上御花萼樓置酒。其東曰勤政務本樓，樓南向，開元八年造。每歲千秋節，酺飲樓前。元和十四年，以左右軍官健三千人修勤政樓。按明皇勞遣哥舒翰及試制舉人，嘗御此樓。樓前有柳，白居易勤政樓西老柳詩：開元一株柳，長慶二年春。樓北大同殿。殿壁有李將軍與吳道玄畫嘉陵江山水，又畫五龍，鱗甲飛動，每欲大雨卽罩煙霧。開元十七年蜀州新津縣興尼寺殿柱木文隱起太上老君像及天寶元年所得玉像老君，皆于大同殿供養。天寶七載，大同殿柱産玉芝，殿前左右有鐘鼓樓。天寶十載六月，鐘樓鐘自鳴，三度響六十下，中書門下有賀表。殿前爲大同門，西與翰林院直。中朝故事：每歲上巳日，許宮女於大同殿前骨肉相見。又有咸寧殿、舊書：宗順莊憲皇后王氏崩於南内之咸寧殿。義安殿、敬宗母王太后居此殿，號義安殿太后。積慶殿、文宗母蕭太后居此殿，號積慶殿太后。冷井殿、懿安郭太后崩於此殿。禁扁作「冷泉殿」。會寧殿、見舊書莊恪太子傳。飛仙殿、同光殿、榮光殿、宜天門、承雲門、飛軒門、玉華門、見六典。和風門。唐會要：興慶宮之集賢院在和風門外，橫街之南。

三苑

西京大内凡苑三，皆在都城北。

西内苑在西内之北，亦曰北苑，通鑑：貞觀十七年，引魏王泰入肅章門，幽於北苑。程大昌曰：以在太極宮之北，亦曰北苑。南北一里，東西與宮城齊。按大明宮左銀臺門内爲東内苑，右銀臺門内其地卽入西内苑。然則西苑之地東出於宮城之東而近東偏者，南北亦不止一里也。外垣門東爲日營門，西爲月營門，按長安志曰：内苑東曰東雲龍門，西曰西雲龍門。豈東西雲龍門卽日營、月營二門耶？北爲重玄門，一曰魚糧門。其南門卽宮城之定武門也。定武門北池東爲觀德殿、□光殿，舊本長安志「光」上一字似「合」字、「金」字。若作「含」，則與禁苑複，俟考。池西爲廣達樓。或作「廣遠」，禁扁作「廣運」，今從舊本長安志圖。舊書王君奐傳有廣達樓，在東都。又西爲永慶殿，其北東爲冰井臺，西爲通過樓。又西出西雲龍門而北，則爲大安宮，太宗初居承乾殿。武德五年，高祖以秦王有克定天下功，特降殊禮，別建此宮以居之，號弘義宮。八年，帝臨幸，謂羣臣曰：「朕以秦王有大功，故於宮中立山村景勝，雅好之。」至貞觀三年徙居之，改名曰大安宮。宮有垂拱前殿，高祖崩於此。又有戢武殿、□文殿、翠華殿、祭酒臺。穆案：永樂大典載大安宮圖，與唐書、長安志皆不合。其圖南面三門：中曰應天門，左曰左掖門，右曰右掖門。北面一門，無名。西面無門。東面一門，曰集禧門，蓋通西内苑之門也。應天門之内，左右各有井一。大安殿前曰仁壽門，左曰日華門，右曰月華門。大安殿之後曰宜明門，又北曰政和門。門内爲仁政殿，殿東西各有門一，無名。宜明門東首曰左嘉會門，西首曰右嘉會門。右嘉會門外爲瑶池，池之南隔一垣有一門，無名，更南卽右掖門也。池之東北爲蓬萊閣，閣北一門，無名。左嘉會門東爲承明門，與集禧門相直。承明門之北曰昭慶門，與政和門相直。承明門之南曰會通門，與大安殿相直。又南曰敷德門，與仁壽門相直。又南卽左掖門矣。殿左右、

門內外各寫大木一章，豈卽所謂山村景勝耶？穆於道光二十三年八月從大典摹出，附識於此。又西出苑，入夾城。舊本長安志圖，西苑之西當芳林門，有二門，東曰星纏門，西曰萬石門，疑入夾城北墉之門也。按「纏」當作「躔」。冰井臺之北曰櫻桃園，舊紀：景龍四年四月，游櫻桃園。內有拾翠殿、看花殿。園之西爲祥雲樓，北至重玄門，在東者歌武殿，在西者翠華殿。以上皆據舊本長安志圖。又有永安殿、見長安志。寶慶殿。禁扁引西苑。

東內苑在東內之東南隅，南北二里，東西盡一坊之地。南卽延政門，北卽左銀臺門，東卽太和門。苑之近北有左右雲龍門，陳鴻祖東城老父傳：賈昌，景龍四年持幕竿隨玄宗入大明宮誅韋后，以長刀備親衛，詔徙家東雲龍門。玄宗卽位，治雞坊於兩宮間。帝出游，見昌弄木雞於雲龍門道旁，召入爲雞坊小兒。按長安志與圖，左右雲龍門皆在西苑。中有龍首殿、龍首池。通鑑注：龍首渠水自城南而注入於此池。大和九年，毀銀臺門，又填龍首池以爲鞠場。池東有靈符應聖院、會昌元年造。僖宗崩於靈符殿，疑卽此院之殿。承暉殿、元和十三年造，裴度傳作「凝暉」。看樂殿、小兒坊、內教坊、御馬坊、在東下馬橋頭，文宗置。毬場亭子殿。

禁苑者，隋之大興苑也，東距滻。通鑑：廣平王俶與僕固懷恩引回紇西域之兵自城南過，營於滻水之東。胡身之注：過京城南，歷安化、明德、啟夏門外，繞京城東南角，轉北歷延興、春明、通化三門之外，至滻水。北枕渭，西包漢長安城，南接都城。東西二十七里，南北二十三里，舊書地理志作「三十里」，玉海引作「二

十里」。按長安志言永泰門去宮城二十三里，今從之。周一百二十里。正南阻於宮城，故南面三門偏於西苑之西。旁西苑者芳林門，唐末有「芳林十哲」，謂自此門入交中官也。亦謂之芳林園。元和十二年，置新市於芳林門南。次西景曜門，又西光化門。西面二門：近南者延秋門，明皇幸蜀，自此門出。次北玄武門。北面通鑑：李晟收京城，使王佖將騎兵，史萬頃將步兵，直抵苑牆神麢村。新書李晟傳：神麢村在苑北。三門：近西者永泰門，次啟運門，次飲馬門。按漢宣平門外有飲馬橋，此門蓋以橋爲名也。東面二門：近北者昭遠門，次光泰門。門臨滻水。通鑑：上出苑門，度滻水。胡身之注：禁苑東面出滻水，無其門，蓋出光泰門耳。按朱泚之亂，李晟收京城，陳兵於光泰門外。又移軍光泰門外米倉村。程大昌云：光泰門在通化門北小城之東門，門東七里有長樂坡。苑中四面有監：在東西者曰東監、西監，南面長樂監，北面舊宅監，又置苑總監領之。監有廨，在苑中。通鑑言明皇率兵誅韋后，會於鍾紹京廨是也。皆隸司農寺。苑中宮亭二十四所，可考者曰南望春亭，曰北望春亭，即望春宮。天寶二年，韋堅引滻水抵苑東望春樓下爲潭，名廣運潭，在長安城東九里。楊復光收復京城奏捷露布云：雁門節度使李克用今月八日遣牙隊將前鋒楊守宗等三十二都，隨李克用自光泰門先入京師，從卯至申，羣兇大潰。自望春宮前賊殺至昇陽殿下。按望春宮內有昇陽殿、放鴨亭，見禁扁。本紀：大和元年，毁昇陽殿東放鴨亭。曰坡頭亭，曰柳園亭，曰月坡，曰毬場亭子，曰青城橋，曰龍鱗橋，曰棲雲橋，曰凝碧橋，疑即凝碧池之橋。敬宗幸凝碧池，令軍士取魚長大者送新浚池。曰上陽橋，德宗迎沈太后入上陽宮，在大明宮之西。疑橋即上陽宮之橋。曰廣運潭，宋崔敦禮廣運潭銘序云：唐天寶紀元之九年，陝郡

太守韋堅有請治漢、隋運渠，起關門抵長安，以運山東之賦，有詔從之。乃絶灞、滻，並渭而東，至永豐倉復與渭合，又鑿潭於望春樓下以聚舟。越二年潭成，天子臨幸嘉焉，錫名「廣運」。曰九曲宫，去宫城十二里，在左右神策軍後。李氏圖，九曲宫在魚藻宫之東偏北。長安志言宫中有殿舍山池。按舊書莊恪太子傳，昭宗遇弒之日，蔣元暉於西内置社筵，酒酣，德王已下六王皆爲元暉所殺，投屍九曲池。疑即此宫之池。曰魚藻宫，貞元十二年，浚魚藻池，深一丈。穆宗又發神策六軍二千人浚之。唐會要：宫去宫城十三里，在禁苑神策軍後。宫中有九曲山池，貞元十三年詔：魚藻池先深一丈，更淘四尺。通鑑注言自東内苑光化門入禁苑，魚藻宫在其西。按玉海云：禁苑池中有山，山上建魚藻宫，在大明宫北。則胡氏説非也。曰蠶壇亭，在苑東，皇后祀先蠶之所。曰禎興亭，李氏圖，在飛龍院東。曰元沼宫，李氏圖，重玄門北爲凝碧池，池西爲元沼宫。曰神臯亭，曰七架亭，曰青門亭，即邵平種瓜之所，在長安城東，去宫城十三里。曰桃園亭，去宫城四里。按舊紀：景龍四年宴桃花園，疑即此園。曰臨渭亭。按臨渭水，當在苑之北。其隸舊宅監者七所，曰咸宜宫，漢之舊宫，去宫城二十一里。蘇頲傳：玄宗游咸宜宫羽獵。曰未央宫，長安志：武宗會昌元年，因游畋至未央宫，見其遺趾，詔葺之。總二百四十九間，作正殿曰通光，東曰詔芳亭，西曰凝思亭，立端門其内。揭未央宫名，命學士裴素撰記。通鑑：貞觀七年，從上皇置酒故漢未央宫。胡注：未央宫在長安宫城北，禁苑西偏。〔按稿本，未央宫并注皆張穆補。〕曰西北角亭，曰南昌國亭，曰北昌國亭，曰流杯亭，禁扁作「游杯」，皆在未央宫北。曰明水園，李氏圖皆在漢長安城内。皆漢故蹟也。通鑑注：漢長安城東西十三里，皆隸入苑中。余同年友王氏森文所作漢唐長安城圖皆親自履勘，較長安志圖爲精審，故作禁苑圖用其説。凡圖中所載者，

皆實有舊址可考也。所謂棃園者，在光化門北。長安志：棃園在通化門外正北。按通化，外郭東面之門，蓋即光化之誤。高宗紀：儀鳳元年八月，停南北中尚棃園作坊。中宗紀：景龍四年二月，令五品以上并學士，自芳林門入集棃園。即此園也。至明皇置棃園弟子，乃在蓬萊宮側，非此棃園。近棃園者有蒲萄園。長安志：禁苑有東西蒲萄園。舊書李適傳：中宗時，春幸棃園，夏宴蒲萄園。又有昭德宮、李氏圖，在九曲宮南。光啟宮、見長安志。含光殿、李氏圖，在魚藻宮西。飛龍院、驥德殿、李氏圖，飛龍院近飲馬門内，驥德殿在院東南。虎圈、李氏圖，在禁苑東北隅。又有雲韶院：當在棃園，故不敷。白華殿、朱泚自含元殿徙居白華殿，通鑑注云：白華殿蓋近光泰門内，大明宮東北隅。又云：當在大明東苑之東。是亦在禁苑。會昌殿、長安志：禁苑南有文宗會昌殿。西樓，通鑑：魏徵將葬，上登苑西樓望哭盡哀。胡身之注：長安禁苑之西樓。不知其處。

唐兩京城坊考卷之二

西京

外郭城

外郭城，隋曰大興城，唐曰長安城，亦曰京師城。前直子午谷，後枕龍首山，左臨灞岸，右抵灃水。東西一十八里一百一十五步，舊書地理志云：長六千六百六十五步。按當作「六千五百九十五步」。南北一十五里一百七十五步，地理志：廣五千五百七十五步。周六十七里，地理志：周二萬四千一百二十步。其崇一丈八尺。隋開皇二年築。永徽四年，率天下口稅一錢，更築之。開元十八年四月，築西京外郭。南面三門：正中明德門，北當皇城朱雀門，南出抵終南山八十里。東啟夏門，門外西南二里有圜丘及先農、耤田二壇。按長安圖，東南角有進芳門。西安化門。東面三門：北通化門，門東七里長樂坡上有長樂驛，下臨滻水。至德二載，改爲達禮門。兩京道里記曰：通化門改達禮門，識者曰：「三年之喪，天下達禮，非嘉名。」三年而玄、肅晏駕，還復舊名也。裴度、李吉甫、李光顔之出鎮，天子皆御此門送之。李義琰致仕歸東都，公卿餞於此門外。中春明門，當門外有漢太子太傅蕭望之墓。南延興門。同昌公主葬，懿宗與郭淑妃御延興門哭送。按通鑑隋紀，李淵遣館於安興坊。胡身之注：安興坊蓋在安興門外。又引雍録，長安城東面三門，有安興。是延興先爲安興，不知何時改。西面三門：北開遠門，德宗避朱泚，僖宗避黃巢，皆由此門出。南部新書：開遠門外立堠，云西去安西九千九百里，

示戎人不爲萬里之行。中金光門，西出趣昆明池。南延平門。李光弼薨，詔宰臣送於此門外。北面卽禁苑之南面也，三門皆當宮城西。中景曜門，東芳林門，隋曰華林門，北入苑。舊書高士廉傳：誅隱太子，士廉率吏卒馳至芳林門。元和十三年，西市百姓於芳林門置無遮僧齋。西光化門。西北出趣漢故城。郭中南北十四街，東西十一街，其間列置諸坊，隋煬帝改坊爲里，每里置里司一人，官從九品下。至義寧初廢。雍録：每坊皆有門，自東西以出橫街，而坊北無門。其說曰，北出卽損斷地脈，此厭勝術也。隋文帝多忌諱，故有司希意如此。按此說非也。呂大臨長安圖云：皇城之南三十六坊，各東西二門，縱各三百五十步。中十八坊，各廣三百五十步。外十八坊，各廣四百五十步。皇城左右共七十四坊，各四門，廣各六百五十步。南六坊，縱各五百五十步。北六坊，縱各四百步。市居二坊之地，方六百步，面各二門。四面街各廣百步。有京兆府萬年、長安二縣，所治寺觀、邸第、編户錯居焉。城中一百八坊。韋述記曰：其中有折衝府四，僧寺六十四，尼寺二十七，道士觀十，女觀六，波斯寺二，胡祆祠四。隋大業初有寺一百二十，謂之道場；有道觀十，謂之玄壇。天寶後所增不在其數。當皇城南面朱雀門，有南北大街曰朱雀門街，東西廣百步。南出郭外之明德門，自朱雀門至明德門，九里一百七十五步。萬年、長安二縣以此街爲界，萬年領街東五十四坊及東市；長安領街西五十四坊及西市。皇城之東盡東郭，東西三坊。皇城之西盡西郭，東西三坊。南北皆一十三坊，象一年有閏。每坊皆開四門，有十字街四出趣門。皇城之南，東西四坊，以象四時。南北九坊，取則周禮九逵之制。隋三禮圖見有其像。朱雀街東第一坊，東西三百五十步。第二坊，東西四百五十步。次東三坊，東西各六百五十步。朱雀街西準此。皇城之南九坊，南北各三百五十

步。皇城左右四坊，從南第一、第二坊，南北各五百五十步。第三坊、第四坊，南北各四百步。兩市各方六百步，四面街各廣百步。

萬年縣所領朱雀門街之東，從北第一興道坊。景龍三年，以駙馬都尉武攸暨父名改曰瑶林坊。景雲元年復舊。朝野僉載：開元八年，京興道坊一夜陷爲池，没五百家。按事不見他書，未可信。

西南隅，至德女冠觀。隋開皇六年立。唐語林：宣宗微行至德觀，有女道士盛服濃妝者，赫怒，歸宫立召左街功德使宋叔康，令盡逐去，别選男子二人住持其觀。太平公主宅。没官後，賜散騎常侍李令問居之。吏人宅。尚書故實：郭侍郎承嘏初應舉，誤納試卷，一老吏爲换出。承嘏歸親仁坊，自以錢三萬送詣興道里酬之。旅館。廣異記：岐州佐史嘗因事至京，停興道里。乾𦠆子：隴西李僖伯，元和初調選，時上都興道里假居，早往崇仁里訪同選人。忽於興道東門北下曲馬前見一短女人服孝衣，約長三尺已來，咄咄似有所尤。如此兩日，稍稍人多，只在崇仁北街。居無何，僖伯自省門東出，及景風門，見廣衢中人鬧已萬萬，如東西隅之戲場大圍之，有一小兒突前牽其羃首布，遂落，見三尺小青竹掛一髑髏。金吾以其事上聞。

次南開化坊。

半以南，大薦福寺。寺院半以東，隋煬帝在藩舊宅，武德中賜尚書左僕射蕭瑀爲西園。後瑀子銳尚襄城公主，詔别營主第。主辭以姑婦異居有闕禮則，因固陳請，乃取園地充主第。又辭公主棨戟，不欲異門，乃併施瑀之院門。襄城薨後，官市爲英王宅。文明元年，高宗崩後百日，立爲大獻福寺，度僧二百人以實之。天授元年，改爲薦福寺。中宗

即位，大加營飾。自神龍以後，翻譯佛經並於此寺。寺東院有放生池，周二百餘步，傳云即漢代洪池陂也。名畫記：薦福寺額，天后飛白書。寺内有吴道玄、張璪、畢宏畫。常東名思恒律師誌銘：律師終於京大薦福寺。王維有大薦福寺道光禪師塔銘，又有薦福寺光師房花藥詩序。張又新煎茶水記云：與同年期於薦福寺，余與李德垂先至，憩西廂元鑒宅。又任華有薦福寺後院送辛嶼尉洛郊序，曹松有薦福贈白上人詩。按唐時官賜額者爲寺，私造者爲招提、蘭若，又謂之山臺、野邑。南部新書：長安戲場多集於慈恩，小者在青龍，其次薦福、永壽。西門之北，法壽尼寺。隋開皇六年立。太傅蓋文達宅。于志寧蓋文達墓碑：薨雍州開化坊里第。右武衛將軍柳嘉泰宅。鄭納柳嘉泰碑：終於長安開化里之私第。國子祭酒韓洄宅。尚書左僕射令狐楚宅。按酉陽雜俎，楚宅在開化坊，牡丹最盛。而李商隱詩多言晉陽里第，未詳。户部尚書馬總宅。河東節度使、兼侍中李光顔宅，舊書李光顔傳：賜開化里第。尚書吏部侍郎沈傳師宅。杜牧沈傳師行狀：於京師開化里致第，價錢三百萬，訖二鎮奉率滿之，及在牀之日，周身之飾易以任器。前司徒、兼侍中崔垂林宅。舊本作「崔垂休」。開府儀同三司、守司空、魏國公崔允宅。通鑑：崔允居第在開化坊。

次南安仁坊。本名安民，永徽元年改。

西北隅，薦福寺浮圖院。院門北開，正與寺門隔街相對。景龍中，宫人率錢所立。柳宗元鶻説：有鷙曰鶻者，巢於長安薦福浮圖有年矣。東南隅，贈尚書左僕射劉延景宅。坊西南，汝州刺史王昕宅。延景即寧王憲之外祖，昕即薛王業之舅，皆是親王外家。甲第並列，京城美之。萬春公主宅。玄宗第二十五女，初降

楊朏，又嫁楊錡。户部尚書、兼殿中監章仇兼瓊宅。前中書侍郎、同中書門下平章事元載宅。譚賓録曰：元載城中開南北二甲第，又於近郊起亭榭，帷帳什器皆如宿設。城南别墅凡數十所，婢僕曳羅綺二百餘人。杜陽編曰：載宅有芸輝堂。芸輝，香草名也，出于闐國。唐實録曰：毁元載祖及父母墳墓，斲棺棄柩，及焚毁載私廟木主，并毁大寧、安仁里二宅，充修葺百司廨宇，汙宫之義也。又貶同州刺史永晦爲灃州員外司馬。晦嘗任虢州刺史，率百姓採盧氏山木爲載造東都私第故也。義成軍節度使、同中書門下平章事、上谷郡王張孝忠宅。權德輿孝忠夫人谷氏神道碑：夫人終安仁里私第。太子右庶子崔造宅。權德輿崔公夫人柳氏祔葬墓誌：故相國安平公夫人河東縣君，考終命於京師安仁里。太子賓客、燕國公于頔宅。權德輿衛國夫人李氏墓誌：薨於安仁里第。夫人卽于公之妻。武昌軍節度使元稹宅。按唐詩紀事，元稹贈毛仙翁詩序：仙翁謂余曰：「入相之年，相候於安仁里。」余拜而言曰：「果如仙約，然香拂榻以俟雲駕焉。」雲溪友議亦言安仁元相國，是元稹入相時居此里。太保致仕、岐國公杜佑宅。舊書杜佑傳：甲第在安仁里。權德輿杜佑墓誌：啟手足於京師安仁里。按杜牧上宰相求湖州第二啟：某幼孤貧，安仁舊第置於開元末，有屋三十間而已。元和末，酬償息錢，爲他人有，因此移去。八年中凡十徙其居，奔走困苦，無所容歸，於延福私廟支拄攲壞而處之。然牧自撰墓銘云：某月某日終於安仁里。是其後仍得舊居也。

次南光福坊。隋有聖經寺，大業七年廢。

坊東南隅，舊有永壽公主廟。公主，中宗第五女，降韋鐬，早薨。景雲中廢廟，賜姜皎爲鞠場。皎宅在廟

北隔街，舊竇懷貞宅，懷貞誅後，賜皇后妹夫竇庭芳。驩州流人竇參宅。唐語林：相國竇參居光福里第。檢校司空、尚書左僕射、同中書門下平章事、魏國公賈耽宅。鄭餘慶賈耽碑：終於光福里第。翰林學士李泌宅。通鑑：徵李泌於衡山，賜第於光福坊。右衛上將軍、南充郡王伊慎宅。權德輿伊慎碑：薨於光福里。太子賓客劉禹錫宅。劉禹錫有酬鄭州權舍人見寄詩注：舍人舊宅光福里，時忝東鄰。禮部尚書、同平章事權德輿宅。權德輿殤孫進馬墓誌：夭於光福里。又獨孤氏亡女墓誌：故秘書少監、贈絳州刺史獨孤郁妻天水權氏寢疾，終於京師光福里。蓋終於母家也。周皓宅。白居易有宴周皓大夫光福宅詩，又題周皓大夫新亭子二十二韻。興元尹、兼同平章事、充山南西道節度使王起宅。舊書王播傳：京城光福里第，王起兄弟同居，斯爲宏敞。

次南靖善坊。

大興善寺，盡一坊之地。初曰遵善寺。隋文承周武之後，大崇釋氏，以收人望。移都先置此寺，以其本封名焉。神龍中，韋庶人追贈父貞爲酆王，改此寺爲酆國寺，景雲元年復舊。寺塔記云：不空三藏塔前多老松，歲旱時，官伐其枝爲龍骨以祈雨。蓋以三藏役龍，意其枝必有靈也。東廓素和尚院庭有青桐四株，元和中，卿相多遊此院，桐至夏有汗污人衣，如輠脂不可浣。昭國鄭相惡其汗，謂素曰：「弟子爲伐此樹，各植一松也。」及暮，素戲祝曰：「我種汝二十餘年，汝以汗爲人所惡。來歲若復有汗，我必薪之。」自是無汗。天王閣，長慶中造。本在春明門內，與南內連牆。其形高大，爲天下之最。大和二年，敕移就此寺，拆時腹中得布五百端，漆數十筩。寺有左顧蛤像、于闐玉佛菩薩像。名畫記：寺有劉焉、尹琳、吳道玄畫。行香院堂後壁有梁洽畫雙松，髮塔內有隋朝舍利旃檀像，堂中有隋時寫時非時經。

次南蘭陵坊。

東南隅，天官尚書韋待價宅。宅西，工部尚書李珍宅。汝州魯山縣令皇甫枚宅。三水小牘：咸通辛卯歲，皇甫元真來京師，寓於玉芝觀之上清院。皇甫枚時居蘭陵里第，日與相從。忠武軍節度使曲環家廟。太子賓客、燕國公于頔家廟。權德輿于公先廟碑：元和五年，相國司空燕國公立新廟於京師蘭陵里。李舍人宅。楊巨源有送李舍人歸蘭陵里詩。蕭氏池臺。詳下永寧坊殷保晦宅下。

次南開明坊。自興善寺以南四坊，東西盡郭，率無第宅。雖時有居者，煙火不接，耕墾種植，阡陌相連。

光明寺。

次南保寧坊。

昊天觀，盡一坊之地。貞觀初爲晉王宅。顯慶元年，爲太宗追福，立爲觀。高宗御書額，并製嘆道文。唐語林：京中昊天觀廚後井，俗傳與惠山泉脈通。李衛公取諸流水稱量，惟惠山與昊天等。獨孤及新平長公主故季女姜氏墓誌：姜氏卒於京師昊天觀。

次南安義坊。坊南抵京城之南面，西南通明德門。

貞順武皇后廟。禮閣新儀曰：開元二十五年立廟，乾元之後祠享遂絶。

右朱雀門街東第一街，九坊。

朱雀門街東第二街，北當皇城南面之安上門。街東從北第一務本坊。景龍三年，以駙馬都尉楊

愼交父名嘉本，改爲玉樓坊。景雲元年復舊。

半以西，國子監，監東開街若兩坊，街北抵皇城南，盡一坊之地。監中有孔子廟，貞觀四年立。按開成石經舊在務本坊，蓋立於國子監也。領國子監、太學、四門、律、書、算六學。唐語林：天寶中，國學增置廣文館，在國學西北隅，與安上門相對。按國學之北卽安上門。坊內南街之北，先天觀。景龍三年，韋庶人立爲翊聖女冠觀，景雲元年改景雲觀，天寶八載改爲龍興道士觀，至德三載改先天觀。本司空、梁國公房玄齡宅。杜光庭歷代崇道記：乾元二年，於務本坊先天觀聖祖院獲黑髭老君之像。左龍武軍統軍、歸誠郡王程懷直宅。德宗賜懷直務本里宅，詳安業里下。河中節度使、兼中書令、延德郡王張茂昭宅。權德輿張茂昭墓誌：太尉、兼中書令、延德郡王自河中來朝，發瘍，薨於京師務本里第。左散騎常侍于德晦宅。嶺南節度判官宗羲仲宅。豆盧詵宗羲仲碑：捐館於上京務本里第。檢校司徒、同中書門下平章事盧鈞宅。太平廣記引神仙感遇傳：盧公還京，署鹽鐵判官。夏四月，於務本東門道左見王山人至盧宅。西川、齊州進奏院。通鑑：朝集使京師無邸，率僦屋與商賈雜居。貞觀十七年，始命有司爲之作邸。舊紀：大曆十二年五月甲寅，諸道邸務在上都名曰留後，改爲進奏院。按進奏院有官居之。郭子儀祭貞懿皇后文「遣上都進奏院官傅濤」是也。演繁露引宋會要云：唐藩鎭皆置邸京師，謂之上都留候院。則「留後」當作「留候」。旅舍。羯鼓錄：廣德中，蜀客前雙流縣丞李琬調集至長安，僦居務本里。鬼市。輦下歲時記曰：俗說務本坊西門是鬼市，或風雨曛晦，皆聞其喧聚之聲。秋冬夜多聞賣乾柴，云是枯柴精也。又或月夜聞鬼吟：「六街鼓絶行人歇，九衢茫茫空有月。」有和者云：「九衢生人何勞勞，長安土盡槐根高。」

次南崇義坊。按通鑑，甘露之變，右神策軍獲左金吾衛大將軍韓約於崇義坊，斬之。

鹽鐵常平院。按司空圖避賊常平倉下，蓋即此常平院也。詳下司空圖宅。坊内横街之北，招福寺。乾封二年，睿宗在藩所建，本隋正覺寺。寺南北門額並睿宗所題。寺塔記：正覺寺，國初毁之，以其地立第賜諸王，睿宗在藩居之。乾封二年，移長寧公主佛堂於此，重建此寺。長安二年，内出等身金銅像一鋪並九部樂，南北兩門額，上與岐、薛二王親送至寺。綵乘象輿，羽衛四合，街中餘香數日不散。景龍二年，詔寺中别建聖容院，是睿宗在青宫真容也。先天二年，敕出内庫錢二千萬，巧匠一千人，重修之。聖容院門外鬼神數壁，自内移來，畫跡甚異，鬼所執野雞似覺毛起。庫院鬼子母，貞元中李真畫。蜀王、西閣祭酒蕭勝宅。見勝墓誌。西南隅，太子左庶子、駙馬都尉蘇勖宅。後爲英王園，其地湫下，無人居。勖尚高祖女南昌公主。南街之北，博陵郡王崔元暐宅。宅西，祕書監馬懷素宅。刑部尚書韋堅宅。贈太尉段秀實宅。德宗所賜。宣宗大中十年，詔秀實崇義坊宅諸院典在人，上計錢三千四百七十五貫，宜賜莊宅錢收贖，仍令鴻臚少卿段文楚追貼舍人計會。尚書左僕射竇易直宅。明皇雜録曰：本中書令崔圓宅，禄山盜國，王維、鄭虔、張通皆處于賊庭。洎尅復，俱囚於宣陽里楊國忠之舊宅，崔圓因召于私第令畫，各有數壁。當時皆以圓勳貴無二，望其救解，故運思精巧，頗極能事。其後皆得寬典，至於貶謫，悉獲善地。其第鬻於易直，大和中畫尚存。劍南東川節度使王承業宅。武俊之孫，士貞子也。王楚材按：舊書，王武俊四子：士真，士清，士平，士則。然則士貞蓋卽士真。士真五子：承宗，承元，承通，承迪，承榮。承宗惟爲成德軍節度使，未嘗節度劒南，「承業」蓋「承榮」傳寫之譌。太常寺協律郎李賀宅。見賀集申胡子觱栗歌序：申胡子，朔客李氏之蒼

頭也。李氏亦世家子，吾與對舍於長安崇義里。前進士司空圖宅。司空圖段章傳：廣明庚子歲冬十二月，寇犯京，圖寓居崇義里，九日自里豪楊瓊所轉匿常平倉下。興元、鄜坊、易定進奏院。

次南長興坊。隋有靈感觀，武德初廢。唐會昌五年，詔皇城南六坊内不得置私廟，其朱雀街緣是南郊御跡，至明德門夾街兩面坊及曲江側近亦不得置，餘圍外深僻坊並無所禁。初，武宗行禮南郊，見天街左右諸坊有人家私廟，遂令禁斷。中書門下奏：朱雀門至明德門凡有九坊，其長興坊是皇城南第三坊，便有朝官私廟，實則逼近宮闕。自威遠軍向南三坊，俗稱圍外地，至閑僻，於此置廟，無所妨礙。從之。南部新書：貞元元年十一月，京兆奏：有人於長興坊得玉璽，文曰「天子信璽」。

禮賓院。院在坊之北街，元和九年六月置。按院卽禮會院，自崇仁坊移此。敬宗初又廢，以賜教場。乾元觀。代宗實録曰：大曆十三年七月，以涇原節度使馬璘宅作乾元觀，道士四十九人。其地在皇城南長興里，璘初創是宅，重價募天下巧工營繕，屋宇宏麗，冠絶當時，璘臨終獻之。代宗以其當王城，形勝之地，牆宇新潔，遂命爲觀，以追遠之福，上資肅宗，加乾元觀之名。乾元，肅宗尊號也。按代宗實録以爲璘獻爲觀，德宗實録與德宗紀皆云帝命毁之，未詳孰是。左領軍府大將軍房仁裕宅。房仁裕母李夫人碑：薨於長興坊之第。東北隅，侍中、駙馬都尉楊師道宅。師道尚高祖第五女長廣公主。宅地後分裂爲左監門大將軍韓琦、尚書刑部侍郎崔玄童、荆府司馬崔光意等居。坊内横街之南，中書令張嘉貞宅。本太常少卿崔日知宅，唐書曰：貞元中，裴延齡爲德陽郡主治第，時將降郭鏦，延齡令嘉貞之子徙所置廟，德宗不許。長安志引韋述記云：延齡所徙乃嘉貞家廟，嘉貞宅在思順里。今無思

順坊，未詳。宅西，太子賓客元行沖宅。次北隔街，禮部尚書致仕王邱宅。紀國大長公主宅。肅宗第五女，始封宜寧，降鄭沛。吕温公主墓誌：肅宗第二女，薨於長興里之私第。漢陽大長公主宅。順宗長女，即德陽郡主也，降郭鏦。河南尹、駙馬都尉鄭顥宅。舊書鄭絪傳：鄭顥嘗爲詩序曰：去年壽昌節赴麟德殿上壽回，憩於長興里第。按顥尚宣宗長女萬壽公主。同平章事、駙馬都尉于琮宅。琮尚宣宗第四女廣德公主。工部尚書致仕、晋昌郡王辛京杲宅。黄門侍郎、同中書門下平章事杜鴻漸宅。鴻漸於長興第崇飾門館，賦詩曰：「常願追禪侣，安能挹化源。」朝士多和之。太子右庶子韋聿宅。權德輿韋聿墓誌：以官壽歿於長興里。國子祭酒鄭伸宅。貞元時人。禮部侍郎裴士淹宅。酉陽雜俎：開元末，裴士淹爲郎官，奉使幽冀，回至汾州衆香寺，得白牡丹一窠，植於長興私第。當時明公有裴給事宅看牡丹詩。鎮海軍節度使、同中書門下平章事路隨宅。河南節度使王璠宅。舊書王璠傳：李訓敗之日，璠歸長興里第，爲禁軍所捕。左神武統軍史憲忠宅。贈太原郡夫人王氏宅。王維工部楊尚書夫人王氏墓誌：奄歸大寂於長興里之私第。户部尚書李峘宅。舊書李峘傳：峘爲户部尚書；峴爲吏部尚書，知政事；嶧爲户部侍郎，銀青光禄大夫。兄弟同居長興里第。兩國公，門十六戟；一三品，門十二戟。榮耀冠時。鎮州進奏院。畢羅店。酉陽雜俎：柳璟知舉年，有國子監明經晝夢倚徙於監門，有一人負衣囊訪問明經姓氏，明經語之，其人遂邀入長興里畢羅店常所過處。夢忽覺，見長興店子入門曰：「郎君與客食畢羅，計二斤，何不計直而去也？」明經大駭，解衣質之。旅館。酉陽雜俎：段成式元和中假居在長興里。

次南永樂坊。按「永樂」，舊書裴度傳作「平樂」。〔按稿本，此坊原有蘭陵長公主宅，張穆删去，蓋與卷三平康坊重。〕

西南隅，廢明堂縣廨。總章元年，分萬年縣置。其廨地本越王貞宅，長安三年廢，還萬年。後以其廨地賜駙馬都尉裴巽。縣東，清都觀。隋開皇七年，道士孫昂爲文帝所重，常自開道，特爲立觀。本在永興坊，武德初徙於此地，本隋寶勝寺。觀東，永壽寺。景龍三年，中宗爲永壽公主立。按光福坊有永壽公主廟。元稹答姨兄胡靈之詩注：靈之寓居永樂南街廟中。疑即此寺也。名畫記：永壽寺有吴道玄畫。坊内横街之北，資敬尼寺。隋開皇三年，大保、薛國公長孫覽爲其父立。按舊書元載傳：載得罪，其女資敬寺尼真一收入掖庭。又韓遊瓌傳：李廣弘者，落髪爲僧，舍於資敬寺尼智因之室，以酒食結殿前射生將韓欽緒等，同謀爲逆。東南隅，左丞相、燕國公張説宅。本侍中王德貞宅，説大加修葺焉。常侍言旨曰：洪師與説置永樂東南第一宅有永巷者，戒曰：「此宅西北隅冣是王地，慎勿於此取土。」越月洪又至，謂燕公曰：「此宅氣候忽然索漠，恐必甚有取土於西北隅者。」公與洪偕行至宅西北隅，果有取土坑三數坑，皆深丈餘。洪大驚曰：「禍事！令公富貴一身而已，更二十年外，諸郎君皆不得天年。」燕公大駭曰：「填之可乎？」洪曰：「客土無氣，與地脈不相連，今欲填之，亦猶人有瘡痏，縱以他肉補之，終無益也。」燕國公子均、垍皆爲禄山委任，克復後，均賜死，垍長流之。東門之南，夏官尚書王璿宅。兵部尚書、判户部事王紹宅。李絳王紹碑：終永樂里私第。司徒、中書令、晉國公裴度宅。唐實録曰：度自興元請朝覲，宰相李逢吉之徒百計隳沮。有張權輿者，既爲嗾犬，尤出死力，乃上疏云：「度名應圖讖，宅據岡原，不召而來，其意可見。」蓋常有人

與度作讖詞云：「非衣小兒坦其腹，天上有口被驅逐。」言度曾征討淮西，平吳元濟也。又帝城東西橫亘六岡，符易象乾卦之數，度永樂里第偶得第五岡，故權輿以爲詞，盡欲成事，然竟不能動搖。大理卿崔昇宅。崔昇妻鄭氏墓誌：終於京兆府永樂里之私第。左監門衞上將軍李思忠宅。武宗會昌三年，嗢没斯内屬，賜李姓，名思忠，命爲左監門衞上將軍，兼撫王傅，賜第永樂坊。尚書兵部侍郎、同中書門下平章事蕭賓宅。冀州刺史蘇遏宅。博異志：天寶中，長安永樂里〔原誤爲第，今改正。〕有一凶宅，居者皆破，後復無人住，其舍宇惟堂廳存。有扶風蘇遏，苦貧窮，乃以賤價與本主質之。至夕，自攜一榻，當堂鋪設而寢。忽見東牆下有赤物如人形而叫曰「咄」，西牆下有物應曰「諾」。遏乃於西牆下掘，入地三尺，見一朽柱，當心木如血色，其堅如石。又於東牆下掘，近一丈，見一方石，濶一丈四寸，長一丈八寸，上以篆書曰「夏天子紫金三十斤，賜有德者」。又掘丈餘，得一鐵甕，開之得紫金三十斤。送爛木於昆明池，遂閉户讀書。三年，爲范陽請入幕。七年，内獲冀州刺史。其宅更無事。前京兆尹楊憑别宅。詳下永寧里。侍中王珪家廟。南部新書：貞觀六年，文皇爲王珪置廟於永樂坊東北角。趙嘏宅。按趙嘏有下第後歸永樂里自題二首。崔生宅。博物志：博陵崔書生，住長安永樂里。古冢。在坊内横街之中。李濟翁資暇集云：永樂坊内古冢，今人皆呼爲東王公墓。有祠堂加其上，俗以祈祀，稱造化東王公，大謬也。案韋氏兩京新記云：未知姓名，時人誤爲東方朔墓也。當時人已誤，今又轉東方朔爲東王公，後代必更轉爲東里子産矣。

次南靖安坊。按「靖」或作「静」。羅隱陸生東遊序：余窮棄長安中二三年，時時于遊騁閒面人，一年遇生於靖安里中。

樂府。隋置，在崇敬尼寺東。

西南隅，崇敬尼寺。本僧寺，隋文帝所立，大業中廢。龍朔二年，高宗爲高安長公主立爲尼寺。高宗崩後改爲宮，以爲別廟，後又爲寺。

咸宜公主宅。玄宗第二十二女，初嫁楊洄，又嫁崔嵩。

太子賓客崔倫宅。

殿中少監唐昭宅。女端墓誌：女子字端，蓋殿中少監唐昭之第三女也，終於京兆靜安里之第。

門下侍郎、同中書門下平章事武元衡宅。舊書武元衡傳：元衡宅在靜安里。元和十年六月三日，將朝，出里東門，賊射之中肩。又有匿樹陰突出者，以棓擊元衡左股，乃持元衡馬東南行十餘步，害之。及衆呼偕至，持火照之，見元衡已踣於血中。即元衡宅東北隅牆之外。

尚書吏部侍郎韓愈宅。皇甫湜作神道碑，李翺作行狀，皆言愈薨靖安里第。昌黎集息國夫人墓誌云：乞銘於其鄰韓愈。按夫人爲靈州節度使李欒妻，則欒宅亦當在此里。

刑部侍郎劉伯芻宅。按劉伯芻又有安邑坊宅，見安邑坊下。

郴州司馬李宗閔宅。宣室志：唐丞相李宗閔嘗退朝於靖安里第，其榻前有熨斗忽跳擲久之。唐語林：元和已來宰相，有兩少師，故以所居別之。永寧少師固言，靖安少師宗閔也。

水部郎中張籍宅。張籍移居靖安坊答元八郎中詩云：「長安寺裏多時住。」按籍先居延康里，見白居易詩，後寓居寺中，又移居靖安也。

武昌軍節度使元稹宅。白居易寄微之詩：「樹依興善老，草傍靖安衰。」注云：微之宅在靖安坊，西近興善寺。按興善寺在靖善坊，靖善東與靖安鄰，故元宅西與之接也。元集亦有靖安窮居詩，又答姨兄胡靈之詩注云：予宅在靖安北街。微之宅中有辛夷兩樹，樂天與微之常遊息其下，亦見長慶集詩注。按微之有宅已見安仁坊，蓋又移居安仁也。

檢校司空、邠州刺史、邠寧節度使程執恭宅。舊書程懷直傳：子執恭，至京師，表辭戎帥。以靖安里私第側狹，賜地二十畝，令廣其居。

給事中蕭直宅。獨孤及蕭直墓誌：終於靖安里正寢。

韓國貞穆公主廟。禮閣新儀曰：德宗女，自唐安公主追册，貞元十七年祔廟。旅舍。穆員河南少尹裴濟墓誌：卒於京師靖安里之旅舍。

次南安善坊。

盡一坊之地爲教弩場。隋明堂在此坊。高宗時，併此坊及大業坊之半立中市署，領口馬牛驢之肆。然已偏處京城之南，交易者不便，後但出文符於署司而已，貨鬻者並移於市。至武太后末年，廢爲教弩場，其場隸威遠軍。按威遠軍當即在此坊。元稹詩注：予宅又南鄰弩營。

次南大業坊。本名弘業，神龍中避孝敬皇帝諱改。

東南隅，太平女冠觀，本宋王元禮宅。儀鳳二年，吐蕃入寇，求太平公主和親，不許，乃立此觀，公主出家爲女冠。初以頒政坊宅爲太平觀，尋徙於此，公主居之，其頒政坊觀改爲太清觀。公主後降薛紹，不復入觀，西有駙馬都尉楊愼交山池，本徐王元禮之池。新昌觀。

次南昌樂坊。

行臺右僕射屈突通宅。舊本作「左僕射」。太子太師、鄭國公魏徵家廟。大中中，來孫謩爲相，再新舊廟，以玄成爲封祖。畢氏曰：玄成，徵之字。崔璵魏公先廟碑：立家廟於長安昌樂里。山南東道節度使蔣係家廟。官園。坊西官園，供進梨花蜜。

次南安德坊。坊南抵京城之南面，東即啟夏門。

右武衛將軍蘇方宅。術士桑道茂宅。

右朱雀門街東第二街，九坊。

唐兩京城坊考卷之三

西京

朱雀門街東第三街，卽皇城東之第一街，北當大明宮之興安門，南當啟夏門。街東從北第一翊善坊。

保壽寺。酉陽雜俎曰：翊善坊保壽寺，本高力士宅，天寶九年捨爲寺。初鑄鐘成，力士設齋慶之，舉朝畢至，一擊百千。有窺其意，連擊二十杵。經藏閣規構危巧，二塔火珠受十餘斛。河陽從事李琢性好奇古，與僧善，嘗俱至此寺觀庫中舊物，於破甕中得物如被，幅裂汚坌，觸而塵起。琢徐視之，乃畫也，因以州縣圖三及縑三十換之，令家人裝治，大十餘幅。訪于常侍柳公權，方知張萱所畫石橋圖也。玄宗賜力士，因留寺中。後爲鬻畫人宗牧言於左軍，尋有小使領軍卒數十人至宅，宣敕取之。卽日進入，張于雲韶院。按唐書，高力士於來庭坊造寶壽寺，段成式謂在翊善坊者，蓋二坊南北毘連也。高力士捨宅詳來庭坊下。寺塔記：寺有先天菩薩幀本，起成都妙積寺。開元初，有尼魏八師者，常念大悲咒。雙流縣民劉乙名意兒，年十一，自欲事魏尼，遣之不去。常于奥室立禪，嘗白魏云，先天菩薩見身此地。篩灰于庭，一夕有巨跡數尺，輪理成就，因謁畫工，隨意設色，悉不如意。有僧楊法成，自言能畫，意兒常合掌瞻仰，然後指授之，以近十稔工方就。後塑先天菩薩，凡二百四十二首，首如塔勢，分臂如意蔓。〔太平廣記卷二一三引酉陽雜俎無「意」字，疑衍。〕其牓子有「一百四十日鳥樹，一凰四翅水肚樹」，所題深怪，不可詳悉。畫樣凡十五卷，柳七師者，崔寧之甥，分三

卷往上都流行。時魏奉古爲長史，進之，後因四月八日賜高力士。今成都者是其次本。益州温仁縣令任晃宅。楊炯任晃碑：夫人姚氏，終於西京翊善坊之私第。驃騎大將軍、虢國公楊思勖宅。張説潁川郡太夫人陳氏碑：太夫人，羅州大首領楊曆之妻，驃騎大將軍、兼左驍騎大將軍、虢國公思勖之母也。薨於長安之翊善里。内侍、護軍中尉彭獻忠宅。張仲素彭獻忠碑：薨於翊善里之私第。

其西光宅坊。本翊善一坊之地，置大明宮後，開丹鳳門街，遂分爲二坊。大和元年，鳳翔獻鄭注首，詔懸于光宅坊西北角，三日而去之。

待漏院。元和初置。右教坊。崔令欽教坊記：西京右教坊在光宅坊，左教坊在延政坊。右多善歌，左多工舞。按自大明宮觀之，則光宅在右，延政在左也。横街之北，光宅寺。儀鳳二年，望氣者言此坊有異氣，敕令掘，得石函，函内有佛舍利骨萬餘粒，遂立光宅寺。武太后始置七寶臺，因改寺額焉。酉陽雜俎曰：七寶臺甚顯，登之四極眼界，其下層窗下有吴道玄畫。丞相韋處厚自居内庭至相位，每歸輒至此塔焚香瞻禮。普賢堂本天后梳洗堂。寺塔記：光宅寺本官蒲萄園，中禪師影堂，師號惠中。肅宗上元二年，徵至京師，初居此寺。羯鼓録：宋沇爲太常丞，一日早于光宅佛寺待漏，聞塔上風鐸聲，傾聽久之。朝回復至寺舍，謂寺主僧曰：「塔鈴有一是古製，此姑洗之編鐘耳。」中書侍郎、同平章事、左僕射李揆宅。李揆謝賜光宅坊宅表云：中使至，奉宣聖旨，知臣無宅，以光宅坊去内最近，賜臣宅一道。民家。酉陽雜俎：元和中，光宅坊民其家有病者將困，迎僧持念，妻兒環守之。一夕見一人入户，衆驚逐，乃投於甕間。其家以湯沃之，得一袋，蓋鬼間取氣袋也。

次南永昌坊。舊本有坊東丹鳳門街。

給事郎李伏奴宅。李府君夫人王氏墓誌：夫人諱琬，字令璣，卒於萬年縣永昌里第。伏奴即王氏之子。茶肆。舊書王涯傳：李訓事敗，涯與同列歸中書會食，未下筯，吏報有兵自閤門出，逢人即殺。涯等倉皇步出，至永昌里茶肆，爲禁兵所擒。

次南來庭坊。本永昌一坊之地，與翊善坊同分。隋末有仁法寺，大業七年廢。按翊善、來庭皆逼近東內，故多閹人居之。

莊宅司。坊西北。按大達法師塔碑陰有大中五年敕內莊宅使牒一通，載安國寺僧價買莊地之事。惟莊宅使之名不見唐志。宋史職官志云：唐設內諸司使，悉擬尚書省。如京，倉部也。莊宅，屯田也。皇城，司門也。禮賓，主客也。此坊所載，蓋其廨舍。特進王仁祐宅。永徽時人。洛陽縣令鄭敞宅。薛稷鄭敞碑：終於萬年縣之來庭里第。內侍高延福宅。力士父。孫翌作墓誌銘，張説作神道碑，並云延福終來庭里第。按高力士本馮衡之子，延福以爲假子。衡妻麥氏亦來依之，皆居來庭里。開元十四年，延福卒。十七年，麥氏卒。至天寶九年，乃捨宅爲保壽寺。

右衛上將軍致仕梁守謙宅。內常侍孫志廉宅。中堂構孫志廉墓誌：終於咸寧縣來庭里之私第。左神策軍護軍中尉、兼左街功德使、知內侍省劉宏規宅。李德裕劉宏規碑：薨於長安來庭里第。又按周遇劉氏太原縣君霍夫人墓誌、劉瞻劉遵禮墓誌，皆言卒於來庭里私第。蓋霍夫人當是宏規長子行立之妻，遵禮則行深之子也。

李氏宅。廣異記：上都來庭里婦人李氏者，晝坐家堂，忽見其夫亡姊身衣白服，戴布幞巾，逕來逐己。李氏繞牀避去，

乃出門絶騁。有北門萬騎卒以馬鞭擊之，隨手而消，止有幞頭巾奄然至地。其下得一髑髏骨焉。丹鳳門街至此而絶。

次南永興坊。隋有善果寺，大業中廢。隋右驍衛將軍長孫晟居於此。太宗文德順聖皇后長孫氏，晟之女，大業中后常歸寧。

西南隅，左金吾衛。神龍中自崇仁坊徙。十字街西之北，按十字街，長安志皆刪「十字」二字，今從兩京記增，後倣此。荷恩寺。景雲元年睿宗立。西門之北，太子太師、鄭國公魏徵宅。本隋安平公宇文愷宅。封演見聞録曰：徵所居室屋卑陋，太宗欲爲營構，徵謙讓不受。洎徵寢疾，太宗將營小殿，遂撤其材爲造正堂，五日而就。開元中，此堂猶在，家人不謹，遺火燒之，子孫哭臨三日，朝士皆赴弔。後裔孫謩相宣宗，居舊第焉。按通鑑、會要並云魏徵玄孫稠貧甚，以故第質錢于人，平盧節度使李師道請以私財贖出之，憲宗命出内庫錢二千緡贖賜魏稠，仍禁質賣，故謩之作相仍居舊第。崔璵魏公先廟碑：舊宅永興里，肇卜貞觀是也。左龍武軍統軍、咸寧郡王戴休顔宅，賜第。畢氏曰：唐書傳但言爲左龍武將軍，不及咸寧郡王。右豹韜衛長史、贈丹州刺史任丹宅。王維任丹碑：寢疾，卒於永興里第。雲麾將軍、左龍武將軍劉感宅。李震劉感墓誌：薨於永興里之私第。鳳翔、陳許、湖南進奏院。太常樂工宅。新書：讓皇帝之子璡知音，嘗早朝過永興里，聞笛音，顧左右曰：「是太常工乎？」曰：「然。」他日識之，曰：「何故卧吹笛？」工驚謝。民家。酉陽雜俎：唐開成末，永興坊百姓王乙掘井，過常井一丈餘無水，忽聽向下有人語及雞聲甚喧鬧。街司申金吾，韋處仁將軍令塞之。

次南崇仁坊。北街當皇城之景風門，與尚書省選院最相近，又與東市相連，選人京城無第宅者多停憩此。因是一街輻輳，遂傾兩市，晝夜喧呼，鐙火不絶，京中諸坊莫之與比。大曆中，魚朝恩於坊之南街設齋會，奏内坊音樂。長安志載昌化坊而不知所在。按坊内有禮賓院及岐陽公主宅，禮賓院舊在崇仁坊，岐陽宅内云疏龍首池爲沼，崇仁坊正龍首渠所經，蓋昌化卽崇仁之異名。故以昌化各宅附此坊下。

坊南門之西，禮會院。本長寧公主宅。主及駙馬楊慎交奏割宅向西一半，官市爲禮會院，每公主、郡縣主出降，皆就此院成禮，開元十九年四月置。兵興以來，廢而不修，後移於長興坊。舊紀：至德元載，逆胡害霍國長公主、永王妃侯莫陳氏、義王妃閻氏、陳王妃韋氏、信王妃任氏、駙馬楊朏等八十餘人於崇仁之街。疑因在院而被害也。北門之東，寶刹寺。本邑里佛堂院，隋開皇中立爲寺。佛殿後魏時造，四面立柱，當中構虚起兩層閣，榱棟屈曲，爲京城之奇妙，故天子以「寶刹」爲名。按名畫記，寶刹寺有楊契丹、陳静眼、楊廷光畫。東南隅，資聖寺。本太尉、趙國公長孫无忌宅，龍朔三年爲文德皇后追福，立爲尼寺，咸亨四年改爲僧寺。長安三年七月，火焚之，灰中得經數部，不損一字，百姓施捨，數日之間所獲鉅萬，遂營造如故。寺額申州刺史殷仲容所題，楷法端妙，京邑所稱。寺塔記：淨土院門外，相傳吴生一夕秉燭醉畫，就中戟手，視之惡駭。院門裏盧棱伽畫。盧常學吴勢，吴亦傳以手訣，乃畫總持三門寺，方半，吴大賞之，謂人曰：「棱伽不得心訣，用思大苦，其能久乎！」果畫畢而卒。中門窗間，吴畫高僧，韋述贊，李嚴書。中三門外兩面上層，不知何人畫人物，頗類閻令。寺西廊北隅，楊坦畫，近塔天女，明睇將瞬。團塔院北堂有鐵觀音，高三丈餘。觀音院兩廊四十二賢聖，韓幹畫，元載贊。東廊北頭散馬，不意見者如將嘶蹀。聖僧中龍樹、商那和修絶妙。團塔

上菩薩，李真畫。四面花鳥，邊鸞畫，當藥師菩薩頂上戎葵尤佳。塔中藏千部妙法蓮花經。名畫記：資聖寺有吴道玄、檀章、姚景仙、楊廷光、李琳畫。西南隅，玄真觀。半以東，本尚書左僕射、申國公高士廉宅。西北隅，本左金吾衛。神龍元年，併爲長寧公主第。東有山池別院，卽舊東陽公主亭子，韋庶人敗，公主隨夫爲外官，遂奏請爲景龍觀，仍以中宗年號爲名。初欲出賣，官估木石當二千萬，山池仍不爲數。天寶十三載，改爲玄真觀。肅宗時，設百高座講。名畫記：玄真觀有陳靜心、程雅畫。東門之北，尚書左僕射、許國公蘇瓌宅。本中書令薛元超宅。盧藏用蘇瓌碑：終崇仁里第。右散騎常侍、舒國公褚无量宅。賜第。蘇頲褚无量碑：終崇仁里第。餘干縣尉王立傭居。集異記云：唐餘干縣尉王立調選，傭居大寧里，窮悴頗甚，每匄食於佛祠。徒行晚歸，偶與婦人同路，立因邀至其居，情款甚洽。翌日謂立曰：「妾居崇仁里，資用稍備，儻能從居乎？」立遂就焉。婦與立居二載，忽一日夜歸，意態遑遑，謂立曰：「妾有冤仇，爲日深矣。伺便復仇，今乃得志，便須離京。此居處五百緡自置，契書在屏風中。室內資儲，一以相奉。」言訖收淚而別。吐蕃內大相論莽熱宅。韋皋傳：生擒論莽熱，遣使獻於朝。德宗數而釋之，賜第於崇仁里。太華公主宅。明皇第二十五女，降楊錡。義陽公主宅。德宗第二女，降王士平，宅在昌化坊。岐陽公主宅。憲宗第六女。舊書：公主下嫁杜悰，帝爲御正殿臨遣。由西朝堂出，復御延喜門止主車，大賜賓從金錢，開第疏龍首池爲沼。杜牧有岐陽公主墓誌。右散騎常侍、輕車都尉柳渾宅。柳宗元柳渾行狀：薨於昌化里。檢校尚書左僕射、同中書門下平章事韓滉宅。顧況韓滉行狀：薨於昌化里私第。又權德輿韓洄行狀：終昌化里私第。按洄卽滉之弟。東都、河南、商、汝、汴、淄青、淮南、兗州、太原、幽州、鹽州、豐

州、滄州、天德、荆南、宣歙、江西、福建、廣、桂、安南、邕州、黔南進奏院。造樂器趙家。樂府雜録：文宗朝，有内人鄭中丞善胡琴。内庫二琵琶號大、小忽雷，鄭嘗彈小忽雷，偶以匙頭脱，送崇仁坊南趙家修理。大約造樂器悉在此坊，其中二趙家最妙。裴六娘宅。通幽記：哥舒翰少時有志氣，長安交遊豪俠，宅新昌坊。有愛妾曰裴六娘者，容範曠代，宅於崇仁。師婆阿來宅。朝野僉載：唐韋庶人之全盛日好厭禱，並將昏鏡以照人，令其迷亂，與崇仁坊邪俗師婆阿來專行厭魅。平王誅之。又云：崇仁坊阿來婆彈琵琶卜，朱紫填門。

次南平康坊。

南門之東，菩提寺。隋開皇二年，隴西公李敬道及僧惠英所奏立寺。酉陽雜俎曰：寺之制度，鐘樓在東，惟此寺緣李林甫宅在東，故建鐘樓於西。寺内有郭令玳瑁鞭及郭令王夫人七寶帳。大中六年，改爲保唐寺。寺塔記：佛殿東西障日及諸柱上圖畫，是東廊舊鄭法士畫，開元中因屋壞，移入大佛殿内槽北壁。食堂前東壁上，吴道玄畫智度論色褐變，偈是吴自題，筆蹟遒勁，如礫鬼神毛髮。次堵畫禮骨仙人，天衣飛揚，滿壁風動。佛殿内槽後壁，吴道玄畫消災經事，樹石古險，元和中上欲令移之，慮其摧壞，乃下詔擇畫手寫進。佛殿内槽壁維摩變，舍利弗角膝而轉，元和末俗講僧文淑裝之，筆蹟盡矣。故興元鄭公尚書題此壁僧院詩曰：「但慮彩色污，無虞臂胛肥。」置寺碑陰，雕飾奇巧，相傳鄭法士所起樣也。初會覺上人以利施起宅十餘畝，工畢釀酒百石，列缾甕於兩廊下，引吴道玄觀之，因謂曰：「檀越爲我畫，以是賞之。」吴生嗜酒且利賞，欣然而許。中三門内東門，張希復云（酉陽雜俎續集卷五作「善繼云」。）是吴生弟子王耐兒之手也。名畫記：菩提寺有吴道玄、楊廷光、董諤、耿昌言畫。按禄山之亂，王維禁在菩提寺。顔魯公坐位帖言菩提寺行

香，當卽此寺。十字街之北，陽化寺。隋内史舍人于宣道爲父建平公義、母獨孤夫人所立。萬安觀。天寶七載，永穆公主出家，捨宅置觀。其地西南隅本梁國公姚元崇宅，次東卽太平公主宅，其後敕賜安西都護郭虔瓘，後悉併爲觀。名畫記：觀内公主影堂，李昭道畫山水。嘉猷觀。詳李林甫宅下。明皇御書金字額以賜之，林甫奏女爲觀主。觀中有精思院，王維、鄭虔、吴道子皆有畫壁。林甫死，後改爲道士觀，擇道術者居之。西北隅，隋太師、中國公李穆宅。其地景龍中爲長寧公主府及鞠場，景雲中廢，并毬場散賣與居人。西南隅，國子祭酒韋澄宅。蘭陵長公主宅。李義府蘭陵長公主碑：遘疾，薨於雍州萬年縣之平康里第。按碑，長公主爲太宗第十九女，降竇懷悊。太子右庶子、銀青光禄大夫、國子祭酒、上護軍孔穎達宅。于志寧孔穎達碑：薨於萬年縣平康里第。西門之南，尚書左僕射、河南郡公褚遂良宅。自遂良父太常卿亮居焉。南門之西，刑部尚書王志愔宅。次北，户部尚書崔泰之宅。侍中裴光庭宅。張九齡裴光庭碑：薨於京師平康里之私第。左羽林大將軍臧懷亮宅。李邕臧懷亮碑：薨於京師平康里之私第。東南隅，右相李林甫宅。本尚書左僕射、衛國公李靖宅，景龍中韋庶人妹夫陸頌所居。韋氏敗，靖姪孫散騎常侍令問居之，後爲林甫宅。有堂如偃月，號月堂，每欲排擠大臣卽處之，思所以中傷者，若喜而出卽其家碎矣。又說，其宅妖怪，東北隅溝中至夜每火光大起，有小兒持火出入。林甫惡之，奏分其宅東南隅立爲嘉猷觀。宣室志：泓師者，以道術聞，常過李靖宅，謂人曰：「後之人有居此者，貴不可言。」其後久無居人，開元初李林甫爲奉御居焉。泓師曰：「果如是，十有九年居相位。雖然，吾懼其易製中門，則禍及矣。」林甫果相玄宗，及末年有人獻良馬甚高，而其門稍庳，不可乘以過，遂易舊製。既毀其簷，忽有蛇十數萬在屋瓦中，

林甫惡之，即罷而不復毁焉。未幾，林甫竟籍没。開天傳信記：平康坊南街廢鑾院，即李林甫舊第。太子賓客分司東都張弘靖宅。本國子司業崔融舊第，有融題壁處。虔州刺史王哲宅。酉陽雜俎：唐虔州刺史王哲在平康里治第，西偏家人掘地，拾得一石子。汧陽郡太守王倩宅。王維汧陽郡太守王公夫人安喜縣君成氏墓誌：薨於長安平康里之私第。安喜縣君乃王濡之母，濡之父名倩，官至定州刺史，倩之祖即石泉公方慶。霍國夫人王氏宅。楊綰汾陽王妻霍國夫人王氏碑：終於平康里之私第。校書郎陳萇宅。柳宗元伯祖妣李夫人墓誌：終於平康里。按：館於第三壻校書郎、渭南尉潁川陳萇家。又宗元亡姑陳夫人權厝誌：前渭南縣尉潁川陳君之夫人河東柳氏，終於平康里。河南府録事趙虔章宅。孫溶趙虔章墓誌：告終於平康里私第。「溶」一作「容」。馬震宅。〔原誤「馮震」，今改正。〕續玄怪録：扶風馬震居長安平康里坊，正晝聞叩門，往看，見一賃驢小兒，云適有一夫人自東市賃某驢，至此入宅，未還賃價。其家實無人來，且付錢遣之。經數日，又聞扣門，亦又如此，乃置人於門左右候之。是日果有一婦人從東乘驢來，漸近識之，乃是震母，亡十一年矣。葬於南山，其衣服尚是葬時者。邢鳳宅。沈亞之異夢録：邢鳳帥家子寓居長安平康里南，以錢百萬質得故豪洞門曲房之第。即其寢而晝偃，夢一美人自西楹來。同華、河中、河陽、襄、徐、魏、涇原、靈武、夏州、昭義、浙西東、容州進奏院。三曲。北里志云：平康里入北門東回三曲，即諸妓所居之聚也。妓中有錚錚者，多在南曲、中曲。其循牆一曲，卑屑妓所居。

次南宣陽坊。

東南隅，萬年縣廨。去府七里，縣門屋宇文愷所造。太平公主降薛紹，於縣廨設婚席。初以縣門隘窄，欲毁

之。高宗敕，宇文愷所造，製作多奇，不須毁拆也。榷鹽院。坊西南隅，淨域寺。隋文帝開皇五年立。恭帝禪位，止於此寺，薨焉。酉陽雜俎曰：本太穆皇后宅。寺僧云，三階院門外是神堯皇帝射孔雀處。佛殿内西座蕃神甚古質。貞元已前，西蕃兩度盟，皆載此神，立于壇而誓。相傳當時頗有靈。寺塔記：王昭隱畫門西裏和修吉龍王有靈。門外之西，〔酉陽雜俎續集卷六「門外」作「門内」。〕火目藥叉及北方天王甚奇猛。門東裏面賢門，野叉部落鬼首上蟠蛇汗煙可懼。東廊樹石險怪，高僧亦怪。西廊萬菩薩院，門裏南壁皇甫軫畫鬼神及鵰，形勢若脱軫，與吳道玄同時。吳以其藝逼己，募人殺之。萬菩薩堂内有寶塔，以小金銅塔數百飾之。大曆中，將作劉監有子合手出胎，七歲念法華經。及卒焚之，得舍利數十粒，分藏於金銅塔中。佛殿東廊有古佛堂，其地本雍村。堂中像設悉是石作，相傳云隋恭帝終此堂。名畫記：淨域寺三階院東壁，張孝師畫地獄變，杜懷亮書牓子。院門内外神鬼，王韶應畫，王什書牓子。奉慈寺。本開元中虢國夫人楊氏宅。虢國即貴妃之姊。其地本中書令馬周宅。津陽門詩曰：八姨新起合歡堂。注曰：虢國構一堂，價費萬金。堂成，工人償價之外，更邀賞技之直，復與絳羅五千段。工者投而不顧，虢國問其由，工曰：「某平生之能殫於此矣。苟不以信，願得螻蟻、蜥蜴、蜂蠆之類，數其目而投於堂中。使有間隙，得亡一物，即不論功直也。」於是又以繒綵珍貝與之。又明皇雜録曰：貴妃姊虢國夫人恩傾一時，大治第宅。棟宇之盛，世無與其比。所居本韋嗣立舊宅，韋氏諸子，亭午方偃息于堂廡，忽見一婦人衣黄帔衫，降自步輦，有侍婢數十，笑語自若。謂韋氏諸子曰：「聞此宅欲貨，其價幾何？」韋氏降階言曰：「先人舊廬，所未忍捨。」語未畢，有工人數百，登西廂掘其瓦木。韋氏諸子既不能制，乃率家童挈其琴書委於衢路，而自嘆曰：「不才無能，爲勢家所奪，古人之戒，將見於今日乎？」而與韋氏隙地十畝餘，其他一無所酬。虢國中堂既

成，召匠圬墁，以二百萬償其直，而復以金盆二、瑟瑟三斗爲賞。後曾有暴風拔樹，委於堂上。已而視之，略無所傷。既徹瓦以覲，皆承以木瓦，其制精妙，皆此類也。寺塔記曰：安禄山僞命百官，以田乾真爲京兆尹，取虢國宅爲府。後爲駙馬都尉郭曖宅。今上卽位之初，太皇太后爲昇平公主追福，奏立奉慈寺，賜錢二千萬，繡幀三車。抽左街十寺僧四十人居之。駙馬獨孤明宅。寺塔記：淨域寺畫金剛有靈。天寶初，駙馬獨孤明宅與寺相近，獨孤有婢名懷香，悦西隣一士人，宵期於寺門。有巨蛇束之，俱卒。南門之西，杞國公竇毅宅。毅卽太穆皇后之父。宅西有皇后歸寧院，後施淨域寺。宅南有杞公廟。十字街之西北，秋官尚書、譙國公李誨宅。後爲韋温宅，韋氏誅後，賜恩國公主。畢氏曰：唐書有兩韋温，此乃韋庶人從父兄。西門之北，尚書左僕射、舒國公韋巨源宅。宅東有陜州刺史劉希進、少府監楊務廉宅。按新書長寧公主傳云：擢務廉將作大匠。又云：務廉卒坐贓數十萬廢終身。是務廉終於將作大匠也。次西北隔巷，有國子祭酒韋叔夏宅，光禄卿單思遠宅。十字街東之北，刑部尚書李乂宅。畢氏曰：蘇頲李乂碑：乂終宣陽里第。次西有益州長史李袞、太子賓客鄭惟忠宅。東北隅，兵部尚書郭元振宅。張説郭元振行狀：舊於宣陽里居二十餘年，不至諸院馬廄。每朝回，對二親言笑，歸室儼如也。杜甫過郭代公故宅詩注：云郭元振宅在京師宣陽里。前司空、兼右相楊國忠宅。虢國夫人居坊之左，國忠第在其南。畢氏曰：唐書云，國忠第在宮東門之南，與虢國相對。韓國、秦國甍棟相接。集異記：天寶末，禄山初陷西京，王維、鄭虔、張通等皆處賊庭。洎尅復，俱囚於宣陽里楊國忠舊第。西門之南，右羽林軍大將軍高仙芝宅。東門之北，京兆尹李齊物宅。司徒致仕薛平宅。右驍衛大將軍韓公武宅。

畢氏曰：「唐書傳，公武居宣陽里之北門。麟臺正字陳子昂宅。獨異記：京師東市有賣胡琴者，陳子昂千緡市之，語衆曰：「余居宣陽里，明日專候。」來晨集者凡百餘人。禮部員外郎常無名宅。常袞叔父無名墓誌：薨於西京宣陽里之私第。將作監韋文恪宅。文宗時人。右神武統軍張義潮宅。咸通六年，歸義軍節度使張義潮自沙州入覲，詔除統軍，賜第一區。邠寧、東川、振武、鄂州進奏院。柳宗元有邠寧進奏院記。賈昌宅。陳鴻祖東城老父傳：老父姓賈名昌，長安宣陽里人，以鬥雞得幸玄宗。祿山朝京師，識昌於橫門外。及亂二京，以千金購昌長安、洛陽市。昌變姓名，依於佛舍。洎太上皇歸興慶宮，昌還舊里，居室爲兵掠。明日復出長安南門道，見妻兒於招國里，菜色黯焉。

次南親仁坊。〔按稿本，親仁坊有夾籤云：「附載親仁坊下：尚父郭子儀嬖人張氏宅。舊書盧羣傳：「有人誣告故尚父子儀嬖人張氏中有寶玉者。」〕

西南隅，咸宜女冠觀。睿宗在藩之第，明皇升極於此。開元初，置昭成、肅明二皇后廟，謂之儀坤廟。睿宗升遐，昭成遷入太廟，而肅明留於此。開元二十一年，肅明皇后亦祔入太廟，遂爲肅明道士觀。寶應元年，咸宜公主入道，與太真觀換名焉。名畫記：咸宜觀有吳道玄、解倩、楊廷光、陳閎畫。南部新書：長安士大夫之家，入道盡在咸宜。按女道士魚玄機住咸宜觀。回元觀。即安祿山舊宅。祿山故事曰：舊宅在道政坊，玄宗以其隘陋，更於親仁坊選寬爽之地，出內庫錢更造。堂皇院宇，窗窱周市，帳帷幔幕，充牣其中。天寶九載，祿山獻俘至京，命入新宅。譚賓錄曰：祿山入朝，敕於親仁坊南街造宅，堂皇三重，皆象宮中小殿，房廊窗窱，綺疏詰屈，無不窮極精妙。什物充牣，以金銀織傍

筐筰籬等。每欲賞賜之，明皇嘗謂左右曰：「禄山眼孔大，勿令笑人。」西北隅，尚書右僕射、燕國公于志寧宅。
後併入汾陽王宅，閑地置廟。後敕賜貴妃豆盧氏。後左金吾大將軍程伯獻、黄門侍郎李暠等數家居焉。十字街東之
北，太子詹事韋琨宅。次東，又有中書侍郎楊弘武、太僕卿王希儁二宅。儁所居即隋兵部尚書樊
子蓋宅。北門之東，駙馬都尉鄭萬鈞宅。東門之北，滕王元嬰宅。尚父汾陽郡王郭子儀宅。
譚賓録曰：宅居其地四分之一，通永巷。家人三千，相入出者不知其居。又曰：親仁里大啓其地，里巷負販之人，上至公
子簪纓之士，出入不問。或云，王夫人趙氏愛女方妝梳對鏡，往往公麾下將吏出鎮去及郎吏皆被召，令汲水持帨，視之不
異僕隸。他日子弟集列啓諫，公三不應。于是繼之以泣曰：「大人功業已成，而不自崇重，以貴以賤，皆游卧内，某等以爲
雖伊霍不當如此也。」公笑謂曰：「爾曹固非所料。且吾官馬食粟者五百匹，官餼者一千人，進無所往，退無所據。向使崇
垣扃户，不通内外，一怨將起，構以不臣，其有貪功害事之徒，成就其事，則九族齏粉，噬臍莫追。今蕩蕩無閒，四門洞開，
雖讒毁是興，無所加也。吾是以否。」諸子皆伏。其西本于志寧宅。劉禹錫有酬令狐相公親仁郭家花下即事見寄詩。
姚合有題郭侍郎親仁里幽居詩。駙馬都尉、太常卿、兼户部侍郎楊暄宅。舊書楊國忠傳：國忠子暄，兄弟各
立第於親仁里，窮極奢侈。昌樂公主宅。明皇第十八女，降嗣畢國公竇鍔。西華公主宅。宣宗第三女，降工部
尚書嚴祁。太子太師、汧國公李勉宅。檢校司空、平章事、太原尹、北都留守李石宅。舊書本傳：
開成二年正月五日，石自親仁里將曙入朝，盜發於故郭尚父宅，引弓追及，矢纔破膚，馬逸而回。盜已伏坊門，揮刀斫石，
斷馬尾，竟以馬逸得還私第。兵部尚書致仕歸崇敬宅。劍南東川節度使馮宿宅。盧氏雜説曰：宿從子

衮爲給事中，宅有山亭院，多養鵞鴨及雜禽之類，常遣一家人主之，謂之鳥省。按「馮衮」玉泉子作「馮蕘」。朝散大夫、祕書省著作郎致仕韋端宅。華州下邽縣丞韋公夫人墓誌：遘疾，終於長安親仁里之私第。按夫人王氏，韋端之妻。端時爲下邽令，宅在此里。端卒於元和十四年，其時宅在新昌里，見新昌里下。柳州刺史柳宗元宅。柳宗元先侍御史府君神道表：終於親仁里第。給事中陸質宅。柳子厚居與陸質同巷，見子厚答元饒州論春秋書。前進士許棠宅。許棠親仁里雙鷺詩云：雙去雙來日已頻，只應知我是江人。是棠寓此里。唐彥謙宅。唐彥謙親仁里闘猨詩云：朱雀街東半夜驚，楚魂湘夢兩徒清。大同軍節度使李國昌宅。咸通中，朱耶赤心平徐州龐勛，〔「朱耶赤心」下脱「平」字，今補。〕以功懿宗賜姓名，編入屬籍，系鄭王平房，及賜第一區。旅館。柳宗元虞鳴鶴誄：終於長安親仁里。按誄曰身終逆旅，蓋旅館也。姚合親仁里居詩云：三年賃舍親仁里，寂寞何曾似在城。又有街西居二首，蓋旅館在街之西也。

次南永寧坊。隋有明覺寺，大業七年廢。坊南門之東，隋蘇威宅。西門之北，隋田弘宅。弘子仁恭、德懋及孫元基，並以孝義旌表，時論美之。

東南隅，京兆府籍坊。按此長安志文，籍坊未詳。或徒坊、病坊之類，俟考。司天監。乾元元年，改太史監爲司天監，於永寧坊張守珪宅置官六十人。其地卽安禄山所賜永寧園也。永寧園。賜禄山永寧園爲邸，又賜永穆公主池觀爲游燕地。南門之西，禮部尚書裴行儉宅。東門之北，贈太尉、祁國公王仁皎宅。本禮部尚書鄭善果宅，後臨江王囂買之。神龍初，宗正卿李晉居焉，繕造廊院，稱爲甲第。晉誅後，敕賜仁皎。畢氏曰：太宗

第十一子江王囂，非臨江王也，此誤。吏部郎中楊仲宣宅。席豫楊仲宣碑：遘疾，終於萬年永寧里之私第。右豹衞大將軍、贈益州大都督、汝陽公獨孤公宅。張説獨孤公燕郡夫人李氏墓誌：永寧里，先人之舊廬也，有通渠轉池，巨石嶔嵰，噴險淙潺，回潭沈沈，殊聲異狀，而爲形勝遊衍之處者十四五。前夫人之孫蘇氏之婦，弱歲嬉而墮焉。舉家環流，憚莫能救。夫人投身赴水，或沈或浮久之，提挈僅免。西北隅，中書令裴炎宅。炎死後没官，爲徒坊。開府儀同三司、博陵郡王李輔國宅。按杜陽雜編：肅宗賜李輔國香玉辟邪，輔國碎之爲粉。所居安邑里，芬馥彌月。是輔國宅又在安邑矣。俟考。贈太子少師、彭王傅、上柱國、會稽郡公徐浩宅。張式徐浩碑：薨於長安永寧里。尚書右僕射致仕高郢宅。白居易高相宅詩云：青苔故里懷恩地，白髮新生抱病身。涕淚雖多無哭處，永寧門館屬他人。謂高郢也。河東節度使、同中書門下平章事王鍔宅。鍔子稷進永寧里第宣義亭子。時議以鍔因緣，累居大鎮，營第華侈，既殁而入於官，固其所也。盧氏雜記載泓師云，長安永寧坊東南是金盞地，安邑里西是玉盞地。後永寧爲王鍔宅，安邑爲北平王馬燧宅。後王、馬皆進入官，王宅累賜韓弘正、史憲誠、李載義等，所謂金盞破而成也。馬燧宅爲奉誠園，所謂玉盞破而不完也。河東節度使、兼侍中李載義宅。太和五年，載義自幽州入朝，文宗賜以居第及米麪錢帛芻籍極厚。前京兆尹楊憑宅。憑治第，功役叢興，又幽妙妾于永樂別舍，詭議頗譁，坐是貶臨賀尉。按柳宗元亡妻弘農楊氏誌：以謁醫救藥之便，來歸女氏永寧里之私第。蓋楊氏即禮部郎中楊凝之女，凝即憑之弟。前司空、兼門下侍郎、同中書門下平章事王涯宅。乃楊憑故第，家書與祕府侔。名書畫以金玉爲匧軸，鑿垣貯之，重複祕固，若不可窺者。及被誅，爲人破垣，剔取匧軸金玉，而棄其書畫於道，籍田宅入於

宫。太傅致仕白敏中宅。按李商隱白居易墓誌：其曾祖弟，今右僕射、平章事敏中，仲冬南至，備宰相儀物，擎跪齋栗，給事寡嫂永寧里中。蓋白公有楊憑舊宅，敏中所居卽樂天第也。太子太保、凉國公李聽宅。按李晟宅在永崇，而聽在此坊者，蓋其時各立第宅，故李愬又宅於興寧。衛尉卿李有裕宅。太子太傅分司東都李固言宅。唐語林：李固言宅在永寧。按羅隱有投永寧李相公啟，當是固言。資州刺史羊士諤宅。羊士諤有永寧小園卽事詩、永寧里園亭休沐悵然成詠詩、酬盧司門晚夏過永寧里敝居林亭見寄詩，又永寧里小園與沈校書接近悵然題寄詩。御史中丞、充武昌軍節度副使竇鞏宅。鞏有永寧小園與校書接近因寄詩，是宅在此坊。但不知校書爲誰，疑卽羊士諤詩所謂沈校書也。金吾大將軍張直方宅。自幽州入朝居此。舊書黄巢傳：宰相崔沆、豆盧瓚扈從不及，匿之别墅。所由搜索嚴急，乃微行入永寧里張直方之家。朝貴怙直方之豪，多依之。既而或告賊云直方謀反，納亡命，賊攻其第，直方族誅，沆、瓚數百人皆遇害。按北夢瑣言：張直方好接賓客，歌妓絲竹甲於他族，與裴相國休相對。是裴休宅亦在此坊也。義成軍節度使、兼中書令王鐸宅。三水小牘曰：第中别立書齋，退朝獨處其中，欣欣如也。校書郎殷保晦宅。三水小牘：廣明庚子，關輔烽飛，郊人大潰。故祕省校書殷保晦自永寧里所居盡室濳於蘭陵里蕭氏池臺。地鄰五門，以爲賊不復入。明日羣兇霧合，祕校遂爲所俘。夫人封氏，諱絢字景文，天官侍郎敖孫也。賊酋將叱後乘載之，夫人奮袂罵賊遇害。賊酋既去，祕校脱身來歸，大慟良久，長號而絶。三婢子相擕投浚井而死。

次南永崇坊。

東南隅，七太子廟。其地本萬、夔六州之邸。總章中，以爲明堂縣，後徙縣於永樂坊。神龍初，立懿德太子廟，卽中宗之長子。禮閣新儀曰：天寶六載詔，章懷、節愍、惠莊、惠宣、惠文太子雖官爲立廟，比來子孫自祭，或時物有闕，禮儀不備。宜與隱太子及懿德太子列次諸室，同爲一廟。遂於永崇坊東街就懿德太子同立廟，呼爲七太子廟。寶應三年停享，大曆三年又加靖恭太子一室。廟西，靈應觀。隋道士宋道標所立。宗道觀。本興信公主宅，賣與劍南節度使郭英乂，其後入官。大曆十二年，爲華陽公主追福，立爲觀。按觀爲華陽公主立，故亦曰華陽觀。歐陽詹玩月詩序：貞元十二年，甌閩君子陳可封游在秦，寓於永崇里華陽觀是也。白居易華陽觀詩注：觀卽華陽公主故宅，有舊内人存焉。龍興觀。坊有龍興觀，見李商隱爲馬懿公郡夫人王氏黄籙齋文。孝廉陳嚴宅。宣室志：潁川陳嚴，景龍末舉孝廉至京師，居永崇里。瀘州都督王湛宅。楊炯王湛碑：薨於京師永崇里。十字街西之南，刑部尚書韋抗宅。諫議大夫呂崇粹宅。廣古今五行記：唐開元中呂崇粹宅在京永崇坊。祕書監楊銛宅。明皇貴妃之兄。舊書楊貴妃傳：貴妃以微譴送歸楊銛宅，比至亭午，上思之不食，高力士奏請迎貴妃歸院。是夜開安興里門入内。按明皇時在南内，故永崇北行，入自安興里門也。司徒、兼中書令李晟宅。興元元年，賜晟永崇里甲第，詔宰臣、諸節將會送。是日特賜女樂八人，錦綵銀器等。令教坊、太常備樂，京兆府供具，鼓吹迎道集宴，京師以爲榮觀。乾𦠆子：李晟太尉宅前有一小宅，相傳凶甚，直二百十千。竇乂買之，築園打牆，拆其瓦木各垜一處，就耕之。太尉宅中有小樓，常下瞰焉，晟欲併之爲擊毬之所。他日乃使人向乂欲買之，乂確然不納，云：「某自有所要。」候晟休沐日，遂具宅契書請見晟，語晟曰：「某本置此宅欲與親戚居之，恐俯逼太尉甲第，貧賤之人固難安矣。某見此地寬閒，其中可以爲戲

馬，今獻元契，伏惟俯賜照納。」晟大悦。　杜牧有題永崇西平王宅太尉愬院六韻詩。　驍衛將軍薛夔宅。　集異記：貞元末，驍衛將軍薛夔居永崇龍興觀之北，多妖狐。或謂曰：「妖狐憚獵犬，西鄰李太尉第中鷹犬頗多，何不假其駿異者，向夕以待之？」夔卽詣西鄰述其事，李氏羈三犬以付焉。是夕月明，夔縱犬，與家人輩密覘之。見三犬皆被羈靮，三狐跨之，奔走庭中。及曉，三犬困殆，寢而不食。纔暝，復爲乘跨，犬稍留滯，鞭策備至。夔無柰何，竟徙焉。　東都留守杜亞宅。　吏部尚書、充諸道鹽鐵轉運等使李巽宅。　權德輿李巽墓誌：寢疾，薨於永崇里。　司徒、兼中書令韓弘宅。　韓愈韓弘碑：薨於永崇里第。　兵部尚書蕭昕宅。　宣室志：唐故兵部尚書蕭昕爲京兆尹，京師大旱。時天竺僧不空三藏居静住寺，善以持念召龍。昕詣寺請致雨，三藏命其徒取華木皮僅尺餘，纘小龍於其上，而以鑪甌香水置於前，轉呪食頃，以纘龍授昕曰：「可投此於曲江中。」昕如言投之，旋有白龍纔尺餘自水出，俄而數丈，倏忽亘天。昕鞭馬疾驅，未及數十步，雲物凝晦，暴雨驟降。比至永崇，道中之水已若決渠。　庶子致仕沈聿宅。　集異記：貞元中，庶子沈聿致仕永崇里。　温縣主簿韓慎宅。　柳宗元韓慎墓誌：卒於長安永崇里。　前進士崔塗宅。　崔塗有上巳日永崇里言懷詩。　旅館。　顏真卿元結表墓碑：大曆七年朝京師，薨於永崇坊之旅館。　宣室志：大曆中有吕生者，自會稽上虞尉調集於京師，僑居永崇里。　放生池。

次南昭國坊。　隋有香海寺，大業七年廢。此坊本犯中宗廟諱，長安中改「昭」。或作「招」，誤。按韋應物有過昭國里故第詩，又有昭國里第聽元老師彈琴詩，皆未知何人之第。

西南隅，崇濟寺，本隋修慈寺，開皇三年魯郡夫人孫氏立。　貞觀二十三年，以尼寺與慈恩僧寺相鄰，而勝業坊

甘露尼寺又比于宏濟僧寺，敕換所居，爲本宏寺，神龍中改。寺塔記：寺內有天后織成蛟龍被襖子及繡衣六事，東廊從南第二院有宣律師製袈裟堂。太府少卿裴子餘宅。卽廢香海寺之地。前進士李蒙宅。獨異志：開元五年進士及第李蒙者，貴主家壻，主居昭國里。南門內，一作「東門」。太子太傅致仕鄭絪宅。祥異集驗：唐丞相鄭絪宅在昭國坊南門。忽有物來投瓦礫，五六夜不絕，乃移於安仁西門宅避之。瓦礫又隨而至。久之復還昭國。又靈怪集：鄭絪罷相，自嶺南節度入爲吏部尚書，居昭國里第。緼爲太常少卿，皆在家。廚饌將備，其釜忽如物於竈中築之，離竈尺餘，連築不已。其旁有鐺十餘所，皆兩耳慢搖，良久悉能行，乃止竈上。每三鐺負一釜而行，出廚東過水渠，往少卿院，堂前大小排列定。乃聞空中轟然如屋崩，其鐺釜悉爲黄埃黑煤。數日少卿卒，相國相次而薨。檢校司徒、兼太子少師鄭餘慶宅。唐語林：司徒鄭貞公與其宗叔太子太傅絪居昭國坊，太傅第在南，司徒第在北，時人謂之南鄭相、北鄭相。尚書右丞庾敬休宅。國史補曰：敬休宅屋壁有畫奏樂圖，王維嘗至其處，維熟視而笑。或問其故，維曰：「此霓裳羽衣曲第三疊第一拍。」好事者集樂工驗之，無一差者。將軍韋青宅。樂府雜録：大曆中，有才人張紅紅者，本與其父歌於衢路匄食。過將軍韋青所居，在昭國坊南門裏，青於街牖中聞其歌，卽納爲姬。刑部尚書白居易宅。白氏長慶集有昭國里閒居詩，時爲左贊善大夫。居易與楊虞卿書云：僕左降詔下，明日而東，足下從城西來，抵招國坊，已不及矣。按白居易始居常樂，次居宣平，又次居昭國，又次居新昌。今於各坊備載之。夏、綏、宥等州節度使李寰宅。寰監守博野鎭，穆宗賜其子方回宅。山南西道節度使崔琯宅。柳玭云：崔氏居昭國宅，子孫昌盛，衣纓不絕。集賢直院官、榮王府長史程修己宅。溫憲程公墓誌：遘疾，歿於昭國私第。涇原節度使段祐

宅。酉陽雜俎：涇帥段祐宅在昭國坊。

次南晉昌坊。「晉」或作「進」。

半以東，大慈恩寺，隋無漏寺之地，武德初廢。貞觀二十二年十二月二十四日，高宗在春宮，爲文德皇后立爲寺，故以慈恩爲名，仍選林泉形勝之所。寺成，高宗親幸，佛像幡華並從宫中出，太常九部樂送額至寺。寺南臨黄渠，水竹森邃，爲京都之冣。會昌五年，詔天下廢寺，上都每街各留寺兩所，僧各三十人。左街留慈恩、薦福，右街留西明、莊嚴。六年，左街添置寺八所，興唐寺、保壽寺兩所依舊額，六所改名。僧寺四所：寶應寺改爲資聖寺，青龍寺改爲護國寺，菩提寺改爲保唐寺，清禪寺改爲安國寺。尼寺二所：法雲寺改爲唐安寺，崇敬寺改爲唐昌寺。右街西明寺改爲福壽寺，莊嚴寺改爲聖壽寺。添置八所，二所依舊名，僧寺一所千福寺，尼寺一所興元寺，並依舊額。六所改名。僧寺五所：化度寺改爲崇福寺，永泰寺改爲萬壽寺，溫國寺改爲崇聖寺，經行寺改爲龍興寺，奉恩寺改爲興福寺。尼寺一所：萬善寺改爲延唐寺。寺塔記：慈恩寺本淨覺故伽藍，因而營建焉。凡十餘院，總一千八百九十七間，敕度三百僧。初三藏自西域東歸，詔太常卿江夏王道宗設九部樂，迎像入寺，綵車凡千餘兩。上御安福門觀之。太宗常賜三藏衲直百餘金，其工無鍼綖之跡。寺有南池，韋應物有慈恩寺南池秋荷詠，司空曙有早春遊慈恩南池詩，趙嘏有春盡獨遊慈恩寺南池詩。寺有牡丹。唐語林：慈恩浴室院有牡丹兩叢，每開及五六百朶。唐詩紀事：長安三月十五日，兩街看牡丹甚盛。慈恩寺元果院花冣先開，太平院開冣後，裴潾作白牡丹詩題壁閒。又有淩霄花，見李端懷舊詩序。寺西院，浮圖六級，崇三百尺。永徽三年，沙門玄奘所立。初唯五層，崇一百九十尺，塼表土心，倣西域窣堵波制度，以置西域經像。後浮圖心

内弃木鑽出，漸以頹毁。長安中更拆改造，依東夏刹表舊式，特崇於前。有辟支佛牙大如升，光彩焕爛。浮圖東有翻經院，卽玄奘爲慈恩上座所居。按上官昭容、宋之問有九月九日上幸慈恩寺登浮圖詩，自後唐人詩甚多。又爲進士題名之所。名畫記：慈恩寺塔院有吴道玄、尹琳、胡人尉遲乙僧、楊廷光、鄭虔、畢弘、王維、李果奴、張孝師、韋鑾畫。塔前壁有畫涇耳獅子趺心花，爲時所重。見唐語林。西南隅，楚國寺。本隋興道寺之地，大業七年廢。高祖起義并州，第五子智雲在京爲隋留守陰世師等所害，後追封爲楚哀王，因此立寺。水竹幽静，類於慈恩。寺塔記：寺内有楚哀王等身金剛像，哀王繡襖半袖猶在。長慶中，賜織成雙鳳夾黄襖子鎮在寺中。門内有放生池。太和中，賜白氈黄胯衫。十字街之西北，淨住寺。本隋吏部尚書裴弘齊宅，開皇七年立爲寺，有石塔。本姚萇之浴室。十字街北之東，尚書左僕射、郇國公韋安石宅。前進士陸賓虞宅。前定録：陸賓虞舉進士，在京師寓晉昌里。叛臣朱泚宅。建中中，羣盜夜分數百騎取泚于晉昌。先泚號其宅爲潛龍宫，徙珍寶實之。人謂潛龍勿用，亡兆也。寺塔記：楚國寺牆西朱泚宅。若耶女子寓居。若耶溪女子題三鄉詩序云：余家本若耶溪東，不得已從良人西入函關，寓居晉昌里第。其居迴絶塵囂，花木叢翠，東西鄰二佛宫，皆上國勝遊之最。

次南通善坊。

杏園。爲新進士宴遊之所。按貞元四年以曲江亭望慈恩寺杏園花發詩試進士。慈恩、杏園，皆在曲江之西南也。

次南通濟坊。坊南街抵城之南面。

侍中、扶陽郡王桓彦範宅。山南西道節度使令狐楚家廟。尚書右僕射盧鈞家廟。劉得仁宅。劉得仁有夏日通濟里居酬諸先輩見訪詩，又通濟里居酬盧肇見尋不遇詩。

右皇城東第一街，十五坊。

朱雀門街東第四街，卽皇城東之第二街。街東從北第一長樂坊。後改延政坊。按坊之北卽延政門，故以門名坊。

大半以東，大安國寺。睿宗在藩舊宅，景雲元年立爲寺，以本封安國爲名。憲宗時，吐突承璀盛營安國寺，欲使李絳爲碑文，絳不肯撰。後寖摧圮，宣宗欲復修，未克而崩。咸通七年，以先帝舊服御及孝明太皇太后金帛俾左神策軍再建之。寺有紅樓，睿宗在藩時舞榭。元和中，廣宣上人住此院，有詩名，時號爲「紅樓集」。寺塔記：東禪院亦曰木塔院。院門西北廊五壁，吴道玄弟子釋思畫釋梵八部，不施彩色，尚有典型。名畫記：安國寺有吴道玄、楊廷光、尉遲乙僧畫。南部新書：長安名德多聚安國寺。唐語林：劉相國瞻任大理評事日，饘粥不給，嘗於安國寺相識僧處謁餐。段成式寂照和尚碑：自長慶中、寶曆末、大和初，皆駕幸安國寺。西南隅，興唐觀。本司農園地，開元十八年造觀。其時敕令速成之，遂拆興慶宮通乾殿造天尊殿，取大明宮乘雲閣造門屋樓，拆白蓮花殿造精思堂屋，拆甘泉殿造老君殿。元和初年，命中尉彭忠獻帥徒三百人修興唐觀，賜錢千萬，使壯其舊制。其觀北拒禁城，因是開複道爲行幸之所，以內庫絹千匹、茶千斤爲夫役之賜。又以莊宅錢五千萬、雜穀千石充修齋醮之費。按權德輿有興唐觀新鐘銘。左教坊。元和十四年，徙置仗內教坊於此。

次南大寧坊。

東南隅，興唐寺。神龍元年，太平公主爲武太后立爲罔極寺，窮極華麗，爲京都之名寺。開元二十年，改爲興唐寺，明皇御容在焉。酉陽雜俎：長安興唐寺有牡丹一棵，元和中著花二千一百朵。名畫記：興唐寺有吴道玄、楊廷光、周昉、尉遲乙僧、董諤、尹琳、楊坦、楊喬、李生畫。又有韓幹畫一行大師真，徐浩書讚。西南隅，太清宫。禮閣新儀曰：開元二十九年，始詔兩京及諸州各置玄元皇帝廟一所，依道法醮。天寶元年正月，陳王府參軍田同秀上言，玄元皇帝降，見於丹鳳門之通衢，以天下太平、聖壽無疆之言傳於玄宗，仍告賜靈符尹喜之故宅。上遣使就桃林縣函谷關令尹臺西得之。於是置廟於大寧坊中，東都於積善坊。九月，改廟爲太上玄元皇帝宫。二年正月，加號「大聖祖」。三月，敕西京改爲太清宫，東都爲太微宫，諸州爲紫極宫。十二載二月，加號「大聖祖高上大道金闕玄元天皇大帝」，每歲四時及臘終行廟獻之禮。初建廟，取太白山白石爲真像，衮冕之服，當扆南向。玄宗、肅宗、德宗侍立于左右，皆朱衣朝服。宫垣之内，連接松竹，以像仙居。殿十二間，四柱，前後各兩階，東西各側階一。其宫正門曰瓊華，東門曰九靈，西門曰三清。御齋院在宫之東，公卿齋院在宫之西，道士雜居其間。天寶五載，詔刻石爲李林甫、陳希烈像，列侍于聖容之側。林甫犯事，又刻楊國忠之形，而磨塵林甫之石。及希烈、國忠敗，又盡毁之。八載，立文宣王像，與四真人列左右。殿内有吴道子畫玄元真，見名畫記。常衮賀連理木表：太清宫道士陳岳等狀稱，聖祖殿院東廊九靈門北有柰樹連理，異枝還合。按其地本臨淄舊邸。西門之南，左侍極、兼右相陸敦信宅。次南，大理卿孫伏伽宅。南門之東，户部尚書許圉師宅。北門之南，太子詹事陸餘慶宅。前中書侍郎、同中書門下平章

事元載別宅。舊書本紀：焚元載私廟主於大寧里。又本傳：載得罪，以載大寧里、安仁里二宅充修百司廨。右武衛將軍、上柱國乙速孤行儼宅。劉憲乙速孤行儼碑：薨于大寧里第。行內侍省內侍、員外置同正員王庭瓌宅。扶風郡夫人馮氏墓誌：終於京大寧里之私第。按夫人卽庭瓌之妻。河中節度使、兼中書令渾瑊宅。興元元年賜，兼賜女樂五人、錦綵銀器等，宰臣節將會送，有司備饌，次於李晟焉。酉陽雜俎：上都渾瑊宅，戟門外一小槐樹，樹有穴大如錢，每夏月霽後，有蚓大如巨臂，長三尺餘，白頸紅斑，領蚓數百條如索，緣樹枝幹，及曉悉入穴。白居易有看渾家牡丹花詩，疑渾令之宅也。路巖義昌軍節度使渾偘神道碑：薨於大寧里私第。按偘卽瑊之孫。義章公主宅。德宗第三女，降張茂宗，賜第。鳳閣侍郎李元素宅。李嶠爲李元素進冬椹表：京兆萬年縣大寧坊宅內有桑樹一株，暮秋生子，初冬椹熟。力者張幹居。酉陽雜俎：大寧坊力者張幹，劄左膊曰「生不怕京兆尹」，右膊曰「死不畏閻羅王」。

次南安興坊。後改廣化坊。隋有總化寺，大業七年廢。舊書裴度傳：度出通化里，盜三以劍擊度。按度自永樂里入朝，必經安興之西，其曰通化者，安興東抵通化門也。

玉山營。見楊復恭宅下。樂官院。樂府雜録：廣化里、太平里各署樂官院一所。南門之東，申王撝宅。宅以東，岐王範宅。長安志：南門之東，寧王憲宅。按舊書讓皇帝傳：憲于勝業東南角賜宅，申王撝、岐王範于安興坊東南賜宅。則「寧王憲」爲「申王撝」之訛，今正。太子少保、戶部尚書韓良宅。于志寧潁川定公碑：遘疾，薨于安興里第。西門之北，戶部尚書陸象先宅。次北，開府儀同三司宋璟宅。譚賓録曰：璟

宅中造屋，悉東西正陽。河南府參軍、贈祕書丞郭揆宅。顏真卿郭揆碑：終於安興之私第。曹州司法參軍、祕書省麗正殿二學士殷踐猷宅。顏真卿殷踐猷墓碣：終於京師通化坊之私第。恒安郡王宅。張説鄭國夫人神道碑：終于通化里。按夫人楊氏，開元皇帝惠妃之母，恒安郡王之妻。尚書兵部侍郎李巖宅。天寶中人。亳州刺史致仕王同晊宅。同皎從父兄。孫逖王同晊碑：終于京兆安興里之私第。左衛上將軍、內侍監致仕仇士良宅。鄭薰仇士良碑：終廣化里第。內侍省內常侍孫常楷宅。于邵孫常楷碑：卒於廣化里之私第。按權德輿孫榮義碑云：內省少監致仕孫公寢疾，薨於京師廣化里私第。榮義卽常楷之猶子。內侍省內給事、員外同正員王文幹宅。趙造王文幹墓誌：終於京兆萬年縣廣化里私第。六軍十二衛觀軍容使楊復恭宅。舊書楊復恭傳：第在昭化里，近玉山營，復恭假子守信爲玉山軍使。或告云謀亂，詔李順節率禁軍攻之。昭宗御延喜樓，守信以兵拒之。際晚，守信、復恭挈其族出通化門，趣興元。長安志云「昭化」卽「廣化」之誤，新書作「昌化里」。同昌公主宅。懿宗長女，降宰相韋保衡。杜陽編曰：其宅房櫳户牖以衆寶飾之，金銀爲井欄。又曰：大會韋氏一族于廣化里，暑氣特甚，公主命取澄水帛以蘸之，挂于南軒。行內侍省內僕局丞、員外置同正員、上柱國李從証宅。尹震鐸李從証墓誌：終于廣化里私第。

次南勝業坊。本名宜仁，後改。朝野僉載：鄒駱駝，長安人。先貧，嘗以小車推蒸餅賣之。每勝業坊角有伏塼，車觸之卽翻，塵土涴其餅。駝苦之，乃將钁劚去十餘塼，下有瓷甕容五斛許，開看有金數斗，于是巨富。劇譚録：咸通中，左軍張季宏勇而多力。嘗雨中經勝業坊，遇泥濘深隘，有村人驅驢負薪，適當其道，季宏捉驢四足，擲

過水渠數步。

西南隅，勝業寺。武德初，高祖爲沙門景暉立。景暉言事多中，高祖龍潛，景暉夙啟先覺。既立寺，其坊因此改名。寺東又爲立祠焉。十字街北之西，修慈尼寺。本宏濟僧寺，隋開皇七年立。貞觀二十年，以與甘露尼寺相近，初自昭國坊換居之。寺西，甘露尼寺。隋開皇五年立。楊去盈宅。楊炯從弟。去盈墓誌：歿於京師勝業里。西北隅，薛王業宅。本贈禮部尚書韋行佺宅。舊書讓皇帝傳：薛王業於勝業西北角賜宅。東北隅，寧王憲山池院。十字街北之東，銀青光祿大夫薛繪宅。繪兄弟子姪數十人，同居一曲。姻黨清華，冠冕茂盛，坊人謂之薛曲。左散騎常侍徐堅宅。太僕卿、駙馬都尉豆盧建宅。尚玄宗建平公主。禮部尚書席豫宅。中書舍人朱巨川宅。李紓朱巨川碑：終上都勝業里私第。特進、行左金吾衛大將軍、清河郡開國公康阿義屈達干宅。顏真卿康公碑：薨於上都勝業坊之私第。朝散大夫、守司農少卿、隴西縣開國男李條宅。權德輿李條墓誌：疾終於勝業里私第。宣州司功參軍魏邈宅。邈居於勝業里，見子匡贊所作墓誌。奉義郎、試洋王府長史吳達宅。寇同濮陽吳達墓誌：遘疾，終于勝業里之私第。檢校司徒、同中書門下平章事王處存宅。舊書本傳：處存，京兆萬年縣勝業里人。劇談録：勝業坊富人王氏隸左軍，性儉約，所費未嘗過分。一日與賓朋過鳴珂曲，有婦人靚妝立於門首。王生駐馬遲留，喜動顏色。因召同列者置酒爲歡，歌數曲，悉以金綵贈之，衆皆訝其廣費。自此與輦資貨，日輸其門，未經數年，遂至貧乏。按處存世隸神策軍，爲京師富族，則富人王氏亦其族也。霍小玉宅。蔣防霍小玉傳：鮑十一娘謂李益曰：「霍王小女字小玉住在勝業坊，

古寺鋪上車門宅是也。明日午時，但至曲頭見桂子，即得矣。」陝府、鄭、滑進奏院。狗脊嶺。通鑑：武宗斬太原將楊弁及其黨五十四人于狗脊嶺。舊書黃巢傳：高仙芝令尚君長、蔡温球、楚彦威詣朝請罪，敕於狗脊嶺斬之。

次南東市。隋曰都會市。舊書回紇傳：大曆十年，回紇白晝刺人于東市。市人執之，拘于萬年縣。南北居二坊之地。東西南北各六百步，四面各開二門，定四面街各廣百步，北街當皇城南之大街，東出春明門，廣狹不易于舊。東西及南面三街向内開，壯廣于舊。街市内貨財二百二十行，四面立邸，四方珍奇，皆所積集。萬年縣户口減于長安，又公卿以下居止多在朱雀街東，第宅所占勳貴，由是商賈所湊，多歸西市。當中東市局，次東平準局。並隸太府寺。鐵行。乾䐹子：唐市鐵行有范生，卜舉人連中成敗，每卦一縑。資聖寺。太平廣記引博異志：元和四年，伐王承宗，中尉吐突承璀獲恒陽生口馬奉忠等三十人，馳詣闕。憲宗令斬於東市西坡資聖寺側。西北街。唐書蔣鎮傳：斬于東市西北街。蓋刑人之所。通鑑：隆基將捕諸韋親黨，斬韋温于東市之北。東北隅有放生池。分滻水渠自道政坊東入城，西流注此。池俗號爲海池。

次南安邑坊。隋有右武衛大將軍、宋國公賀若弼宅。

奉誠園。本司徒兼侍中馬燧宅。燧子少府監暢，以貲甲天下。貞元末，神策中尉申志廉諷使納田産，遂獻舊第。國史補曰：暢以第中大杏餽竇文場，以進德宗。德宗未嘗見，頗怪之，令中使就封杏樹。暢懼，進宅，廢爲奉誠園，屋木皆拆入内。韓愈馬繼祖墓誌：始予初冠，應進士貢，在京師窮不自存，以故人稚弟，拜北平王於馬前。王問而憐之，因得見於安邑里第。北平王即燧也。竇牟奉誠園聞笛詩注：園馬侍中故宅。元稹詩注同。杜牧過田家宅詩：安邑南

門外，誰家板築高。奉誠園裏地，牆缺見蓬蒿。博異志：元和中，鳳翔節度李聽從子琯任金吾參軍，自永寧里出，及安化門外，遇一車子，通以銀裝，頗極鮮麗。從二女奴，皆乘白馬。琯隨之，日暮及奉誠園，二女奴曰：「娘子住此之東，郎君且此回翔，某即出奉迎耳。」良久見一婢出門招手，琯乃下馬，入坐于廳中，令人馬入安邑里寄宿。黄昏後，方見一女子素衣，姿艷若神仙。琯自喜，心所不能諭，及別而歸，纔及家，便覺腦疼。斯須益甚，腦裂而卒。家人於昨夜所止之處覆驗之，但見枯槐樹下有大蛇蟠屈之跡，乃伐其樹發掘，已失大蛇，但有小蛇數條，盡白，皆殺之而歸。按自永寧至安邑甚近，無由至安化門。其時李愬宅興寧，「永寧」或「興寧」之訛。自興寧至安邑，先經通化門，訛爲「安化」耳。十字街之北，元法寺。本隋禮部尚書張穎宅，開皇六年立爲寺。寺塔記：張穎嘗供養一僧，僧念法華經爲業，積十餘年。張門人譖僧通其侍婢，因以他事殺之。僧死後，闔宅嘗聞經聲不絕。張尋知其冤，慙悔不及，因捨宅爲寺。東廊南觀音院，盧奢那堂內槽北面壁畫維摩變，屏風上有虞世南書。西北角院內有懷素書，顏魯公序，張謂侍郎、錢起郎中讚。曼殊院東廊，大曆中畫人陳子昂畫，簷前額上有相觀法。西廊壁有劉整畫雙松。太真觀。天寶五載，貴妃姊裴氏請捨宅，置太真女冠觀。寶應元年，與肅明觀換名焉。西南隅，左衛大將軍、范陽公張延師宅。延師兄太師、銀青光禄大夫、華州刺史況；兄植，金紫光禄大夫、營州都督。兄弟三人同時二品，甲第宏敞，高門洞開，一宅之中，棨戟齊列，時人榮之，號「三戟張宅」。其地景龍中司農卿趙履温居焉。畢氏曰：履温，安樂公主駙馬。按延師兄弟皆不載於世系表，而張嘉祐墓誌云：終於安邑里私第。則延師蓋亦河東房也。次東，金吾大將軍楊執一宅。中書侍郎、同中書門下平章事、趙國公李吉甫宅。盧氏雜説曰：李吉甫宅，泓師謂其地形爲玉杯，牛僧孺宅爲金杯。云

玉杯一破無復全，金杯或傷重可完。僧孺宅在新昌里，本天寶中將作大匠康䛒宅。䛒自辨圖阜，以其地當出宰相，每命相䛒必引頸望之，宅卒爲僧孺所得。吉甫宅至德裕貶，其家滅矣。劇談録：李德裕宅在安邑坊東南隅。太子賓客盧貞白宅。因話録：盧貞白父曰老彭，有道術，兼號知人。元和初，宗人弘宣、簡辭、弘正、簡求俱候焉。留坐，目之甚久，命貞白亦序坐，又目之曰：「一行五節度使，可謂盛矣。」族子錯，初舉進士，亦就安邑所居謁之。刑部侍郎劉伯芻宅。按嘉話録載從伯伯芻居安邑巷，里口與鬻餅者萬錢事，是伯芻宅在此坊也。户部尚書封敖宅。唐語林：封侍郎知舉，首訪能賦人盧駢。駢告羅邵興，羅曰：「主司安邑住，邵興居宣平，彼處愛賦，無由得知。」司農卿常偕宅。柳宗元故祕書少監陳京行狀：終于安邑里妻黨之室。韓注：京娶常袞兄女。按常袞之兄名偕，爲司農卿。饒州刺史吴丹宅。白氏長慶集酬吴七見寄詩云：君居安邑里，左右車徒喧。竹藥閉深院，琴尊開小軒。誰知市南地，轉作壺中天。按安邑坊正在東市之南，其時樂天住昭國里，故又曰「隔街如隔山」。吴七即吴丹。陸氏宅。河東記：上都安邑坊十字街東有陸氏宅，製度古醜，人常謂凶宅。後有進士臧夏僦居其中，與其兄咸嘗晝寢，夢魘良久方寤。李娃宅。李娃傳：鄭生巡于里閭，以乞食爲事。一旦大雪，至安邑東門，循里垣北轉第七八，有一門獨啓左扉，即娃之第也。

次南宣平坊。「平」或作「政」。酉陽雜俎：京宣平坊有官人夜歸入曲，有賣油者張帽馱桶，不避道。導者搏之，頭隨而落，遂遽入一大宅門，官人隨入，至一大槐樹下遂滅。張蠙有和許棠題宣平里古藤詩。南部新書：寶曆二年六月，京兆府奏法曹參軍獨孤讜蹤跡得去年十月於宣平坊北門外殺人、并剥人面皮賊熊元果等三人。

東南隅，舊諸王府。唐會要：寶曆三年六月，瓊王府長史裴簡求狀云：伏見諸王府本在宣平坊東南角，摧毁

多年，因循不修。至元和十三年七月十三日，莊宅使收管。其年八月二十五日，賣與邠寧節度使高霞寓。宣慈寺。西南隅，法雲尼寺。隋開皇三年鄖國公韋孝寬所立。初名法輪寺，睿宗在儲，改法雲寺。景龍二年，韋庶人改翊聖寺。景雲元年復舊。寺本隋太保、薛國公長孫覽宅。寺東，義陽府。貞觀中置。畢氏曰：唐書志京兆下無義陽府，此可以補史之缺。十字街南之西，鼓吹局，教坊。按左右教坊已見光宅、長樂二坊。或元和前未徙時在此也，俟考。十字街東，宗正卿李琇宅。又有琇弟左監門將軍琉宅，二人齊居。尚書左僕射嚴綬宅。見乾饌子。太子賓客羅珦宅。權德輿羅珦墓誌：啟手足於宣平里之私第。太子少師鄭朗宅。東觀奏記：宰臣鄭朗自中書歸宣平私第，內園使李敬寔衢路衝之。大理卿劉遵古宅。尚書右僕射盧鈞宅。尚書故實載宣平太傅相國盧公應舉事。按盧公謂鈞也，其宅當在宣平。劉太白宅。白居易過劉三十二故宅詩：朝來惆悵宣平過，柳巷當頭第一家。按劉三十二即太白。刑部尚書白居易宅。白居易襄州別駕府君事狀：夫人潁川陳氏，歿於長安宣平里第。按夫人即居易之母。舊書白居易傳：居易奏曰：臣聞姜公輔爲內職，求爲京府判司，爲奉親也。臣有老母，家貧養薄，乞如公輔例。于是除京兆府户曹參軍。元和六年，丁母陳夫人之喪。長慶集有初除户曹喜而言志詩，是陳夫人就養于居易之第。御史中丞、晉州刺史高武光宅。盧虔高武光碑：遘癘虐疾，歸休于宣平私第。贈太子太保姚南仲宅。權德輿姚南仲碑：感疾，薨于宣平里第。國子祭酒竇牟宅。褚藏言竇牟傳：告終于宣平里之私第。著作郎顧況宅。劉太真有顧著作宣平里賦詩序云：宣平里環堵之宅，嘉木垂陰，疏篁孕清，友生顧君寓之所也。户部侍郎判度支劉瑑宅。東觀奏記：高湜自集賢校理爲蔣係鳳翔從事。湜即劉瑑舊賓也，辭瑑

於宣平里私第。祕書郎李郴宅。郴撰其妻宇文氏墓誌：夫人得疾長安宣平里。王生宅。前定録：京師宣平坊王生善易筮。相者宅。定命録：開元中有相者，不知姓名，自言衡山來，人謂之衡相。在京舍宣平里。旅館。前定録：京兆尹趙郡李敏求應進士，八就禮部試不利，旅居宣平里。〔按稿本，宣平坊有劉蜕宅，注云：「劉蜕先妣姚夫人權厝石表：大中十一年二月甲午，棄其孤於長安宣平里之寓舍。」爲張穆筆迹。〕

次南昇平坊。

東北隅，漢樂遊廟。漢宣帝所立，因樂遊苑爲名，在高原上，餘阯尚存。長安中，太平公主於原上置亭遊賞，後賜寧、申、岐、薛王。其地居京城之冣高，四望寛敞，京城之内，俯視指掌。每正月晦日、三月三日、九月九日，京城士女咸就此登賞祓禊。按白居易登樂遊園望詩云：東北何靄靄，宫闕入煙雲。蓋言南内之宫闕也。沈既濟任氏傳：天寶九年六月，韋崟與鄭子偕行於長安陌中，將會飲於新昌里。至宣平之南，鄭子辭有故，請間去。崟乘白馬而東，鄭子乘驢而南，入昇平之北門。偶值三婦人，行于道中，鄭子隨之東，至樂遊園已昏黑矣。西北隅有東宫藥園。尚書右僕射裴遵慶宅。國史補曰：遵慶罷相知選，朝廷優其年德，令就第注官。自宣平坊牓引士子，以及東市兩街，時人以爲盛事。楊綰裴遵慶碑：薨于萬年縣昇平里之私第。洪州刺史、趙國公魏少遊宅。左散騎常侍潘孟陽宅。孟陽盛葺第舍，妓媵用度過侈。憲宗微行，至樂遊原望見之，以問左右，孟陽懼，不敢治。兵部尚書柳公綽宅。公綽子仲郢自拜諫議大夫後，每遷官羣烏大集于第之庭，木戟架皆滿，比五日而散，家人以爲候。除天平軍節度，烏不復集，遂卒於鎮。檢校司空、同中書門下平章事崔寧宅。唐語林：茶拓子始建中蜀相崔寧之女。

注云：蜀相卽昇平崔家。京兆府少尹元宗簡宅。白居易集有和元八侍御昇平新居四絶句，元八卽宗簡，元稹集所謂居敬兄也。楊巨源亦有和元員外題昇平里新齋詩。按白居易詩每言與元八卜鄰，其後哭元尹詩云：水竹鄰居竟不成。是終未結鄰也。太子太傅致仕劉沔宅。按畢氏據唐書傳謂當作「太子太保」，非也。今從石刻。左羽林軍大將軍史用誠宅。奚敬元史用誠碑：薨于昇平里之私第。萬年縣丞柳元方宅。柳宗元柳元方墓誌：終于長安昇平里之私第。同州司兵參軍、上柱國杜行方宅。杜府君墓誌：啓手足于上都昇平里之私第。進士張喬宅。按許棠有題張喬昇平里居詩。前進士李嶢宅。摭言：李嶢及第在偏侍下，俯逼起居宴，霖雨不止。遺賃油幕以張之。嶢先人舊廬昇平里，凡用錢七百緡，自所居連亘通衢，殆及一里餘。車輿闐咽，門巷來往，無有霑濡者。而金碧照耀，頗有嘉致。

次南修行坊。本名修華，武太后時避諱改修行坊。景雲元年復舊，後又改之。隋有通法寺，大業七年廢。

贈太子少保鄭宜尊宅。蒲州刺史杜從則宅。工部尚書李建宅。按白行簡三夢記云：元和四年，河南元微之爲監察御史，奉使劍外。去踰旬，予與仲兄樂天、隴西李杓直同游曲江，詣慈恩佛舍，徧歷僧院，淹留移時。日已晚，同詣杓直修行里第，命酒對酬，甚懽暢。嶺南節度使胡證宅。證在鎮好聚斂自奉，修行坊第連亘閭巷，車器奢侈，識者非之。李訓敗，衛軍利其財，聲言賈餗匿其家，爭入剽劫，執其子溵，內左軍斬之。端州司馬楊收宅。收兄發、假，弟嚴，皆顯貴，號修行楊家，與靖恭諸楊相比。太常少卿段成式宅。酉陽雜俎：段成式修行里私第大堂前有五鬣松兩株。又云：開成元年，段成式修行里私第書齋前有枯紫荊數株，伐之，餘尺許。至三年秋，枯根上生

一菌大如斗，下布五足。又云：段成式修行里私第果園數畝，壬戌年有蜂如麻子，蜂膠土爲巢於庭前簷。劉得仁有初夏題段郎中修行里南園詩，顧非熊有夏日會修行段將軍宅詩，未知誰宅，俟考。刑部員外馬氏宅。姚合有題刑部馬員外修行里南街新居詩。張氏宅。白居易松聲詩注：修行里張家宅南亭作。

次南修政坊。按文安縣主墓誌作「循政里」，循、修雙聲，古通用。

尚書省亭子。宗正寺亭子。輦下歲時記曰：新進士牡丹宴，或在于此。文安縣主宅。巢剌王女，降段儼。尚書右丞相張九齡宅。

次南青龍坊。

東南隅，廢普耀寺，隋開皇三年，獨孤皇后爲外祖崔彥珍所立。開元二年廢。西南隅，廢日嚴寺。隋煬帝爲晉王，仁壽元年施營第材木所造，因廣招名僧以居之。貞觀六年廢。

次南曲池坊。坊南街抵京城之南面，以近芙蓉園，因以名。

東北隅，廢建福寺。龍朔三年爲新成公主所立。其地本隋天寶寺，寺内隋彌勒閣崇一百五十尺。開元二年廢。坊北有殯宮。秦州都督府士曹參軍□瑶墓誌：殯於雍州萬年縣曲池坊之北一百步。

右皇城東第二街十一坊及東市。

朱雀門街東第五街，即皇城東之第三街。街東從北第一坊。

盡坊之地築入苑，十六宅。政要：先天之後，皇子幼則居内。東封後，以年漸成長，乃於安國寺東附苑城

同爲大宅，分院居之，名爲十王宅，令中官押之。於夾城中起居，每日家令進膳。十王，謂慶、忠、棣、鄂、榮、光、儀、潁、永、濟也。其後盛、壽、陳、豐、恒、涼六王又就封入内宅。天寶中，惟十四王居内，而府幕列于外坊，歲時通名起居而已。外諸孫成長，又於十宅外置百孫院。十王宮人，每院四百餘人，百孫院三四百人。又於宮中置維城庫，諸王月俸物納之給用。諸孫嫁，亦就十宮中。太子不居東宮，但居于乘輿所幸别院。太子之子亦分院而居，婚嫁則同親王公於崇仁坊之禮會院也。畢氏曰：唐書及新唐書但云慶、忠、棣、鄂、榮、光、儀、潁、永、延、盛、濟十二王，言十王，舉全數也。後壽、信、義、豐、陳、恒、涼七王亦居之，鄂、光廢死，忠王爲太子，慶、棣繼薨，唯榮、儀十四王居院。與此不同。宅又名睦親院，院有親親樓。大中元年，改親親樓爲雍和殿。

次南興寧坊。南街東出通化門。

大中報聖寺。東觀奏記：宣宗出内藏繒帛，建大中報聖寺，奉獻皇后容，曰介福殿。又以休憩之所爲虔思殿。由複道出，造于寺。按獻皇后容，唐語林作憲宗御容，當從之。

南門之東，清禪寺。隋開皇三年文帝爲沙門曇崇所立。大中六年改爲安國寺。名畫記：清禪寺有鄭法士畫。

華封觀。天寶六載，驃騎將軍高力士捨宅置觀。

西南隅，開府儀同三司姚元崇宅。屋宇並官所造。

安西都護郭虔瓘宅。在姚元崇宅東。本太平公主宅，後賜虔瓘。

宅北，特進王毛仲宅。

東南隅，左衛大將軍泉男生宅。

太子少保崔琳宅。琳祖義玄，父神慶，伯父神基，皆爲相。其從父昆弟之子洎其自出，參朝宴者數十人，鳴玉啓道，自興寧里謁大明宮，冠蓋相望，一時矚目。

贈安州都督王仁忠宅。李邕王仁忠碑：捐館宇于京兆興寧里之私第。

淄青節度使、同中書門下

平章事李懃宅。賜第。

次南永嘉坊。此坊，隋末有方士云貴氣特盛。自武德、貞觀之後，公卿王主居之多於衆坊。

東北隅，太子少師李綱宅。綱子孫茂盛，四代緦麻服同居，朝廷美之。東門之南，侍中張文瓘宅。後併入興慶宫。宅東，兗州都督韋元琰宅。薛王妃父。西南隅，申王撝宅。本中書令許敬宗宅，後爲無量壽寺。寺廢，賜申王撝宅。按申王宅已見安興坊，蓋永嘉之西南卽安興之東南，宅毘連二坊也。又按太宗有許敬宗家小池賦云：引涇渭之餘潤，縈咫尺之方塘。蓋引龍首渠水爲之也。宅南，贈禮部尚書、永興公虞世南廟。廟北近于興慶宫。及廣宫地，明皇以世南盛德之祠，特敕不許毁廢。十字街南之西，成王千里宅。南門之東，蔡國公主宅。睿宗女，降王守一，後降裴巽。次東，禮部尚書竇希玠宅。李乂和幸禮部尚書竇希玠宅應制詩曰：家住千門側，亭臨二水傍。西北隅，涼國公主宅。睿宗第六女，降薛伯陽，後降嫁温彦博孫曦。蘇頲作碑云：公主終永嘉里第。開府儀同三司、行右領軍衛上將軍馬存亮宅。李德裕馬存亮碑：薨於永嘉里第。

次南興慶坊。本名隆慶，明皇卽位改。

東南隅，禪林寺。隋時所立。中書令馬周宅。許敬宗馬周碑：薨於萬年縣之隆慶里第。尚書左僕射、温國公蘇良嗣宅。五王宅，舊書讓皇帝傳：玄宗兄弟大足元年從幸西京，賜宅於興慶坊，亦號五王宅。及先天之後，興慶是龍潛舊邸，因以爲宫。開元間爲南内。見上。

次南道政坊。隋有護持寺，大業七年廢。

寶應寺。代宗實録與會要曰：本王縉宅。縉爲相，溺於釋教，妻李氏實妾也，大曆四年以疾請捨宅爲寺。代宗嘉之，賜以題號。每有節度使至，輒諷令出錢助之。寺塔記：韓幹，藍田人，少時常爲貰酒家送酒。王右丞兄弟未遇，每貰酒漫遊，幹嘗徵債于王家，戲畫地爲人馬。右丞精思丹青，奇其意趣，乃歲與錢二萬，令學畫十餘年。今寶應寺中有韓幹畫，又有釋梵天女，悉齊公妓小小等寫真也。彌勒殿卽齊公寢堂，東廊北面有楊岫之畫鬼神。名畫記：寶應寺又有張璪、邊鸞畫。北門之西，吏部尚書侯君集宅。後爲申王府。南門之西，尚書左僕射張行成宅。宅西，羅國公張平高宅。東門之北，工部尚書劉知柔宅。隰川縣令李嘉宅。楊炯李嘉墓誌：終于京師道政里之私第。鎮國大將軍王榮宅。戴少平王榮碑：薨於道政里之私第。東平進奏院。乾𦠆子：〔原誤作奇鬼傳，今改正。〕道政里十字街東，貞元中有小宅怪異日見。後爲東平節度使李師古買爲進奏院。旅館。羅隱弔崔縣令文：丁亥年夏前，晉陽崔縣令死于通政里客舍，殍也。「通政」蓋「道政」之訛。

次南常樂坊。曲中出美酒，京都稱之。寺塔記言大同坊靈化寺，疑此坊亦名大同。册府元龜：貞元四年四月，韋士元與盧寧等四人白晝挾弓操劍，於萬年縣常樂坊盜，縣吏捕之，士元等突殺吏，步相自延興門逸焉。

西南隅，趙景公寺。隋開皇三年，獨孤皇后爲父趙景武公獨孤信所立。酉陽雜俎曰：隋本曰弘善寺，至開皇十八年改。名畫記：景公寺西門內西壁有吴畫帝釋，其南廊亦吴畫，東廊南間東門南壁有畫行僧，轉目視人。寺塔記：景公寺三階院西廊下，范長壽畫西方變及十六對事，寶池尤妙絶，〔按「寶」上原衍「覩」字，今删正。〕諦視之，覺水入深壁。院門上白畫樹石，頗似閻立德。西中三門裏門南，吴生畫龍及刷天王鬚，筆蹟如鐵。有執罏天女，竊眸欲語。南門之

西，靈花寺。本隋大司馬竇毅宅，開皇六年捨宅爲寺。酉陽雜俎曰：本曰太慈。大曆初僧儼講經，天雨花，至地咫尺而滅。夜有光燭室，敕改爲靈花寺。儼卽康藏之師也。寺塔記：佛殿西廊立高僧一十六身，天寶初自南内移來。聖畫堂中有于闐鍮石立像甚古。名畫記：靈花寺有趙武端王知慎畫。洞靈觀。十字街之東，中書令來濟宅。豆盧遜宅。故駙馬都尉衛少卿息豆盧君墓誌銘：君諱遜，字貞順，衛尉少卿第三子，以顯慶四年卒於雍州萬年縣之常樂里第。兗州都督于知微宅。姚崇于知微碑：薨于長安常樂里第。按知微雍州明堂縣令于大猷碑亦言終於萬年縣常樂里之私第。大猷卽知微之弟也。殿中監張九皐宅。九齡之弟。蕭昕張九皐碑：薨于西京常樂里之私第。和政公主宅。肅宗第三女，降柳潭。顏真卿和政公主碑：薨于常樂坊之私第。壽州刺史郭敬之宅。子儀父。畢氏曰：苗晉卿郭敬之碑：敬之終常樂里第。贈太子太師渾釋之廟。瑊之父也。吏部尚書致仕錢徽宅。按續玄怪録：殿中侍御史錢方義，故華州刺史、吏部尚書徽之子。寶曆初，獨居常樂第。輔國大將軍、兼左驍衛將軍、御史中丞馬實宅。歐陽詹馬實墓誌銘：終於京師常樂里之私第。中書侍郎、同門下平章事關播宅。見白氏長慶集。刑部尚書白居易宅。白居易有常樂里閒居詩。又有養竹記云：貞元十九年春，居易以拔萃選及第，授校書郎，始於長安求假居處，得常樂里故關相國私第之東亭而處之。明日，履及于亭之東南隅，見叢竹於斯。按樂天始至長安，與周諒等同居永崇里之華陽觀。至選授校書郎，乃居常樂里，蓋此爲卜宅之始也。渭南縣丞盧佩宅。河東記：貞元末，渭南縣丞盧佩性篤孝。其母先病腰脚，佩棄官，奉母歸長安，寓于長樂里之別第。竭産以求國醫王彦伯治之，候望於門，忽見一白衣婦人乘一駿馬從一女僮，自曲之西疾馳東過，有頃，復自東來。至佩處駐馬曰：「觀顔

色憂沮，又似有所候待，請問之。」具以情告，婦人曰：「妾有薄技，請一見太夫人，必取平差。」佩引婦人至母前，婦人纔舉手候之，其母已能自動矣。於是一家歡躍。婦人曰：「但不棄細微，許奉九郎巾櫛，常得在太夫人左右，安敢論功乎？」卽具六禮納爲妻。然每十日卽請一歸本家，佩頗以爲異。潛往窺之，見乘馬出延興門，馬行空中。佩驚問行者，皆不見。

蝦蟇陵。坊內街之東有大冢，俗誤以爲董仲舒墓。李肇國史補曰：漢帝幸芙蓉園，每于此墓下馬，時人謂之下馬陵。歲月深遠，誤傳爲「蝦蟇陵」。

次南靖恭坊。「靖」一作「静」。寶應二年，萬年縣靖恭坊南街柳樹上降甘露，有賀表。

十字街南之西，祆祠。通典：唐有符祆正。西北隅，駙馬都尉楊愼交宅。中宗第四女長寧公主下嫁楊愼交。新書長寧公主傳：取西京高士廉第、左金吾衛故營合爲宅，右屬都城，左頫大道。作三重樓以憑觀，築山浚池，帝及后數臨幸，置酒賦詩。又並坊西隙廣鞠場。司農卿韋玢宅。在楊愼交宅南，隔街。中書舍人王敬從宅。開元中爲給事中、中書舍人。畢氏曰：孫逖神道碑：敬從官終太子右庶子。忠武將軍、行薛王府典軍、上柱國、平棘縣開國男李無慮宅。賈彥璿李無慮墓誌：終于静恭私第。輔國大將軍符璘宅。璘爲昭義軍節度使薛嵩軍副，嵩卒，田承嗣盜其地。承嗣子悅與鄰封李納謀不軌，遣璘將三百騎送納。會馬燧討悅，璘以衆降燧，賜靖恭里第一區，藍田田四十頃。李宗閔符璘碑：終于靖恭里賜第。祕書監致仕韋建宅。太常卿韋渠牟宅。權德輿韋渠牟墓誌：啓手足于靖恭里。按孟郊有題韋少保静恭宅藏書洞詩，未知誰宅。吏部郞中韋元魯宅。獨孤及韋元魯墓誌：終于京師静恭里之故宅。翰林學士吳通微宅。舊本長安志作吳通微集書院，未詳。刑

部尚書楊汝士宅。與其弟虞卿、漢公、魯士同居，號靖恭楊家，爲冠蓋盛游。南部新書：大和中，人指楊虞卿宅南亭子爲行中書，蓋朋黨聚議於此爾。驃騎大將軍論惟賢宅。呂元膺論惟賢碑：寢疾，終于靜恭里之私第。魏博節度使史憲誠宅。劉禹錫史孝章碑：薨于靖恭里之私第。孝章即憲誠之子。太子太保崔彥昭宅。秦中記：靖恭崔公尚書爲樂卿，自靖恭宅露冕從板輿入太常，觀者樂之。畢氏曰：唐書傳無爲太常卿事。尚書司門員外郎仲子陵宅。權德輿仲子陵墓誌：歿于靖恭里第。開州司馬宋申錫宅。按許渾有靜恭里感事詩，注：宋相申錫也。舊書宋申錫傳：王守澄將以二百騎就靖恭里屠申錫之家。太子賓客盧攜宅。黃滔集有代鄭郎中上靖恭盧相書，蓋攜也。陸氏宅。前定録：陸賓虞于靖恭北門候一郎官，適遇朝客，遂回，憩於從孫聞禮之舍。夜來宅。酉陽雜俎：靖恭有姬字夜來，稚齒巧笑，歌舞絶倫，貴公子破産迎之。金州進奏院。䆗曲。寺塔記：僧康藏本住靖恭坊䆗曲。忽覩光如輪，尋光至靈花寺。蓋靈花寺在常樂，即此坊之北也。

次南新昌坊。南街東出延興門。

南門之東，青龍寺。本隋靈感寺，開皇二年立。文帝移都，徙掘城中陵墓，葬之郊野，因置此寺，故以靈感爲名。至武德四年廢。龍朔二年，城陽公主復奏立爲觀音寺。初公主疾甚，有蘇州僧法朗誦觀音經，乞願得愈，因名焉。景雲二年改爲青龍寺。北枕高原，南望爽塏，爲登眺之美。名畫記：青龍寺中有王韶應畫。東觀奏記：宣宗動遵元和故事，以憲宗曾幸青龍寺，命複道開便門至青龍佛宫。太平廣記引逸史：江陵副使李君下第困迫，於青龍寺門前坐。又唐語林：趙璟閒居慕靜，深巷杜門不出。李元素訪之，璟引元素同訪青龍寺日者。白居易有青龍寺早夏詩。崇真觀。本

李齊古宅，開元初立。禮部尚書蘇頲宅。蘇頲詩序：先是新昌小園期京兆尹一訪，兼郎官數子，自頃沈痾，年復一年，茲願不果。魯郡任城縣尉裴回宅。王維裴回墓誌：卒于西京新昌坊私第。御史中丞、判刑部侍郎、同平章事舒元輿宅。舒元輿養狸述：予愛其能息鼠，竊歸致新昌里客舍舍之。初未爲某居時，曾爲富家廩。又長安雪下望月記：予與友生自所居南行百許步，登崇岡上青龍寺門。門高出，絶寰埃。是元輿宅在青龍寺北也。中書舍人路羣宅。唐闕史：中書舍人路羣與給事中盧弘正相善。一日都下大雪，路在假，盧將晏入，道過新昌第，路方于南垣茅亭肆目山雪，鹿巾鶴氅，搆火命觴，以賞嘉致。聞盧至大喜，亟命迎入。檢校左僕射、兼吏部尚書崔羣宅。唐語林：崔相羣于新昌宅小廳中見門生。禮部尚書李益宅。蔣防霍小玉傳：李益至長安，舍于新昌里。考功郎中錢起宅。錢起有新昌里言懷詩。侍郎侯釗宅。盧綸有同柳侍郎題侯釗侍郎新昌里詩。京兆府咸陽縣丞權達宅。權德輿再從叔故咸陽縣丞達墓誌：終于新昌里。又有咸陽縣丞權公故夫人張氏墓誌：終於京師新昌里。尚書左僕射致仕楊於陵宅。於陵子嗣復，文宗時嗣復官平盧軍節度使，其弟損與宰相路巖居相接，巖以狹，欲易損馬廄廣之。損兄弟在朝者且十數，曰：「時相可拒之耶？」損曰：「凡尺寸地非吾等所有，先人舊業，安可以奉權臣？」巖不悅。自殿中侍御史命鞫獄黔中。李翺楊於陵墓誌：薨于新昌第。又摭言：楊嗣復具慶下〔原作「中」，據摭言改。〕繼放兩牓，大宴於新昌里第。儋州流人路巖宅。檢校司空、鳳翔尹、鳳翔節度使竇易直宅。白居易惜牡丹花二首注云：一首新昌竇給事宅南亭花下作。按易直時官給事中。吏部尚書裴向宅。唐書本傳：向以吏部尚書致仕于新昌里第，內外支屬百餘人，向所得俸祿必同其費。按裴遵慶宅在昇平里，向復移于新昌也。宅有竹園，元和中宰相武元衡

遇害，或告賊匿於新昌坊向之竹林者。太子少師牛僧孺宅。祕書監張仲方宅。仲方，九齡弟九皋之孫。白居易作墓誌云：仲方終新昌里第。刑部尚書白居易宅。居易爲主客司郎中、知制誥，時居新昌里，有題新昌所居詩云：街東閒處住。又新昌新居書事四十韻云：丹鳳樓當後，青龍寺在前。又自題新昌居止詩云：最近東頭是白家。其時有和元微之詩序云：微之轉爲江陵士曹掾，會予下内直歸，而微之已即路，邂逅相遇於街衢中。自永壽寺南抵新昌里北，得馬上話別。按微之宅在靖安里，永壽寺在永樂里，永壽之南即靖安北街。樂天下直，每自朱雀街經靖安之北，集中有靖安北街贈李二十詩是也。微之蓋東出延興門或春明門，故經新昌之北。又按居易宅有松數株，其新昌閒居詩云：但有雙松當砌下。又寄崔十八詩云：新昌七株松。守右僕射、門下侍郎李紳宅。唐語林：李相紳居新昌。紳有詩序云：新昌宅書堂前有藥樹一株，今已盈拱。前長慶中，於翰林院内西軒藥樹下移得，纔長一寸，僕夫封一丸泥以歸植。今則長成，名之天上樹。太子右庶子王定宅。權德輿王定碑：王公艱貞，歸全於京師新昌里。朝散大夫、祕書省著作郎致仕韋端宅。韋公元堂誌：公棄背於長安新昌里私第。按端先有宅在親仁里。國子司業嚴公宅。穆員嚴公墓誌：歸全于長安新昌里之私第。禮部尚書温造宅。宣室志：新昌里尚書温造宅，桑道茂常居之，庭有二柏樹甚高，大和九年温造居其宅。祕書少監姚合宅。姚合新昌里詩：舊客常樂坊，井泉濁而鹹。新屋新昌里，井泉清而甘。太子少傅致仕盧弘宣宅。進士盧燕宅。河東記：長慶四年冬，進士盧燕新昌里居，晨出坊北街，槐影扶疏，殘月猶在。見一婦人長三丈許，衣服盡黑，驅一物狀若羝羊，亦高丈許，自東至西。處士丁重宅。劇談録：丁重善於相人，新昌私第車馬造門者甚衆。

次南昇道坊。

太子太保鄭畋宅。見劇談録。太原府司録事參軍李雍宅。權德輿李雍墓誌：殁于長安昇道里。進士張庾宅。續玄怪録：張庾舉進士，居長安昇道里，南街盡是墟墓，絶無人住。進士謝翺宅。宣室志：陳郡謝翺舉進士，寓居長安昇道里。所居庭中多牡丹，一日晚霽，出其居南，行百步，眺終南峯，佇立久之。見一騎自西馳來，雙鬟高髻，色甚殊麗，降拜曰：「願郎歸所居。」翺即回，望其居見青衣三四人，皆立其門外。頃之有金車至門，見一美人年十六七，風貌閑麗，入門與翺相見於西軒，謂翺曰：「聞此地有名花，故來與君一醉耳。」

次南立政坊。隋有弘化寺，大業七年廢。按長安圖，此坊分爲談寧坊，非是。

讓皇帝廟。禮閣新儀曰：開元二十九年，建廟于啓夏門内立政坊。上元二年，禮儀使杜鴻漸請停四時享獻，每至禘祫之月則一祭焉。河東節度使韋湊家廟。大中五年，湊孫武昌軍節度使損請重修廟。

次南敦化坊。一作「敦教坊」，太平御覽引作「通化坊」。按長安圖分爲長和坊，非是。酉陽雜俎曰：長安敦化坊百姓家，唐大和中有木蘭一樹，花色深紅。後桂州觀察使李勃看宅人以五千買之。宅在水北，經年花紫色。

東門之北，都亭驛。十字街之北，淨影寺。隋文帝爲沙門惠遠立，寺額申州刺史殷仲容所題。東南隅，行臺左僕射、鄖國公殷開山宅。本隋蔡王智積宅。西門之北，祕書監顏師古宅。太常少卿歐陽詢宅。著作郎沈越賓宅。貞觀、永徽間，顏師古、歐陽詢、沈越賓住此坊。顏即南朝舊族，歐陽與沈又江左士人，時人呼爲「吳兒坊」。鄭國夫人楊氏宅。武惠妃之母。京兆尹韋武宅。元和人。

次南曲江。長安志以曲江在昇道坊。考太平寰宇記，曲江與芙蓉園相連，則其中不容隔立政、敦化二坊。今移於此。

曲江。龍華寺之南有流水屈曲，謂之曲江，其深處下不見底。司馬相如賦曰：臨曲江之隑洲。蓋其所也。張揖曰：隑，長也。苑中有曲江之象，中有長洲也。師古曰：曲岸頭曰隑，隑即碕字耳。言臨曲江之洲。今猶謂其處曰曲江。隑，鉅依反。劇談録曰：曲江池，本秦時隑洲，唐開元中疏鑿爲勝境。南即紫雲樓、芙蓉苑，西即杏園、慈恩寺。花卉周環，煙水明媚，都人遊賞，盛于中和、上巳節。即錫臣僚會于山亭，賜太常教坊樂，池備綵舟，惟宰相、三使、北省官、翰林學士登焉。傾動皇州，以爲盛觀。南部新書：曲江池，天祐初因大風雨，波濤震盪，累日不止，一夕無故其水自竭。自後宮闕成荆棘矣。龍華尼寺。在曲江之北，高宗立，尋廢。景龍二年復置。白氏長慶集有龍華寺主家小尼詩注云：郭代公愛姬薛氏，幼嘗爲尼，小名仙人子。貞元普濟寺。在曲江之南，貞元十三年以彌勒閣賜名。紫雲樓、綵霞亭。文宗太和九年，發左右神策軍各一千五百人淘曲江池，修紫雲樓、綵霞亭。內出二額，左軍仇士良以百戲迎之，帝御日營門觀之。仍敕諸司，如有力要創置亭館者，宜給與閑地任營造。先是鄭注言，秦中有災，宜以土工厭之，故濬昆明、曲江二池。帝又曾讀杜甫詩云：江頭宮殿鎖千門。遂思復昇平事，而加修創焉。摭言：乾符二年，韋昭範登宏詞科，宴于曲江亭子。飲興方酣，俄覩一少年跨驢而至，驕悖之狀，旁若無人。衆皆致怒，瓦礫亂下。當此之際，紫雲樓門軋然而開，有紫衣從人數輩，馳馬來救，左右從而俱入門，門亦隨閉。侍中李日知宅。在龍華寺東。崖州司馬楊炎家廟。開元中，蕭嵩將於曲江池側置廟，或言近游幸之所，嵩遂止。後楊炎置之爲私廟，俄有飛語，言炎知此地有王

氣，故取之。太保致仕、岐國公杜佑家廟。石林燕語：文潞公知長安，得唐杜佑舊廟於曲江，一堂四室，旁爲兩翼。按杜牧上宰相書有歸于延福私廟之語，是杜氏有廟在延福坊，而長安志亦不載。

次南芙蓉園。

芙蓉園。考太平寰宇記，曲江與芙蓉園相連。李肇國史補謂芙蓉園卽秦之宜春苑。漢書元帝紀注，顏師古謂宜春下苑卽今京城東南隅曲江池是。同爲苑地，不容中隔立政、敦化二坊。今移於此。大唐新語：貞觀末，房玄齡避位歸第。時天旱，太宗將幸芙蓉園以覩風俗。玄齡聞之，戒其子弟曰：「鑾輿必當見幸。」亟使灑埽備饌。俄頃，太宗果先幸其第，便載入宮。按房玄齡宅在務本坊，其時未築夾城，故幸芙蓉園自西而東也。通鑑：貞觀七年十二月，上幸芙蓉園。胡三省注引景龍文館記：芙蓉園在京師羅城東南隅，本隋世之離宮也。青林重複，綠水瀰漫，帝城勝景也。舊書穆宗紀：長慶二年，先有詔廣芙蓉苑，南面居人廬舍、墳墓並移之。羣情駭擾，降敕罷之。

右皇城東第三街十坊及內苑、曲江、芙蓉園。

唐兩京城坊考卷四

西京

長安縣所領，朱雀門街之西，從北第一光祿坊。長安志于此處缺二坊，別無善本可證。李濟翁資暇集永樂坊古冢下注云：光祿坊內亦有古冢。新記不載，時之以與永樂者對，遂目爲王母台。張郎中譙云：常於雜鈔中見光祿者，是漢朝王陵母墓，以賢呼爲「王母」，所以東呼爲王公。按光祿坊之名，不見長安志。既云與永樂相對，又云東呼爲王公，是在永樂之西，恐兩缺坊內有一名光祿者，今注於第一坊下，以俟考。

次南□□坊。張元忠夫人令狐氏墓誌云：夫人卒於京兆府殖業里之私第。按以南數坊多以業爲名，或此缺坊爲殖業歟？不言縣而獨言京兆府，以府廨在光德坊，與此坊相近也，存之附考。

次南豐樂坊。

西南隅，法界尼寺。隋文獻皇后爲尼華暉令容所立。有雙浮圖，各崇一百三十丈。橫街之北，大開業寺。本隋勝光寺，文帝第二子蜀王秀所立。大業元年，徙光德坊於此，置仙都宮，卽文帝別廟。武德元年，高祖爲尼明照廢宮立爲證果尼寺。貞觀九年，徙崇德坊于此，置静安宮，卽高祖別廟。儀鳳二年廢宮，復立爲開業寺。宣室志：至德二年十月二十三日，豐樂里開業寺有神人，足跡甚長，自寺外門至佛殿。名畫記：開業寺有曹仲達、李雅、楊契丹、鄭法士畫。魏博節度使田季安進絹五千匹，助脩開業寺，見崔羣傳。李昌符宅。許棠題李昌符豐樂幽居詩云：

詩家依闕下，野景似山中。又云：破門韋曲對，淺岸御溝通。

次南安業坊。

西南隅，資善尼寺。隋蘭陵公主捨宅立。東南隅，濟度尼寺。隋太師申國公李穆之別宅。穆妻元氏立爲修善僧寺。其濟度尼寺本在崇德坊，貞觀二十三年徙于此。武后爲尼，即此寺也。其額殷令名所題，通鑑作感業寺。横街之北，鄎國公主宅。睿宗第八女，降鄭孝義。畢氏曰：公主初嫁薛儆，又嫁孝義。次南，唐昌觀。劇談録曰：觀有玉蕊花，花每發，若瓊林玉樹。元和中，春物方盛，車馬尋玩若相繼。忽一日，有女子年可十七八，衣綠繡衣，垂髻雙環，無簪珥之飾，容色婉娩，逈出于衆。從以二女冠、三小僕，僕皆丱髻黄衫，端麗無比。既下馬，以白角扇障面，直造花所，異香芬馥，聞於數十步之外，觀者疑出自宮掖，莫敢逼而視之。佇立良久，令小僕取花數枝而出，將乘馬，顧謂黄冠者曰：曩有玉峯之期，自此可以行矣。時觀者如堵，或覺煙飛鶴唳，景物輝焕，舉轡百餘步，有輕風擁塵，隨之而去。須臾塵滅，望之已在半天，方悟神仙之遊。餘香不散者經月餘。時嚴休復、元稹、劉禹錫、白居易俱有詩。休復曰：終日齋心禱玉宸，魂銷眼冷未逢真。不如滿樹瓊瑶蕊，笑對藏花洞裏人。又曰：羽車潛下玉龜山，塵世何由覩蕣顔。唯有無情枝上雪，好風吹綴綠雲鬟。元稹曰：弄玉潛過玉樹時，不教青鳥出花枝。的應未有詩人覺，只是嚴郎卜得知。劉禹錫曰：玉女來看玉樹花，異香先引七香車。攀枝弄雪時回首，驚怪人間日易斜。又曰：雪蕊瓊枝滿院春，羽衣輕步不生塵。君平簾下徒相問，長伴吹簫別有人。白居易曰：嬴女偷乘鳳下時，洞中潛歇弄瓊枝。不緣啼鳥春饒舌，青瑣仙郎可得知。京兆尹張去奢宅。弟去逸、去盈同時三品，亦號三戟張家。左龍武軍統軍、歸誠郡王程懷直宅。

貞元十年，賜懷直甲第一區，妓女一人，令歸滄州。初懷直自滄州歸朝，德宗賜務本里宅。又賜安業里別宅，有池榭林木之勝。

次南崇業坊。街前爲選場。按會要言移玄都觀至安善坊，疑安善爲此坊之舊名。

玄都觀。隋開皇二年自長安故城徙通道觀於此，改名玄都觀，東與大興善寺相比。初宇文愷置都，以朱雀街南北盡郭，有六條高坡，象乾卦，故于九二置宮殿，以當帝王之居，九三立百司，以應君子之數，九五貴位，不欲常人居之，故置此觀及興善寺以鎮之。劉禹錫元和十年自朗州承召至京，戲贈看花諸君子詩曰：紫陌紅塵拂面來，無人不道看花回。玄都觀裏桃千樹，盡是劉郎去後栽。又再遊玄都觀絶句曰：余貞元二十一年爲屯田員外郎，時此觀未有花。是歲出牧連州，貶朗州司馬。居十年，召至京師，人人皆言，有道士手植仙桃，滿觀如紅霞，有前篇以志一時之事。旋又出牧，今十有四年，復爲主客郎中，重遊玄都，蕩然無復一樹，惟兎葵燕麥，動揺於春風耳。因再題二十八字，以俟後遊。時大和二年三月日。百畝庭中半是苔，桃花淨盡菜花開。種桃道士歸何處，前度劉郎今獨來。名畫記：玄都觀殿內有范長壽畫。

福唐觀。本新都公主宅。公主中宗長女，嫁武延暉。景雲〔原誤爲「景元」，今改正。〕元年，公主生子武仙官，出家爲道士，立爲觀。新昌觀。天寶六載，新昌公主因駙馬都尉蕭衡卒，奏請度爲女冠，遂立此觀。公主爲玄宗第十一女。

前司空、同中書門下平章事王涯家廟。按廟碑劉禹錫撰。檢校左僕射、兼吏部尚書崔羣家廟。牛僧孺崔羣家廟碑：元和十四年，詔右相、中書侍郎平章事、清河郡公立家廟於長安崇業里。

次南永達坊。

華陽池。度支亭子。輦下歲時記：新進士牡丹宴，或在永達亭子。玉泉子：崔郢爲京兆尹日，三司使在永達亭子宴丞郎。蓋爲度支遊憩之所，故三司使於此宴客也。左拾遺王龜宅。舊書王播傳：起子龜，少以詩酒琴書自適。起兄弟同居光福里。龜意在人外，倦接朋游，乃於永達里園林深僻處創書齋，吟嘯其中，自爲半隱亭。

次南道德坊。隋有澄虛觀，武德中廢。

開元觀。本隋秦王浩宅。武后朝置永昌縣。神龍元年縣廢，遂爲長寧公主宅。景雲元年置道士觀。開元五年，金仙公主居之，改爲女冠觀。十年，改爲開元觀。名畫記：開元觀有楊廷光、楊仙喬畫。按白氏長慶集詩注云：開元觀西北院卽隋時龍村佛堂，有古柏一株，至今存焉。東南隅，廢崇恩廟。神龍初立，以祀武氏祖禰。景雲元年廢。成德軍節度使、兼中書令王武俊家廟。

次南光行坊。「行」字本犯中宗諱，長安中改。一作「光仁」。

東南隅，華州刺史文經野宅。觀軍容使魚朝恩宅。

次南延祚坊。坊南街抵京城之南面。

右朱雀門街西第一街，九坊。宋張禮遊城南記云：入明德門，歷延祚、光行、道德、永達四坊，至崇業坊，覽玄都觀之遺基，過岡，論唐昌觀故事。既而北行數里，入含光門。卽此九坊地也。

朱雀門街西第二街，北當皇城南面之含光門。街西從北第一太平坊。坊內有隋尚書左僕射趙士茂宅。

樂官院。見安興坊下。武成王廟。續定命録：馮芫、韓臮同任太常寺奉禮時，元佐任協律郎，三人同約上丁日，釋奠武成王廟行事。芫住常樂，臮住親仁，元佐住安邑。芫鼓動，拉二官同之太平、興道西南角。按常樂坊最在東，安邑坊次之，親仁坊又次之。芫蓋先約元佐，次約臮，同西行歷興道坊，至太平坊也。西南隅，温國寺。本寶際寺。隋太保、薛國公長孫覽妻鄭氏捨宅所立。景龍元年，殤帝爲温王，改温國寺。大中六年，改崇聖寺，寺内淨土院爲京城之最妙，院有尹琳、吴道玄畫。西門之北，定水寺。隋開皇十年，荆州總管上明公楊紀爲慧能禪師以宅立寺。名畫記：定水寺有王羲之題額，又有張僧繇、解倩、孫尚之畫。東南隅，舒王元名宅。後爲京兆府學，又爲户部尚書尹思貞宅。袁夫人宅。按墓誌：夫人袁氏，洛州永昌縣人，卒於乾封縣太平里第。節愍太子妃楊氏宅。張説作墓誌云：開元十七年，中宗節愍太子妃楊氏薨于京師太平里第之内寢。御史大夫王鉷宅。天寶中，鉷有罪賜死。縣官簿録鉷太平坊宅，數日不能遍。宅内有自雨亭子，簷上飛流四注，當夏處之，凜若高秋。又有寶鈿井闌，不知其價。給事中鄭雲逵宅。宅東，國醫王彦伯宅。乾𦠆子：貞元中，蕭俛新及第。時國醫王彦伯住太平里，與給事鄭雲逵比舍住。俛忽患寒熱，早詣彦伯求診候，誤入雲逵第。會門人他適，雲逵立於中庭，〔原脱「庭」字，今補。〕俛前趨曰：「某前及第，有期集之役，忽患。」具説其狀。逵命僕人延坐，爲診其臂曰：「據脈候是心家熱風。」雲逵姓鄭，若覓國醫王彦伯，東鄰是也。俛赧然而去。騎都尉薛良佐宅。騎都尉薛良佐塔銘：龍集協洽，君奄然卒於西京太平里之第。陸氏夫人宅。柳宗元叔妣陸氏夫人誌文：終于長安太平里第。户部尚書王源中宅。摭言：王源中，文宗時爲翰林承旨。暇日與諸昆季蹴踘于太平里第，毬子擊起，誤中源中之額，薄有所損。俄有急召，比至，上訝之，源中具以上聞，

上曰：卿大雍睦。命賜酒二盤，每盤貯十金碗，每碗各容一升許，宣令并碗賜之。源中飲之無餘，略無醉容。京兆少尹羅立言宅。中書侍郎、同中書門下平章事裴坦宅。按釋子蘭有太平里尋兵部裴郎中故宅詩。坦曾爲職方郎中。邕管巡官王定保宅。定保摭言自序云：雖舊第太平里，而跡未嘗達京師。

次南通義坊。

西南隅，興聖尼寺。高祖龍潛舊宅。武德元年以爲通義宮，貞觀元年立爲寺。舊書楊收傳：武德元年五月，備法駕于長安通義里舊廟，奉迎宣簡公、懿王、景皇帝神主升祔太廟。寺有高祖寢堂，景雲二年，寢堂前枯柿樹復生，有敕封植焉。按彭王志暕有興聖寺主尼法澄塔銘。西北隅，右羽林大將軍、邢國公李思訓宅。本左光祿大夫李安遠宅，武太后時，高平王武重規居焉。神龍中，又爲中宗女成安公主宅。又爲思訓所居。思訓善畫，開元中睿宗女蔡國公主居之。十八年，捨宅立九華觀。朔方節度使李進賢宅。劇談錄：通義坊李進賢第有牡丹數叢，覆以錦幄。厥後進賢徙居長興，其宅互爲他人所有。咸通中，劉相國罷北京亞尹，復爲翰林學士，又自承旨入相，尚以十千税焉。東南隅，户部尚書、長平公楊纂宅。荆南節度使、同中書門下平章事、魏國公崔鉉宅。祕書正字徐夤宅。按徐夤有通義里寓居即事詩云：家住寒梅翠嶺東，長安時節詠途窮。

次南興化坊。隋有成道寺，大業七年廢。

西南隅，空觀寺。寺本周時村佛堂，多當時名手畫。一日隋開皇七年駙馬都尉元孝矩〔原誤爲「恭」，今改正。元孝矩隋書有傳。〕捨宅所立。名畫記：寺有袁子昂畫。又有三絶，是佛殿門扇孔雀及二龍。寺東，尚書右僕

射、密國公封德彝宅。中宗時嗣虢王邕居之。西門之北，邠王守禮宅。宅南隔街有邠王府。東門之南，京兆尹孟温禮宅。租庸使劉震宅。劉無雙傳：唐王仙客者，中朝臣劉震之甥。涇原兵士反，天子出苑北門，百官奔赴行在。震裝金銀羅錦二十馱，謂仙客曰：汝押領此物出開遠門，覓一深隙店安下，我與汝舅母及無雙出啓夏門，遶城續至。仙客依所教，至日落，待久不至，南望目斷，遂遶城至啓夏門。徐問守者曰：今日有何人出此門？門者曰：午後有一人領婦人四五輩，欲出此門，識是租庸使劉尚書，門司不敢放出，近夜追騎至，一時驅向北去矣。仙客慟哭歸店。三更向盡，傳呼斬斫使出城搜城外朝官，仙客驚走，歸襄陽村居。後知尅復京師，乃入京訪舅氏消息。至新昌南街立馬，忽見蒼頭塞鴻，謂曰：阿舅、舅母安否？鴻云：並在興化宅。仙客喜極，云：我便過街去。〔原注：天門街也。〕鴻曰：今日已夜，郎君且就客户一宿，來早同去未晚。晉國公裴度池亭。白氏長慶集有宿裴相興化池亭兼借船舫遊泛詩。按獨異志：裴晉公寢疾，暮春之月，忽遇遊南園，令家僮舁至藥欄。蓋即此池亭，自永樂里視之在南，故曰南園。太平廣記引逸史：太府卿崔公名潔，在長安與進士陳彤同往街西尋親故，過天門街，偶逢賣魚甚鮮，曰：何處去得？左右曰：裴令公亭子甚近。乃昇亭下馬。俄頃，紫衣三四人至亭子遊看，一人見魚曰：極是珍鮮，二君莫欲作鱠否？詰之，乃梨園第一部樂徒。此人遂解衣操刀，既畢，忽有使人呼曰：駕幸龍首池，喚第一部音聲。切者攙衫帶，望門而走。都官郎中竇臮宅。盧元卿二王書録跋尾記貞元十一年正月五日，於都官郎中竇臮興化宅見王廙書、鍾會書各一卷。長安主簿李少安宅。權德輿李少安墓誌：感疾不起于長安興化里第。職方郎中蕭徹宅。河東記志大和八年職方郎中蕭徹卒於興化里。按柳子厚答貢士沈起書：開歲興化里蕭氏之廬，覩足下詠懷五篇。疑即此宅。

次南崇德坊。本名弘德，神龍初改。

西南隅，崇聖寺。寺有東門、西門，本濟度尼寺。隋秦孝王俊捨宅所立。東門本道德尼寺，隋時立。至貞觀二十三年，徙濟度寺于安業坊之修善寺，以其所爲靈寶寺，盡度太宗嬪御爲尼以處之。徙道德寺額於嘉祥坊之太原寺。以其所爲崇聖宮，以爲太宗別廟。儀鳳二年，併爲崇聖僧寺。輦下歲時記：進士櫻桃宴在崇聖寺佛牙閣上。唐詩紀事：崇聖寺有徐賢妃妝殿。名畫記：崇聖寺西殿有董伯仁畫，東殿有展子虔畫，又有鄭德文畫。東北隅，證果尼寺。本隋月愛僧寺。貞觀九年，徙豐樂之證果寺于此，改爲尼寺。西北隅，廢報恩寺。嗣虢王邕景龍中娶韋庶人妹，捨宅立寺。韋氏敗，寺廢。鑄錢院。特進、芮國公豆盧寬宅。芮定公碑：薨於京城之宏德里第。按寬之孫欽望移宅於頒政坊。朝散大夫、守祕書少監周渭宅。權德輿周渭墓誌：君已感疾，拜章請老，先築室於崇德里，有嘉樹修竹，休沐吟詠，以文自娛。司勳員外郎竇鞏宅。劉禹錫秋日題竇員外崇德里新居詩云：長愛街西風景間，到君居處暫開顔。清光門外一渠水，秋色牆頭數點山。疏種碧松通月朗，多栽紅藥待春還。莫言堆案無餘地，認得詩人在此間。諸藏言竇鞏傳：公北歸道途遘疾，迨至輦下，告終于崇德里之私第。鞏又有宅在永寧坊。羅隱宅。隱有西京崇德里居詩。

次南懷貞坊。武太后以母號太貞夫人諱貞字，改爲懷賢坊。神龍元年復舊。按許棠有冬夜懷貞里友人會宿詩。

東北隅，廢乾封縣廨。本施、巫等入州邸。按乾封縣，唐總章元年置，長安三年省。户部尚書畢構

宅。即乾封縣廨。西南隅，介公廟。本御史大夫樂思晦宅，後爲廟。懿宗咸通詔增修。橫街之北，尚書右僕射唐休璟宅。蘇頲唐璿碑：延和元年，薨於長安懷貞里第。璿字休璟。惠昭太子廟。禮閣新儀曰元和八年置。義成軍節度使、駙馬都尉韋讓宅。大中三年侵街造舍，爲有司舉劾。〔此下原有「王郎中宅」，引劉詩爲證，與下宣義坊文同，顯係重出，今删。〕

次南宣義坊。隋有應法、寶積二寺，並廢。

東門之北，燕國公張説宅。按説宅在永樂坊，此乃別宅。叛臣安禄山池亭。司徒致仕李逢吉宅。園林甚盛。前司空、兼右相楊國忠宅。舊書楊國忠傳：貴妃姊虢國夫人，國忠與之私，於宣義里構連甲第，土木被綈繡，棟宇之盛，兩都莫比。〔按稿本，以下有按語云：「案是傳下文云：國忠山第在宮東門之南，與虢國相對。蓋國忠宅第有二，其山第蓋即宣陽里之宅也。」〕王郎中宅。劉禹錫有題王郎中宣義里新居詩云：愛君新買街西宅。

次南豐安坊。隋有宣化尼寺。武德中徙永平坊。按俗本作「安豐」。

户部尚書裴寬宅。蘇郎中宅。劉禹錫有和蘇郎中尋豐安里舊居寄主客張郎中詩。王相宅。温庭筠有題豐安里王相林亭詩。

次南昌明坊。全一坊隋漢王諒宅。諒敗後賜伶官，屬家令寺。

家令寺園。貞觀中日南王入朝，詔於此營第，尋還國，宅遂廢，復爲園。

次南安樂坊。坊南街抵京城之南面，西卽安化門。

叛臣李希烈宅。户部侍郎、兼殿中監王鉷舊宅。王鉷請捨宅爲觀表：臣舊宅在城南安化門内道東第一家，祖父相傳，竹樹猶茂，已更數代，垂向百年。同蕭何之買田，誠爲偏僻，異晏嬰之近市，稍遠囂塵。臣于此中選其勝處，減兼官之禄俸，回累賜之金帛，盡除遺堵，創建遵堂。

右朱雀門街西第二街，九坊。按此數坊每有池亭，蓋清明渠水所經也。

朱雀門街西第三街，卽皇城西之第一街。南出安化門，北出芳林門入苑。街西從北第一修德坊。本貞安坊，武太后改。坊内有韋庶人父酆王元真廟，韋氏敗後毁。

右神策軍營。昭宗自華還京，以輔興、修德二坊别設右神策軍營。夾城。憲宗元和十二年，中尉第五守進以衆二千築夾城，自雲韶門過芳林門，西至修德里，以達興福寺。又詔所築夾城，别開門曰光化，造樓曰晨暉。德明興聖廟。禮閣新儀曰：天寶二載建，在安化門内道西。貞元十九年祔獻祖、懿祖神主于廟。西北隅，興福寺。本右領軍大將軍、〔兩京新記「右」作「左」。〕彭國公王君廓宅。貞觀八年，太宗爲穆皇后〔原作「太穆皇后」，兩京新記作「穆皇后」。按：「太穆皇后」爲貞觀九年五月九日後稱號，故依兩京新記改。〕追福，立爲弘福寺。神龍元年，改爲興福寺。寺北有果園，復有藕花池二所。太宗時廣召天下名僧居之。沙門玄奘于西域回，居此寺西北禪院翻譯。寺内有碑，面文賀蘭敏之寫金剛經，陰文寺僧懷仁集王羲之寫太宗聖教序及高宗述聖記，爲時所重。宣室志：長安興福寺有十光佛院，其院宇極壯麗，云是隋所制。裴休圭峯禪師碑：會昌元年坐滅于興福塔院。河西隴右副元帥、同中書門下平

章事李抱玉宅。朝議郎、行宮闈令、充威遠軍監軍、上柱國西門珍宅。西門大夫墓誌：遘疾，終于修德里之私第。軍器使、内寺伯袁公宅。王孟諸故軍器使内寺伯袁公夫人太原郡夫人王氏墓誌：終于長安縣修德里。

次南輔興坊。

東南隅，金仙女冠觀。景雲元年，睿宗第九女西城公主、第十女昌隆公主並出家爲女冠，因立二觀。二年，西城改封金仙公主，昌隆改封玉真公主，所造觀便以金仙、玉真爲名。武宗會昌中，建御容殿於金仙觀，宰相李德裕爲贊。西南隅，玉真女冠觀。本工部尚書莘國公竇誕宅。武太后時以其地爲崇先府。景雲二年爲玉真公主作觀。此二觀南街，東當皇城之安福門，西出外郭城之開遠門，車馬往來，實爲繁會。長安志：安國觀在正平坊，不知其坊所在。按安國觀爲玉真公主所居，疑輔興即正平改名也。弘道觀道士蔡瑋撰玉真公主受道靈壇祥應記云：公主又居王屋山靈都觀。按玉真張觀主下小女冠阿容，見白氏長慶集。朝議郎、行内侍省内寺伯、上柱國劉奉芝宅。趙昂劉府君墓誌：大漸於輔興里之寢居。宮闈局令、充閤門使朱朝政宅。崔鍔朱公故夫人趙氏墓誌：終于長安輔興里之私第。按朝政卽夫人子。左神策軍護軍中尉副使劉漢潤宅。漢潤妻楊氏墓誌：卒於輔興里之私第。又劉仕偱墓誌：終于輔興里。仕偱卽漢潤次子，漢潤，劉仕偱墓誌作「英閏」。内侍陳忠盛宅。裴士淹陳忠盛碑：薨於輔興里之私第。

次南頒政坊。隋有惠雲、澄覺二寺，大業七年並廢。

右軍巡院。舊圖。南門之東，龍興寺。本普光寺，貞觀五年太子承乾所立。神龍元年，兩京及天下諸州並置中興寺，遂改此寺爲中興寺。又改爲龍興寺。西北隅本隋之惠雲寺，有舊佛殿，寺内有鄭法輪畫。嚴挺之大智禪師碑：開元廿一年，恩旨復令入都，至南龍興寺曰：此人境之静也。遂留憩焉。十字街東之北，建法尼寺。隋開皇三年坊人田通捨宅所立。文帝初移都，便出寺額一百二十枚於朝堂下，制云：有能修造，便任取之。通孤貧孑然，唯有環堵之室，乃發憤詣闕，請額而還，置於所居，柴門瓮牖，上穿下漏。時陳臨賀王叔敖母與之鄰居，又捨宅以足之，其寺方漸修建。十字街北之東，證空尼寺。〔兩京新記與呂大防圖「證」皆作「澄」。〕本工部尚書段倫之祖廟，貞觀十七年立爲真空寺，武太后改真空爲證空。西北隅，昭成觀。本楊士達宅，咸亨元年太平公主立爲太平觀。尋移于大業坊，改此觀爲太清觀。高宗御書飛白額。至垂拱三年，改爲魏國觀。載初元年，改爲大崇福觀。武太后又御書飛白額。開元十七年爲昭成太后追福，改立此名。西南隅，尚書左僕射、芮國公豆盧欽望宅。崇明觀。舊圖。東南隅，右散騎常侍徐堅宅。張九齡徐堅碑：薨于長安頒政里之私第。護國天王院。天寶二年建顯聖天王寺，咸通七年改。左衛翊衛武騎尉王行威宅。王行威墓誌：行威字國寶，遘疾，終頒政里第。恒州長史張承休宅。張説張承休墓誌：終於頒政里。朝議郎、行鳳州司倉參軍、上柱國司馬宗宅。司馬君夫人孫氏墓誌：夫人字堅静，建業人，適于司馬司倉宗，終于長安頒政甲第。

次南布政坊。隋有明法、道覺二寺，大業、武德中並廢。本名隆政，避明皇名改。

東北隅，右金吾衛。隋曰右武候府。西南隅，胡祆祠。武德四年立。西域胡祆，神佛經所謂摩醯首羅

也。祠内有薩寶府官，主祠祆神，亦以胡祝充其職。畢氏曰：胡祆神始末見北魏書，靈太后時立此寺。善果寺。舊闕西南隅。東南隅，廢鎮國大波若寺。本蔣王惲園地，景龍三年立爲寺，景雲中廢。西門之南，法海寺。本隋江陵總管、清水公賀拔華宅，開皇九年爲沙門法海捨宅立寺，因以法海爲名。北之東，濟法寺。隋開皇二年沙門法藏所立。地本梁村之佛堂及隋武候將軍韋和業宅。其佛殿隋光德太子之寢堂，太子薨後，捨施坼於此造。西禪院，房國公蘇威所立。十字街東之北，明覺尼寺。本隋御史大夫裴蘊宅，開皇中大保、河間王弘立爲寺。本名顯，避中宗諱改。福祥觀。本畢國公竇琨宅。天寶十三載立爲觀。東門之北，侍中魏知古宅。中書令蕭嵩宅。張説贈吏部尚書蕭灌碑：夫人京兆韋氏，逝于京師布政里。按即蕭嵩之父母。左神武大將軍、河間郡王舍利澄宅。功曹參軍梁君宅。梁君故夫人成氏墓誌：夫人諱淑，雍州渭南縣主簿第三女，成肅公之後也。卒於隆政里第。朝議郎、行尚書倉部員外郎、集賢院待制權自挹宅。權德輿權自挹墓誌：終于布政里私第。尚書都官令史王璹宅。冥報記：永徽二年六月九日，尚書都官令史王璹暴死，吏驅行出金光門，令入坑，璹拜謝放歸，乃蘇。買白紙作錢并酒食，自於所居隆政坊西渠水上燒之。按渠謂永安渠，渠經布政坊之西。旅館。李娃傳：天寶中，鄭生自毘陵抵長安，居于布政里。嘗遊東市還，自平康東門入，將訪友于西南，至鳴珂曲見一宅，門庭不甚廣，而室宇嚴邃，有娃方凭一雙鬟青衣立，生停驂久之。密訊其友，友曰：「此俠邪女李氏宅也。」扣其門，一姥延生遲賓之館，命娃出，烹茶斟酒。久之，日暮鼓動，姥訪其居遠近，生紿曰：「在延平門外數里。」冀其遠而見留也。俄徙坐西堂，飲酣而散。及旦，盡徙其囊橐，家于李之第。歲餘，資財僕馬蕩然。娃謂生曰：「與郎相知一年，尚無孕嗣，聞竹林神者，報應如

響，將致薦酎求之，可乎？」生與娃同謁祠宇，信宿而返，策驢而後，至里北門，娃謂生曰：「此東轉小曲中，某之姨宅也。」將憩而覲之。生如言前行，不踰百步，果見一車門，曰：「至矣。」娃引生偕入西戟門偏院中，食頃，有一人馳至曰：「姥遇暴疾頗甚，宜速歸。」娃前往。其姨留生議喪事。日晚，生往之舊宅，門扃鑰甚密，生詰其鄰，曰：「姥徙居且再宿矣。」生將馳赴宣陽以詰其姨，日已晚矣，貰榻而寢。質明乃去，既至，連扣其扉，有宦者徐出，生遽訪之，曰：「此崔尚書宅，昨者有一人稅此院，云遲中表之遠至者，未暮去矣。」生罔知所措，因返訪布政舊邸，邸主哀而進膳，三日遘疾甚篤，邸主懼其不起，徙之于凶肆之中。

次南延壽坊。隋有惠覺寺，大業七年廢。杜陽雜編：咸通十四年四月八日，佛骨入長安，自開遠門安福樓夾道佛聲振地，上御安福寺，親自頂禮。坊市豪家，相與爲無遮齋大會，競聚僧徒，廣設佛像，吹螺擊鈸，燈燭相繼，而延壽里推爲繁華之最。

南門之西，懿德寺。本慈門寺。隋開皇六年，刑部尚書萬安公李圓通所立。神龍元年，中宗爲懿德太子追福，改名加飾焉。禪院内有大石臼，重五百斤。名畫記：懿德寺三門〔原脱「三門」二字，今補。〕西廊東静眼畫山水。東南隅，駙馬都尉裴巽宅。其地本隋齊州刺史盧賁宅。高宗末，禮部尚書裴行儉居之。武太后時，河内王武懿宗居之。土地平敞，水木清茂，爲京城之最。畢氏曰：巽尚中宗女宣城公主。張説裴行儉碑：薨於京師延壽里。成安公主宅。中宗第八女，降韋捷。寶應經坊。大曆十二年，淮西節度兵馬使李重倩敗汴州李靈輝，請捨所居延壽里宅爲佛經坊，許之。仍賜名寶應經坊。贈太州刺史楊志誠宅。張説楊志誠碑：夫人趙氏，終于長安之延壽里。賈嵒

精舍。賈島有延壽里精舍寓居詩，又有延康吟詩云：寓居延壽里，爲與延康鄰。不愛延康里，愛此里中人。延康在延壽之南，中隔光德一坊，故得言鄰也。王薫宅。宣室志：天寶初有王薫者，居長安延壽里。里中常一夕有三四輩，挈食會薫所居，既飲食，燭前忽有巨臂出燭影下，外有語曰：君有會，不能一見呼耶，願得少肉置掌中。薫莫測其由，卽與之，其臂遂引去。少頃又伸其臂，又置肉於掌中，已而又去。于是相與謀曰：此必怪也，俟其再來，當斷其臂。頃之果來，拔劍斬之，臂既墮，乃一驢足，血流滿地。進士李員宅。宣室志：李員，河東人，居長安延壽里。于堂北垣下得一金缶，上有小篆崔子玉座右銘。趙某宅。沈櫓撰趙夫人張氏墓誌：夫人雲陽人，歸于天水趙公，終于長安延壽坊之私第。李處士宅。唐闕史：延壽里有水墨李處士，以精別畫品，遊公卿門。古池。吳融有題延壽坊東南角古池詩，按池蓋永安渠、漕渠所匯也。

次南光德坊。隋有常法寺，大業七年廢。

東南隅，京兆府廨。府廨先爲雍州廨舍，見雍録。府内廨宇並隋開皇中制度，其後隨事改作。開元元年，孟温禮爲京兆尹，因奏請以贓贖錢修繕。宣宗時韋澳爲尹，又賜錢加葺之。東觀奏記：故事，京兆尹在私第，但奇日入府，偶日入遞院。崔鄲爲京兆尹，囚徒逸獄，始命造京兆尹廨宅，京兆尹不得離府。京兆府有東、西士曹，東士曹號念珠廳，言事多，判案至一百八道也，西士曹號莎廳，廳前有莎，周回可十五步。見太平廣記引聞奇録。西南隅，勝光寺。本隋幽州總管燕榮宅。大業元年，自豐樂坊徙勝光寺於此。寺西院有畫行僧及團花。貞觀初中書令王定所寫，爲京城所重。名畫記：勝光寺有王定、楊仙喬、尹琳畫，塔東南院有周昉畫水月觀自在菩薩，又劉整畫掩障菩薩圓光及竹。十

字街東之北，慈悲寺。武德元年，高祖爲沙門曇獻立。屬隋末饑饉，常賑給貧乏爲事，故寺以慈悲爲名。南門之東，尚書左僕射劉仁軌宅。仁軌薨後，尚宮柴氏居之，後立爲光德寺，柴便度爲尼。景雲初，追柴氏入宮，寺遂廢。鄱陽公主邑司。孫思邈常居于是，庭前有病梨木，盧照鄰爲賦紀之。太子賓客裴垍宅。按裴光庭亦居此坊，光庭爲中眷，裴垍爲東眷，裴自別爲宅也。朝議郎、行尚書祠部員外郎裴積宅。裴胐裴積墓誌：終於長安光德里私第。按積卽光庭子，權德輿裴倩神道碑：考終命于長安光德里第。倩卽光庭孫。柳宗元梓人傳云：裴封叔之第在光德里。封叔名瑾，子厚姊夫，卽積之從孫。宗元亡姊裴君夫人墓誌：終于光德里。吏部尚書崔邠宅。邠與弟浙西觀察使酈、金吾大將軍鄯及宰相淮南節度使鄲皆貴顯，同居光德舊第。鄲嘗構便齋，宣宗聞而嘆曰：崔氏一門孝友，可謂士族之法，因題曰德星堂。後京兆民卽其里爲德星社云。兵部尚書劉崇望宅。唐語林稱劉崇望爲光德劉相。按：李洞有題劉相公光德里新構茅亭詩，蓋卽崇望宅也。又按：仁軌爲尉氏房，崇望爲河南劉氏，故別爲宅。司空、兼門下侍郎、同平章事、贈太尉孔緯宅。舊書本傳：緯從駕至莎城，疾漸危篤，先還京城，卒於光德里第。緯又有賜宅在善和里。舊書朱玫傳：玫有第在善和里。新書作玫居孔緯第。按緯之賜宅在平朱玫之後，言玫居孔緯宅，誤也。蓋善和里本朱玫宅，平玫後，卽以玫宅賜孔緯耳。潘將軍宅。劇談録：京國豪士潘將軍住光德坊，常寶玉念珠一串，貯之以繡囊玉合。一旦開合啓囊，已亡珠矣。主藏者常識京兆府停解所由王超，年且八十，因密話其事。超他日過勝業坊北街，有三鬟女子穿木屐於道側槐樹下，值軍中少年蹴踘，接而送之，直高數丈，超獨異焉。而止於勝業坊北門短曲，有母同居，超因以他事熟之，從容徐謂曰：「潘將軍失卻玉念珠，不知知否？」女子曰：「偶遇朋儕爲戲，終

御送還，來日詰旦於慈恩寺塔院相候。」如期而往，寺門始開，塔户猶鏁，忽於相輪上舉手示超，欻然攜念珠而下。明日訪之，已空室矣。**張氏宅**。白行簡紀夢云：長安西市百肆，有販粥求利而爲之平者，姓張，不得名，家富于財，居光德里。

次南延康坊。隋有明輪寺，大業七年廢。

諸王府。寶曆三年，以延康坊官宅一區爲諸王府。唐朝故事，王府在京師，即合有曹局。自天寶以後，王不出閤，所置寮寀過于閑冗，其胥吏，數司方共一員，至是，瓊王府長史裴簡求奏論，遂創官府。按：諸王府本閻令琬之宅，見唐會要。又按：蘇頲章懷太子良娣張氏碑：良娣張氏遘疾，棄養于京延康第之寢。蓋即居于諸王府也。**西南隅，西明寺**。本隋尚書令、越國公楊素宅。大業中，素子玄感謀反，誅後没官。武德中爲萬春公主宅。貞觀中以賜魏王泰，泰薨後，官市之。顯慶元年，高宗爲孝敬太子病愈立寺。大中六年，改爲福壽寺。寺内僧廚院有楊素舊井，玄感被誅，家人以金投井，後人窺見，鈎汲無所獲，寺衆謂之靈井。名畫記：西明寺額，唐玄宗朝南薰殿學士劉子皐書。入西門南壁楊廷光畫神兩鋪。東廊東面第一間傳法者圖讚，褚遂良書。第三間利防等，第四間曇柯迦羅，並歐陽通書。盧氏小説：德宗微行西明寺，宋濟在僧院過夏，上忽入濟院，方在窗下犢鼻葛巾鈔書。上曰：茶請一碗。濟曰：鼎水中煎此有茶味，請自潑之。上又問曰：作何事業，兼問姓行。濟云：姓宋，第五，應進士舉。又曰：所業何？曰：作詩。又曰：聞今上好作詩，何如？宋濟云：聖意不測。語未竟，忽從輦遞到，曰：官家，官家。濟惶懼待罪。上曰：宋五大坦率。後禮部放牓，上命内臣看有濟名，使回奏無名，上曰：宋五又坦率也。章懷太子有西明寺鐘銘。陳玄奘曾居此寺。寺有牡丹，見白氏長慶集。**東南隅，静法寺**。隋開皇十年，左武候大將軍、陳國公竇抗所立。寺門拆抗宅棨戟門所造。西院有木浮

圖，抗弟琎爲母成安公主建，重疊綺麗，崇一百五十尺，皆伐抗園梨木充用，其園本西魏大統寺，周武帝廢佛教，以其寺賜抗爲宅焉。「静」一作「淨」。名畫記：淨法寺有張孝師、范長壽畫。北門之西，中書令閻立本宅。後申王傅符太元居之。西亭有立本所畫山水。水部郎中張籍宅。白居易酬張十八訪宿見贈詩：遠從延康里，來訪曲江濱。按：籍有宅在靖安，已見。馬鎮西宅。玄怪録：太常協律韋生有兄，自云平生無懼憚，聞延康東北角有馬鎮西宅，常多怪物，具酒肉，夜獨于大池之西孤亭中宿。夜半，見一小兒長尺餘，自池中出，循階而上，韋生以手摸之，則一古鐵鼎子，已欠一脚。明旦，杵碎其鼎，染之有血色。王静信宅。唐故義興周夫人墓誌：夫人義興人也，爲太原王府君静信之妻，終于延康之私第。邠寧節度使馬璘池亭。璘卒，池亭入官。貞元後，羣臣多賜宴于中。

次南崇賢坊。隋有緣覺、融覺、賢覺三寺，並大業、武德中廢。

南門之西，海覺寺。隋開皇四年，淮南公元偉捨宅爲沙門法聰所立。名畫記：海覺寺額，歐陽詢題。寺又有王韶應、展子虔、鄭法士畫。十字街北之西，大覺寺。隋開皇二年，〔兩京新記作「三年」。〕文帝爲醫人周子臻〔兩京新記作「粲」。〕所立。其地本臻之佛堂也。西門之南，法明尼寺。隋開皇八年，長安富商王道賓〔兩京新記、長安志皆作「買」。〕捨宅所立。又有慈仁尼寺，本在法明寺西，開皇三年，隋大興公主有女出家爲尼，號曰女郎師，隋帝爲立此寺。至開元二年，敕併入法明尼寺。十字街東之南，崇業尼寺。本弘業寺。隋開皇十年，尼法覺立于法界之西，其地湫隘。大業三年，合州刺史崔鳳捨宅移于此置。神龍元年，改爲崇業。西南隅，祕書監嗣虢王邕宅。西門之北，黄門監盧懷慎宅。懷慎居官清儉，宅在陋巷，屋宇殆不蔽風雨。光禄少卿竇瑗宅。昭成太后之

從父弟。咸通中，河中節度使竇璟與弟河東節度使瀚同居崇賢第，家富于貲。考世系表不載，疑亦璦之族。太子少師崔景晊宅。李華崔景晊碑：夫人鄭氏，終于京兆崇賢里。按夫人卽崔圓之母。進士獨孤遐叔宅。河東記：貞元中，進士獨孤遐叔家于長安崇賢里，新娶白氏，家貧。下第至蜀，羈栖不偶，逾二年乃歸，至鄠縣西，去城尚百里，歸心迫速，取是夕及家，趨斜徑疾行，人畜既殆。至金光門五六里，天已暝，絶無逆旅，惟路隅有佛堂，遐叔止焉。中郎將曹遂興宅。乾𦠆子：崇賢里有中郎將曹遂興宅，堂下生一大樹，遂興每患其經年枝葉有礙庭宇，伐之又恐損堂室。竇乂請買之，仍與中郎除之，不令有損，乃出錢五千文，以納中郎。與斧斤匠人議伐其樹，自梢及根，令各長二尺餘斷之，因選就衆材及陸博局數百，鬻于本行，計利百餘倍。集州司馬裴通遠宅。集異記：唐憲宗葬景陵，都城人士畢至。前集州司馬裴通遠家在崇賢里，妻女輩亦以車輿縱觀通化門。及歸日晚，馳馬驟至平康北街，有白頭嫗步走隨車而來，至天門街，夜鼓時動，車馬轉速，嫗亦忙遽。車中有老青衣從四小女，其中有哀其奔迫者，問其所居，對曰崇賢，卽謂曰與嫗同里，可同載至里門。嫗荷媿，及至，下車遺一小錦囊，諸女共開之，中有白羅製爲逝者面衣四焉。諸女驚駭，棄于路。不旬日，四女相次而卒。按自通化至崇賢里，必先經平康，後經天門街。羅鄴宅。羅鄴有春日宿崇賢里詩。陳朴宅。酉陽雜俎：陳朴元和中住崇賢里北街，大門外有槐樹，嘗黄昏徙倚，見若婦人及老狐、異鳥之類，飛入樹中。遂伐視之，樹凡三槎，一槎空中，一槎中有獨頭栗一百二十，一槎中襁一死兒，長尺餘。崔生宅。酉陽雜俎：澧泉尉崔汾仲兄居長安崇賢里。曹郎中宅。李洞有贈曹郎中崇賢所居詩云：閑坊宅枕穿宫水。按穿宫水，卽永安渠水也。胡人米亮宅。乾𦠆子：竇乂令小兒拾破麻鞋，每三輛以新麻鞋一輛換之，遠近知之，送破麻鞋者雲集，數日獲千餘

量。傭人於崇賢西門水澗，從水洗其破麻鞋，曝乾，貯廟院中。又胡人米亮謂乂曰：崇賢里有小宅出賣，直二百千文，大郎速買之。乂西市櫃坊鏁錢盈餘，卽依直出錢市之。書契日，亮與乂曰：亮工於覽玉，嘗見宅内有異石，人罕知之，是搗衣砧真于闐玉，大郎旦立致富矣。乂未之信。亮曰：延壽坊召玉工觀之。玉工大驚曰：此奇貨也，攻之當得腰帶銙二十副，每副賣錢三千貫。乂遂令琢成，果得數百千價。又得合子、執帶、頭尾諸色雜類鬻之，乂計獲錢數十萬貫。其宅并元契，乂遂與米亮，使居之以酬焉。儭舍。杜寶符杜夫人墓志：殁于崇賢里儭宅。按夫人杜黄裳之女，寶符之姊，裴澥之妻。

次南延福坊。隋有神通寺，大業七年廢。

真化府。長安志引舊圖。按地理志屬京兆府。十字街東之北，宣平府。按地理志不載。西南隅，紀國寺。隋開皇六年，獻皇后獨孤氏爲母紀國夫人崔氏所立。名畫記：紀國寺有鄭法輪畫。東南隅，玉芝觀。本越王貞宅。後乾封縣權治于此。又爲新都公主宅，施爲新都寺。寺廢，乃爲鄧王府。天寶二年，立爲玉芝觀。西北隅，瓊山縣主宅。縣主開元中適慕容氏，卽吐谷渾之苗裔，富于財産，宅内有山池院，溪磴自然，林木葱鬱，京城稱之。御史黄滔宅。黄御史集有延福里居和林寬何紹餘酬寄詩，附載從弟蟾和從兄御史延福里居詩。進士何氏宅。趙嘏有宿何書記先輩延福新居詩。進士張喬宅。張喬有延福里秋懷詩。進士孫秦宅。鄭谷有訪題進士孫秦延福南街居詩。沈氏家廟。河東記：大和四年十二月九日，邊上從事魏式暴卒于長安延福里沈氏私廟中。前二日之夕，勝業里有司門令史辛察者，忽患頭痛而絶，初見有黄衫人，就其牀以手相就而出，良久，謂察曰：但致錢二千緡，便當相捨，因令達語求錢，於是其家果取紙錢焚之，察見紙燒訖，皆化爲銅錢。又謂察曰：請兼致脚直。察悟其所居之西

百餘步，有一力車傭載者，遂與黃衫俱詣其門。察曰：有客要相顧，載錢至延平門外。車曰：諾。卽來裝其錢訖，黃衫曰：請相送至城門。三人相引部領，歷城西街，抵長興西南而行，時鐘鼓將動，黃衫曰：天方曙，不可往矣，當且止延福沈氏廟。逡巡至焉。按城西街，「西」字疑誤。旅邸。宣室志：元和中，博陵崔瑴自汝鄭來，僑居長安延福里。

次南永安坊。

永壽寺。寺塔記：寺三門東吳道子畫。佛殿名會仙，本是內中梳洗殿。右衛將軍、淄川縣公李孝同宅。李孝同碑：薨于京師永安之里第。右羽林大將軍高仙芝宅。浙江西道都團練觀察使薛苹家廟。水亭。白居易有和楊尚書罷相後夏日遊永安水亭詩。

次南敦義坊。

東北隅，廢福田寺。本隋靈覺寺。開皇六年，親王楊雄所立。武德初廢。乾封二年，武后爲其姊賀蘭氏復立爲崇福寺。儀鳳二年，改福田寺。開元二年廢。東南隅，廢法覺尼寺。隋置。開元二年，併入資善寺。太尉、中書令、臨淮郡王李光弼宅。山南西道節度使鄭餘慶家廟。

次南大通坊。

東南隅，左羽林將軍竇連山宅。尚父汾陽郡王郭子儀園。後爲岐陽公主別館。

次南大安坊。坊南街抵京城之南面。〔按稿本，原在大安坊下有乙速狐行儼宅，後刪去。徐松夾一籤條云：「乙速狐行儼宅與朱雀門街東第四街第二坊下複出，俱引碑文，彼作大寧，此作大安，「安」字當是「寧」字，有所避

而改之者，宜去此存彼。」〔一〕

大安亭。通鑑：吐蕃劫盟。李晟大安園多竹，有爲飛語者云：晟伏兵大安亭，謀因倉猝爲變，晟遂伐其竹。按晟蓋有園在此坊。呂温有春日遊郭駙馬大安亭子詩。按汾陽王園在大通坊，兩坊相連，故園地得至大安。詩有「借賞彩船輕」之句，蓋引永安渠水爲池。南康郡王韋皋家廟。權德輿南康郡王韋公先廟碑：作新廟于京師大安里。

右皇城西第一街，十三坊。

朱雀門西第四街，即皇城西之第二街。街西從北第一安定坊。

東南隅，千福寺。本章懷太子宅。咸亨四年捨宅立爲寺。大中六年改興元寺。按唐畫斷：千福寺西塔院有王維掩障，一畫楓樹，一圖輞川。名畫記：千福寺額，上官昭容書。東塔院額，高力士書。又有楊惠之、僧懷素書，楊廷光、盧稜伽、韓幹、吴道玄、李綸、尹琳畫。又置太宗聖教序碑、楚金和尚碑，顔魯公、張芬、吴通微、韓擇木所書諸碑。魯公所書即多寶塔碑也，塔在寺中，造塔人木匠李伏横，石作張愛兒。塔院有石井闌，上有李陽冰篆書。西南隅，福林寺。其地本隋律藏寺。武德元年，置太原寺于永興坊，以義師初起太原，因以名寺，後移于此。咸亨三年，改爲福林寺。東北隅，五通觀。隋開皇八年，爲道士焦子順所立。子順能驅役鬼神，傳諸符籙，預告隋文膺命之應。及即位，拜爲開府、永安公，立觀以五通爲名，旌其神術。右神策軍護軍中尉第五守進宅。

次南休祥坊。大和二年，休祥坊百姓三百接宰相訴，當坊右龍武軍地，賜百姓，經四十餘年不納税，今被辟仗使田全操並卻徵索。時全操令角觝者五十人分捕所訴者，遂鬬于通衢，久之方散。文宗以地爲百姓業久矣，不欲

收奪，因賜左右三軍錢各一千五百貫，其休祥地盡歸百姓。

坊內有漢顧成廟餘阯。廟北，漢奉明園。宣帝父悼皇考墓園也。園北，漢奉明縣。東北隅，崇福寺。本侍中、觀國公楊恭仁宅。咸亨元年，以武后外氏故宅立爲太原寺。垂拱三年，改爲魏國寺。載初元年，又改爲崇福寺。寺額武太后飛白書。名畫記：崇福寺有吴道玄、劉整、牛昭、王陀子畫。裴休玄祕塔碑銘：大達法師十歲依崇福寺道悟禪師爲沙彌。又曰：稟持犯于崇福寺昇律師。東南隅，萬善尼寺。本在故城中，周宣帝大象二年置。開皇三年，〔兩京新記作「二年」。〕移于此，盡度周氏皇后嬪御以下千餘人爲尼以處之。寺西，昭成尼寺。隋大業元年，元德太子爲尼善惠、元懿立爲慈和寺。永徽元年，廢崇德坊之道德寺，乃移額及尼於此寺。先天二年，又爲昭成皇后追福，改爲昭成寺。南門之西，武三思宅。本駙馬都尉周道務宅。神龍中，三思以子崇訓尚安樂公主，大加雕飾，三思誅後，主移于金城坊。開元中，道務子勵言復居之。延唐觀。京苑總監、上柱國茹守福宅。茹守福墓誌：卒於長安休祥里第。

次南金城坊。本漢博望苑之地。初移都，百姓分地版築，土中見金聚，欲取便沒。隋文帝曰：此朕〔原作「收」，依兩京新記改。〕金城之兆，因以金城爲坊名。隋有釋梵、法衆二寺，大業七年廢。大唐新語：貞觀中，金城坊有人家爲胡所劫，司法參軍尹伊請追禁西市胡，俄果獲賊。蓋金城近于西市也。

西南隅，匡道府，卽漢思后園。漢武帝衛皇后墓園也，宣帝追謚，改葬于此。地本長安故城之杜門外大道東也。按：匡道府見地理志。北門有漢戾園。戾太子史良娣墓，宣帝改葬于此，其地本白亭。〔原作「日亭」，據

太平寰宇記卷二五改。〕園東南，漢博望苑。本杜門〔「杜」原誤「在」，據兩京新記改。〕外道之東。東南隅，開善尼寺。隋開皇中，宮人陳宣華、蔡容華二人所立。寺北，廢太清觀。本悖逆庶人宅。初封安樂公主，出降武三思子崇訓，崇訓誅後，自休祥坊移宅於此，改適武承嗣之子延秀，及誅後，敕太清觀道士史崇玄居焉。崇玄以先天二年謀逆，復誅，觀遂廢。西南隅，會昌寺。本隋海陵公賀若誼宅。義寧元年，義師入關，太宗頓兵于此。武德元年立爲寺。十字街南之東，樂善尼寺。本名舍衞寺。隋開皇六年，尉遲迥孫太師爲其祖所立。景龍元年，改爲溫國寺。二年，又改爲樂善寺。瑞聖寺。舊圖。冠軍大將軍、代州都督、上柱國許洛仁宅。許洛仁妻襄邑縣君宋氏墓誌：夫人諱善主，字令儀，定州安喜人，薨於金城坊里第。雲麾將軍劉元尚宅。劉元尚墓誌：薨于金城里之私第。昭武校尉、守左驍衞將軍、上柱國陳義宅。侯銛陳公墓版文：卒於上都金城里之私第。華州參軍柳生宅。乾𦠆子：華州柳參軍於長安閒游，上巳日曲江見一車子，後簾徐褰，女子容色絕代，柳生鞭馬從之，即見車子入永崇里。柳生知其大姓崔氏，女有母，有青衣字輕紅。柳生多方賂輕紅，竟不之受。他日，崔氏女有疾，其舅執金吾王請爲子納焉。崔氏女不允。其母乃命輕紅于薦福寺僧道省院，達意柳生，令兩三日就禮。柳生自備財禮，期內結婚。後五日，柳挈妻與輕紅于金城里居。無何，王氏殂，柳生挈妻與輕紅赴喪。金吾之子告父擒柳生，王氏既歿，無所明，遂訟於官，公斷王家先下財禮，合歸王氏。經數年，金吾又亡，移其宅于崇義里。崔氏不樂事外兄，時柳生尚居金城里，崔氏乃與輕紅同詣柳生，柳生驚喜，又不出城，只遷羣賢里。後本夫終尋崔氏女，知羣賢里住，與訟奪之，柳生長流江陵。邢綷宅。通鑑：王鉷弟户部郎中銲所善邢綷謀作亂，鉷命賈季鄰捕綷，綷居金城坊，季鄰等至門，綷帥其黨突

出，鬭且走，至皇城西南隅，會高力士引飛龍禁軍至，擊斬絳。空宅。朝野僉載：中書舍人郭正一失一高麗婢，于金城坊中空宅搜得之。

次南醴泉坊。本名承明坊。開皇二年，〔兩京新記作「開皇初」。〕繕築此坊，忽聞金石之聲，因掘得甘泉浪井七所，飲者疾愈，因以名坊。隋有光寶、救度二寺，大業、武德中廢。

西南隅，三洞女冠觀。本靈應道士觀，隋開皇七年立。貞觀二十二年自永崇坊換所居于此。觀北，妙勝尼寺。開皇二年，〔兩京新記作「三年」。〕周静帝皇后平原公主所立。十字街北之西，醴泉寺。隋文帝于此置醴泉監，取甘泉水供御廚。開皇十二年，〔兩京新記作「十三年」。〕廢監立寺。十字街南之東，舊波斯胡寺。儀鳳二年，波斯王畢路斯奏請于此置波斯寺。景龍中，宗楚客築此，〔「此」字疑爲「宅」之誤。〕寺地入其宅，遂移寺于布政坊之西南隅祆祠之西。西門之南，〔兩京新記作「西北隅」，長安志作「西門之南」。〕祆祠。東南隅，太平公主宅。公主死後没官，爲陝王府。宅北有異僧方回宅，太平公主爲造之。南門之東，中書令宗楚客宅。楚客誅死，其宅後賜申王撝。烈士臺。世傳安金藏之居。輔國大將軍、右衛大將軍、揚州都督、褒國公段志玄宅。段志玄碑：薨于京師之醴泉里第。王安仁宅。文林郎王君夫人墓誌：上元元年，終于醴泉里第。安仁其子也。孝子郭思訓宅。郭思訓墓誌：終于長安醴泉里之私第。遊擊將軍張希古宅。張府君墓誌：公字希古，終醴泉里之私第。

次南西市。隋曰利人市。舊書楊貴妃傳：天寶十載正月望夜，楊家五宅夜游，與廣寧公主騎從争西市門，

楊氏怒，揮鞭及公主衣，公主墮馬。

南北盡兩坊之地，市内有西市局。隸大府寺。市内店肆如東市之制。長安縣所領四萬餘户，比萬年爲多，浮寄流寓，不可勝計。市署。署前有市令載敏碑，蒲州司兵徐彦伯爲其文也。平準局。衣肆。沈既濟任氏傳：鄭子游入西市衣肆，見任氏。按韋述記云：市署前有大衣行，當即此衣肆也。鞦轡行。逸史載江陵副使李君事，有西市鞦轡行。秤行。竇家店。乾𦠆子：竇乂西市買油靛數石，雇庖人執爨，傭人剉破麻鞋，制爲法燭鬻之，獲無窮之利。先是西市秤行之南，有十餘畝坳下潛污之地，目曰小海池，爲旗亭之内衆穢所聚。竇乂遂求買之，其主不測，乂酬錢三萬。既獲之，于其中立標，懸幡子，繞池設六七鋪，制造煎餅及糰子。召小兒擲瓦礫擊其幡標，中者以煎餅糰啗，不踰月，兩街小兒競往，計萬萬，所擲瓦礫已滿池矣。遂經度造店二十間，當其要害，日收利數千，甚獲其要。店今存焉，號爲竇家店。張家樓。會昌解頤録：西市有食店張家樓。景先宅。霍小玉傳：小玉往往私令侍婢潛賣篋中服玩之物，多託于西市寄附鋪侯景先家貨賣。〔今汪紹楹校本太平廣記卷四八七作「侯景先」，疑是，大字亦當作「侯景先宅」。〕放生池。市西北有溝池，〔兩京新記作「海池」。〕長安中沙門法成所穿，支分永安渠以注之，以爲放生池。池側有佛堂，沙門法成所造。獨柳。刑人之所。按西市刑人，唐初即然。貞觀二十年，斬張亮、程公穎于西市。舊書肅宗紀、王涯傳又言子城西南隅獨柳樹。蓋西市在宮城之西南，子城謂宮城。

次南懷遠坊。隋有法寶寺，大業七年廢。劉禹錫傷秦姝行序：河南房開士得善筝人于長安懷遠里。

東南隅，大雲經寺，本名光明寺，隋開皇四年，文帝爲沙門法經所立。時有延興寺僧曇延，因隋文賜以蠟燭，

自然發焰，隋文奇之，將改所住寺爲光明寺，曇延更請立寺，以廣其教，時此寺未制名，因以名焉。武太后初，此寺沙門宣政進大雲經，經中有女主之符，因改爲大雲經寺。遂令天下每州置一大雲經寺。此寺當中寶閣崇百尺，時人謂之七寶臺。寺内有浮圖，東西相值。東浮圖之北佛塔，名三絶塔，隋文帝所立。塔内有鄭法輪、田僧亮、楊契丹畫跡，又巧工韓伯通塑作佛像，故以三絶爲名。按名畫記：隋田、楊與鄭法士同于光明寺畫小塔，鄭圖東壁、北壁，田圖西壁，〔原衍「南圖」二字，今據歷代名畫記删。〕楊畫外邊四面。又有馮提伽畫瘦馬。十字街東之北，功德尼寺。本在安定坊，開皇五年，〔兩京新記作「七年」。〕周宣帝女細腰公主所立，武德中移于此。左監門大將軍、襄城郡公樊興宅。按碑：終于雍州長安縣懷遠里第。戴夫人宅。冉元一薛府君墓誌：公諱剛，終于龍首里第，夫人戴氏終于懷遠里第。盧氏宅。前定録：李揆寓宿于懷遠坊盧氏姑之舍。

次南長壽坊。隋曰廣恩坊，避煬帝諱改。有顧力寺，大業七年廢。

西南隅，長安縣廨。去府六里。按縣治隋開皇三年所立，見長安志。南門之東，永泰寺。本梁太尉、吴王蕭岑宅，隋開皇四年，帝爲沙門曇延立爲延興寺，寺東院莒公蕭琮宅，當隋亡，捨入寺。神龍中，中宗爲永泰公主追福，改爲永泰寺，寺内東精舍有隋中大夫〔歷代名畫記卷九作「中散大夫」。〕鄭法士畫釋迦滅度之變，左右〔原脱「右」字，據兩京新記補。〕廊有滕王庫直李雅畫聖僧之跡，又有楊契丹畫。北門之東，大法寺。本弘法寺，武德中，光禄大夫李安遠〔原誤作「李遠」，據兩京新記補。李安遠見舊唐書卷四八、新唐書卷八八。〕所立，神龍元年改。十字街西之北，崇義寺。本隋延陵公于銓宅。武德二年，〔唐會要卷四八作「三年」。〕桂陽公主爲駙馬都尉趙慈景所立。十字

街北之西，酇國公楊温宅。開府儀同三司尉遲敬德宅。朝議郎、行澤王府主簿梁寺宅。詳懷德坊下。中書令閻立本宅。按閻令宅在延康坊，太平御覽引作延壽，誤。長安志載在此，恐又因延壽而誤也。前中書侍郎、同中書門下平章事元載家廟。大曆四年，有虎止于載之私廟，命將軍薛岌、周皓發弩手射殺之。

次南嘉會坊。

西南隅，褒義寺。本隋太保吴武公尉遲剛宅。〔「尉遲剛」應作「尉遲綱」，周書卷二〇有傳，天和四年卒，未入隋，應作「周太保吴武公」。〕初，剛兄迥置妙象寺于故都城中，移都後，剛捨宅立寺，名褒義，材木皆舊寺者。名畫記：褒義寺有盧稜迦、杜景祥、王元之畫。十字街西之北，靈安寺。武德三年，高祖爲衞懷王元霸立。盱眙尉顧非熊宅。顧非熊有闕試嘉會里聞蟬感懷呈主司詩。起居舍人韋莊宅。按韋莊有嘉會里閒居詩。鄭國莊穆公主廟。禮閣新儀曰：德宗女曰義章公主，追册，貞元十七年祔廟。竇氏家廟。乾𦠆子：扶風竇乂諸姑，累朝國戚，其伯檢校工部尚書交，閑廄使、宮苑使，于嘉會坊有廟院。五月初，長安盛飛榆莢，乂埽聚得斛餘，往詣伯所，借廟院習業。乂夜則潛寄褒義寺法安上人院止，晝則往廟中，以二鍤開隙地，廣五寸，深五寸，羃布四十五條，皆長二十餘步，汲水漬之，布榆于其中。比及秋，森然已及尺餘，千萬餘株矣。

次南永平坊。本名永隆，明皇卽位改。

東門之北，宣化尼寺。隋開皇五年，周昌樂公主及駙馬都尉尉遲安捨宅所立。寺門金剛上人雍法雅所制，

頗有靈跡，有一尼常傾心供養。東南隅，宣城公主宅。公主薨後，太子太師竇希球居之。高安長公主宅。高宗女，降潁州刺史王勖。蘇頲高安長公主碑：薨于長安永平里第。日者寇鄘宅。乾䐩子：元和十二年，上都永平里西南隅有一小宅，懸牓云：但有人敢居，卽傳元契奉贈，及奉其初價。大曆年，安太清始用二百千買得，後賣與王昫，傳受凡十七主，皆喪長。布施與羅漢寺，寺家貲之，悉無人敢入。有日者寇鄘詣寺求買，因送四十千與寺家，寺家乃傳契付之。有堂屋三間，甚庳，東西廂共五間，地約三畝，榆楮數百株，門有崇屏，高八尺，基厚一尺，皆炭灰泥焉。鄘又與崇賢里法明寺僧普照爲徒，其夜埽堂獨止。至四更，聞一人哭聲，至曙遂絕。鄘乃命照公與作道場，滿七日，崇屏之下四尺開，土忽頽圮，中有一女人。鄘送葬渭水之沙洲，自後更無恐懼。郭汾陽有堂妹出家永平里宣化寺，汾陽王夫人之頂謁其姑，〔「頂」據廣記卷三四四補。〕從人頗多，從買此宅，〔廣記「從」作「後」。〕往來安置，或聞有青衣不謹，遂誅青衣，夫人令高築崇屏，此宅或因是焉。亦云青衣不謹，洩漏遊處，由是生葬此地焉。崔氏宅。紀聞：鄎城尉范季輔未娶，有美人崔氏，宅在永平里，常依之。開元二十八年二月，崔氏晨起下堂，有物死在階下，身如狗，項九頭，皆如人面，面狀不一，有怒者、喜者、妍者、醜者、老者、少者、蠻者、夷者，皆大如拳，尾甚長，五色。崔氏恐，以告季輔。問諸巫，巫言焚之五道，災則消矣。乃於四達路，積薪焚之。後數日，崔氏母殂。又數日，崔氏死。又數日，季輔亡。天平軍節度使殷侑家廟。按碑，廟在永平里之東北隅。

次南通軌坊。

鄴公廟。文敬太子廟。禮閣新儀曰：貞元十七年置，在長安坊，後徙于此。

次南歸義坊。

全一坊隋蜀王秀宅。隋文帝以京城南面闊遠，恐竟虛耗，乃使諸子並於南郭立第。時秀有寵，封土殷富，起第最華。秀死後没官，爲家令寺園。

次南昭行坊。本名顯行，犯中宗諱，長安中改。坊南街抵京城之南面。

十字街之南，汝州刺史王昕園。引永安渠爲池，彌亘頃畝，竹木環布，荷荇叢秀。

右皇城西第二街，十一坊及西市。

朱雀門街西第五街，卽皇城西之第三街。街西從北第一修真坊。韋述曰：今坊之南門門扉，卽周之太廟門板也。隋有積善寺，武德中徙義寧坊。

坊有漢靈臺餘阯。崇五尺，周一百二十步。述征記曰：長安宮南靈臺上有相風銅烏，或曰此烏遇千里風乃動。

郎將葛威德宅。張説葛威德墓誌：夫人郭氏，薨于京兆之修真里。

次南普寧坊。南街西出，通開遠門。

坊西街有漢太學餘阯。其地本長安故城南安門之外。次東，漢辟雍。漢元始四年所立。次東，漢明堂。二所並磨滅，無復餘阯。十字街東之北，靈化寺。隋開皇二年沙門善吉〔兩京新記作「善告」。〕所立，其地本吉之宅。講堂北〔原脱「北」字，據兩京新記補。〕有古冢，崇五丈，不詳姓名。東南隅，東明觀。顯慶元年，孝敬升儲後所立。規度仿西明之制，長廊廣殿，圖畫彫刻，道家館舍，無以爲比。觀内有道士馮黄庭碑，又有道士巴西李

桀碑，永樂李正己爲其文也。唐語林：明皇所幸美人，忽中夜夢見人召去，縱酒密會，醉厭而歸，覺來流汗倦怠，因言於上，上曰：此術人所爲也，汝若復往，但隨時以物記之。其夕熟寐，飄然又往，美人半醉，見石硯在前席，密以手文印于曲房屏風上，寤而具啓上。乃潛令人詣宮觀求之，果于東明觀中得其屏風手文，所居道流已潛遁矣。張因爲道士，居東明觀，柳宗元有東明張先生墓誌。西南隅，太尉、英國公李勣宅。北門之西，司農卿韋機宅。西北隅，祆祠。

次南義寧坊。本名熙光坊，義寧元年改。冥報記：蘇州別駕沈裕，于貞觀八年八月，夢其身行于京師義寧坊西南街。

南門之東，化度寺。本真寂寺，隋尚書左僕射、齊國公高熲宅。開皇三年熲捨宅，奏立爲寺。武德二年改化度寺。寺中有無盡藏院，敬宗賜化度經院金字額，御樓以觀之。大中六年改爲崇福寺。名畫記：化度寺額，殷仲容題。寺有楊廷光、楊仙喬畫。按武后移此寺無盡藏于東都福先寺，日久漸耗，尋移歸本院。至開元九年，以所餘散京師諸寺，遂絶焉。西北隅，積善尼寺。隋開皇十二年，高熲妻賀跋氏所立，其地本賀跋氏之別第。十字街東之北，波斯胡寺。貞觀十二年，太宗爲大秦國胡僧阿羅斯立。東南隅，尚書右僕射戴至德宅。青城縣令達奚思敬宅。員半千達奚思敬碑：終于長安義寧坊之私第。右龍武軍宿衛閻庭蕚宅。清河張夫人墓誌：夫人號威德，清河之族，嫡于閻氏，終于京長安縣義寧里之私第。又云：嗣子庭蕚，右龍武軍宿衛。次子庭珍，右羽林軍宿衛。

次南居德坊。南街西出，通金光門。坊内隋有依法、寶岸、凝觀三寺，並大業廢。漢圜丘餘阯。東南隅，先天寺。本寶國寺。隋開皇三年，敕大興、長安兩縣各置一寺，因立寶昌、禪林二寺，東西相對，時人謂之縣寺。其地本漢之圓丘。先天元年，改爲先天寺。西北隅，普集寺。隋開皇七年，突厥開府儀同三司鮮于遵義捨宅所立。南門之西，奉恩寺。本將軍尉遲樂宅，神龍二年立爲寺，大中六年改興福寺。南門之東，司禮太常伯劉祥道宅。宅接先天寺，兼據漢圜丘舊阯，因基高築亭焉。房州刺史杜元徽宅。劉太真杜元徽碑：終于長安居德里私第。左驍衛將軍折氏宅。曹夫人墓誌：夫人曹氏，諱明照，年十有八，適左驍衛將軍折府君爲命婦，終于居德里之私第。

次南羣賢坊。隋有監門大將軍黄城公元瓚、上柱國鄜城公梁軌二宅。又有法身、寶王二寺，大業七年廢。東門之南，真心尼寺。隋開皇八年，宦者儀同三司宋祥捨宅所立。十字街東之北，真化尼寺。開皇十年，冀州刺史馮臘捨宅所立。武太后改爲光化寺，神龍元年復舊。東南隅，中宗昭容上官氏宅。後爲南陽縣主所居。處士程元景宅。程處士墓誌：先生諱元景，字師朗，京兆長安人。遘疾，終于羣賢里。內供奉强瓊宅。故瑯琊王氏夫人墓誌：夫人卽故玉册官、內供奉、賜緋魚袋强瓊之妻。乾符元年，終羣賢里第。

次南懷德坊。

西南隅，羅漢寺。隋開皇六年雍州牧、楚公豆盧勣所立。十字街西之北，辨才寺。本鄭孝王亮隋代舊宅，亮子司空、淮安王神通，以開皇十年爲沙門智凝立此寺於羣賢坊，以智凝辨才不滯，因名寺焉。武德二年徙于此。

東門之北，慧日寺。開皇六年所立，本富商張通宅，捨而立寺。通妻陶氏常于西市鬻飯，精而價賤。時人呼爲陶寺。寺内有九層浮圖一百五十尺，貞觀三年沙門道□〔兩京新記作「道諺」。〕所立。李儼道因法師碑：法師終于長安慧日之寺。弘光寺。天官侍郎李至遠宅。畢氏曰：唐書本傳：至遠爲天官郎中。朝議郎、行澤王府主簿梁寺宅。梁府君並夫人唐氏墓誌：梁君諱寺，字師暕，雍州藍田人，終于長安懷德里第。按梁君之卒在垂拱四年七月五日。又云：其夫人唐氏以垂拱四年九月二十七日終于長壽里第。蓋梁君卒後又徙居長壽里也。韓寶才宅。韓君墓誌：君諱寶才，長安人也，卒于京城懷德之第。右賢王墨特勒宅。賢力毘伽公主阿那氏墓誌：三十姓可汗愛女建册賢力毘伽公主，家壻犯法，身入宫闈，特許歸親兄右賢王墨特勒私第。開元十一年六月十一日，薨于右賢王京師懷德坊之第。楚州兵曹參軍劉崟宅。劉崟墓誌：逝懷德私第。鄒鳳熾宅。坊南門之東，有富商鄒鳳熾，肩高背曲，有似駱駝，時人號爲鄒駱駝，其家巨富，金寶不可勝計。

次南崇化坊。本名弘化，避孝敬皇帝諱改。

東門之北，經行寺。本隋長安令屈突蓋宅，開皇十年，邑人張緒市之，立爲寺。大中六年改龍興寺。西南隅，静樂尼寺。隋開皇六年所立。東南隅，龍興觀。本名西華觀，貞觀五年，太子承乾有疾，敕道士秦英祈禱獲愈，遂立此觀。垂拱三年，以犯武太后祖諱，改爲金臺觀。其時道士成玄英住此觀内。神龍元年，又改爲中興觀。三年，改爲龍興觀。名畫記：觀有吴道玄、董諤畫。朝議郎、行長安縣丞蕭思亮宅。蕭思亮墓誌：終于京崇化里第。河陽節度使烏重胤廟。韓愈烏氏廟碑：營廟于京師崇化里。

次南豐邑坊。南街西出，通延平門。此坊多假賃方相、輀車、送喪之具。按李娃傳：凶肆有東肆、西肆。傳言各閱所傭之器于天門街，則西肆在街西，東肆在街東，西肆當即豐邑，未知東肆是何坊，俟考。

東北隅，清虛觀。隋開皇七年，〔長安志作「十年」，兩京新記作「七年」。〕文帝爲道士呂師玄〔兩京新記、唐會要卷五〇皆無「玄」字。〕所立。師玄辟穀鍊氣，故以清虛名之。司徒、兼中書令李晟林園。舊書李晟傳：賜永崇里第及涇陽上田、延平門之林園。

次南待賢坊。此坊隋初立天下諸州朝集使邸，故以待賢爲名。隋又有左鎮軍大將軍史萬歲宅。按兩京記：史萬歲宅初常有鬼怪，居者輒死，萬歲不信，因即居之。夜見人衣冠甚偉，來就萬歲，萬歲問其由。鬼曰：我漢將軍樊噲，墓近君廁，幸移他所，必當厚報。萬歲許諾，掘得骸柩，因爲改葬。後萬歲爲隋將，每遇賊，便覺鬼兵助己，戰必大捷。

東北隅，天長觀。本名會聖觀，〔長安志作「會昌觀」。〕隋開皇七年，文帝爲秦孝王俊所立。開元二十八年改千秋觀，天寶七載又改天長觀。

次南永和坊。本名淳和，元和初避憲宗名改。節愍太子廟。

東北隅，〔兩京新記作「東南隅」。〕隱太子廟。

次南常安坊。

東北按兩京記作東南。隅，章懷太子廟。神龍中立。

次南和平坊。

坊內南北街之東，築入莊嚴寺。街之西，築入總持寺。

次南永陽坊。坊之西南即京城之西南隅。

半以東，大莊嚴寺。隋初置宇文弢別館于此坊。仁壽三年，文帝爲獻后立爲禪定寺。宇文愷以京城之西有昆明池，池勢微下，乃奏于此寺建木浮圖，崇三百三十尺，周回一百二十步，大業七年成。武德元年，改爲莊嚴寺，天下伽藍之盛，莫與于此。寺內有佛牙，長三寸，沙門法獻從烏踵國取以歸，豫章王暕自揚州持入京，隋文帝改置此寺。大中六年改聖壽寺。名畫記：寺有盧棱伽、尹琳畫。西，大總持寺。隋大業三年，〔兩京新記作「元年」。〕煬帝爲文帝所立，初名大禪定，寺內制度與莊嚴寺正同，亦有木浮圖，高下與西浮圖不異。武德元年改爲總持寺。莊嚴、總持即隋文獻后宮中之號也。二寺門額，並少詹事殷令名所書。寺中常貢梨花蜜。景龍文館記曰：隋主自立法號，稱總持，呼蕭后爲莊嚴，因以名寺。名畫記：寺有孫尚子、吴道玄、尹琳、李昌畫。恭僖、貞獻二太后廟。

右皇城西第三街，十三坊。

龍首渠。

龍首渠一名滻水渠，隋開皇三年開。自東南龍首堰下，支分滻水，北流至長樂坡坡在通化門東七里，臨滻水，自坡之北可望漢長樂宮，故名長樂坡。西北，分爲二渠，東渠北流，經通化門外至

京城東北隅，折而西流，入東内苑爲龍首池，餘水經大明宫前下馬橋下。西渠曲而西南流，經通化門南，西流入城，經永嘉坊南，又西南入興慶宫垣，注龍池，又出而西流，經勝業坊、崇仁坊景龍觀，又西入皇城，經少府監南，屈而北流，又經都水監、東宫僕寺、長安志作太僕寺，誤。内坊之西，又北流入宫城長樂門，又北注爲山水池，又北注爲東海。貞元十三年，又自永嘉之西北，分支至大寧坊太清宫前。

黄渠。

黄渠自義谷口澗，分水入此渠，北流十里，分兩渠，一渠西流，經樊川，合丈八溝。一渠東北流，經少陵原而北流，入自京城之東南隅，注爲曲江。

永安渠。

永安渠，隋開皇三年開，亦謂之交渠。唐會要：元和八年，修城南交渠。引交水西北流，入京城之南，經大安坊之西街，又北流經大通、敦義、永安、延福、崇賢、延康六坊之西，又經西市之東，又北流經布政、頒政、輔興、修德四坊，及興福寺之西，又北流入芳林園，又北流入苑，又北注于渭。明皇自蜀還京，肅宗至開遠門外望賢宫迎明皇，帝親籠馬行數十步，執鞭引道，過渠入宫，即過此永安渠。

王建早春五門西望詩云：宮松葉葉牆頭出，渠柳條條水面齊。蓋渠水皆在城西。

清明渠。

清明渠在永安渠東，亦隋開皇初開。引泬水自丈八溝分支，經杜城之北，屈而東北流，入京城之南，經大安坊之東街，又屈而東，經安樂坊之西南隅，屈而北流，經安樂、昌明、豐安、宣義、懷貞、崇德、興化、通義、太平九坊之西，又北經布政坊之東，右金吾衛之東南，屈而東南，流入皇城，經大社北，又東至含光門西，又屈而北流，經尚舍局東，又北經將作監、内侍省東，又北入宮城廣運門，注爲南海，又北注爲西海，又北注爲北海。

漕渠。

漕渠，天寶元年開。京兆尹韓朝宗分潏水，按渠蓋潏、交之水，舊書作分渭水，非是。入自金光門，置潭于西市之街，以貯材木。永泰二年，京兆尹黎幹以京城薪炭不給，又自西市引渠，經光德坊京兆府東，至開化坊薦福寺東街，北至務本坊國子監東，由子城東街，踰景風、延喜門入苑。渠闊八尺，深一丈。舊紀：渠成，上御安福門觀之。

唐兩京城坊考卷之五

東京

東京一名東都，始築於隋大業元年，周武王克殷，定鼎郟鄏。書云：我乃卜澗水東，瀍水西，惟洛食。所謂王城，即郟鄏也。又云：我又卜瀍水東，亦惟洛食，所謂成周也。王城爲朝會之所，周公留後治之。成周則謂之下都，以處殷頑民。兩城相去四十里。平王東遷，居王城。敬王避王子朝之亂，乃遷成周，城小不能受王都，故晉合諸侯以城之。戰國時之東周，後漢、魏、晉、元魏之都城，皆成周也。隋煬帝始于舊成周之西十八里，舊王城之東五里，築京城。謂之新都。唐武德四年廢。貞觀六年號洛陽宮。顯慶二年曰東都，光宅元年曰神都，神龍元年復曰東都，天寶元年曰東京，上元二年罷京，次年，復爲東都。

宮城

宮城在皇城北，因隋名曰紫微城。貞觀六年，號爲洛陽宮。武后光宅元年，號太初宮。東西四里一百八十八步，南北二里八十五步，新書地理志：長千六百二十步，廣八百有五步。周一十三里二百四十一步，新書地理志：周四千九百二十一步。其崇四丈八尺，以象北辰藩衛。城中隔城二，在東南隅者太子居之，在西北隅者皇子、公主居之。城北隔城二，最北者圓壁城，次南

曜儀城。南面四門，河南志作六門，蓋于應天、明德、長樂之外，增重光門、太和門、雒城南門爲六也。然志言明德之東爲重光，又東爲太和，太和門内爲左藏庫。志又於莊敬殿條下云：莊敬殿東有鹿宮院，次東卽隔城，之東接左藏庫。按重光爲東宮正門，東宮已極城之東南隅，不容其東尚有隙地置左藏庫與太和門，疑太和門與武成門、崇賢門同在乾元殿之傍，故六典不之載也。重光屬東宮，亦從六典删。中應天門，門上飛觀相夾，門外卽朝堂。武德四年，以其太奢，令行臺僕射屈突通焚之。顯慶初，司農少卿田仁汪隨事修葺，後又命司農少卿韋機更加營造。初因隋之名曰則天門。神龍元年避武后尊號，改應天門，又避中宗尊號，改神龍門，尋復爲應天。東明德門，初名興教，後改明德。東城屈向北五十步，有門東啟，曰宣政門，卽隋之永康門。西長樂門，初名光政，後改長樂。按六典作興教、光政，則明德、長樂之改，在開元後也。昭宗遷東都，復名長樂爲光政。通鑑：車駕入宮，御正殿，受朝賀，御光政，赦天下。西城屈向北五十步，有門西啟，曰隆慶，避明皇名改崇慶。西南隅雒城南門。乾封中開。舊書楊炯傳：如意元年七月望日，宮中出盂蘭盆，分送佛寺，則天御雒南門，與百寮觀之。卽雒城南門。東面一門，重光北門。隋名。門内卽東宮。西面二門，北嘉豫門，隋曰寶城門。南雒城西門。通鑑：秦王世民移軍青城宮，王世充自方諸門出，臨穀水，以拒唐兵。胡身之注：方諸門，蓋自都城出禁苑之門。松按：王世充時據宮城，則方諸門當是宮城西面之門，不知卽雒城西門否也。北面二門，中玄武門，隋名。南當應天門。通鑑：中宗改玄武門爲神武門，樓爲制勝樓。按唐兩京大内，皆有玄武門。中宗之所改，則此處之玄武門，蓋以誅張易之等兵從此門入耳。禁扁屬之興慶宮，非也。東安寧門。玄武門北則曜儀城，城二門，東面曰曜儀東門，西面曰曜儀西門。並顯慶中開。按

曜儀城亦隋時舊城。通鑑：王世充使魯王道徇守曜儀城是也。蓋東西二門則顯慶中開耳。曜儀城北則圓壁城，城三門，南面曰圓壁南門，隋曰曜儀門，顯慶中改。北面曰龍光門，東面曰圓璧門。門外卽外郭之外。

宮之正牙曰含元殿。隋曰乾陽殿。通鑑：秦王破王世充，焚乾陽殿是也。麟德二年，命司農少卿田仁汪因舊址造乾元殿，高一百二十尺，東西三百四十五尺，南北一百七十六尺。武后長壽三年，改造明堂，上圓下方，八窗四闥，高三丈，號萬象神宮，去都百餘里外，遥望見之。其北造天堂，以貯佛像。證聖元年，明堂、天堂同焚，更造明堂，侔前制，其上初置寶鳳，後以金珠代之，號通天宮。其中號端扆殿。不復造天堂，於其所爲佛光寺。明皇開元五年幸東都，改爲乾元殿。十年復爲明堂。二十七年毁明堂之上層，改修下層爲新殿。二十八年佛光寺火，延燒廊舍，改新殿爲含元殿。殿下有九州鼎，武后所鑄。按隋之乾陽殿，有東西上閤門。通鑑：王世充執越王君度等，引入東上閤門是也。唐制當亦同之。殿四門，南曰乾元，隋曰永泰門。武后改通天門，開元五年改乾元門。門南直應天門。唐詩紀事：東京乾元門，舊章武軍鼓角樓也，節度使王彦威有詩刻石在其上。北曰燭龍，東曰春暉，西曰秋景。六典作秋澄，今從河南志。乾元門外有横街，街東曰華門，西月華門。隋曰東華、西華。唐初改左右延福，後改日華、月華。按舊紀：天寶二年六月，應天門觀災，延燒至左右延福門。是天寶時猶名延福。通鑑注云：大明宮朝堂外有側門，洛陽宮亦有側門。疑在乾元門内之左右。乾元門左右有萬春門、千秋門。萬春左，千秋右。含元殿北曰貞觀殿。隋煬帝造。以下殿閣皆唐永淳年製名。又北徽猷殿。殿前有石池，東西五十步，南北四十步，池

中有金花草，紫莖碧葉，丹花緑實，味酸可食。通鑑：帝宴朱全忠及百官於崇勳殿。胡注：時以洛陽宮前殿爲貞觀殿，内朝爲崇勳殿。則貞觀殿北當有崇勳殿。又北陶光園。園在徽猷、弘徽之北，東西數里，南面有長廊，即宮殿之北面也。園中有東西渠，西通于苑。園北則玄武門。其天子常朝之所曰宣政殿，在含元殿西，初名武成，後改宣政。殿門曰光範門。河南志云：宣政殿南有武成門，又南千福門，又南敷政門，千福後改乾化，敷政後改光範。殿之東門曰東明門。按宣政疑當如含元，有四門，今惟有東門、南門名也。宣政之北曰仁壽殿。河南志作長壽，今從六典。又北觀文殿。又北同心閣。又北麗日臺。又北臨波閣。閣北臨池，池有二洲，東洲有登春閣，其下爲澄華殿，西洲有麗綺閣，其下爲凝華殿。池北曰安福門。北院雕飾最華，隋煬帝寢御焉。當明德門内爲會昌門。隋名。又北章善門，門内門下省、弘文館在焉。章善之東爲太和門，玉海引河南志「太」作「泰」。門内左藏庫在焉。自此而西，有文思殿，在舊東華門之東北。其北莊敬殿，殿東有鹿宫院，次東即隔城。又北飛香殿，又北襲芳院，又北上清觀，則達安寧門。門在觀東。莊敬之西爲大儀殿，其北麗春臺，又北流杯殿，殿上漆渠九曲，從陶光園引水注莊敬院，隋煬帝與宮人爲曲水之飲。又北弘徽殿，則達陶光園。當長樂門内爲廣運門，隋名。大唐新語：神龍初，桓彦範與張柬之等發北軍入玄武門，斬張易之等，遷則天於上陽宮，柬之勒兵景運門。舊書玄宗紀：新造銅儀成，置于景運門内。景運疑即廣運門。又河南志以廣運爲隋名。按煬帝時斷無以「廣」爲門名者，疑隋曰景運，唐則改爲廣運耳。又北明福門，本名顯福，避中宗名改。通鑑：王世充使其黨張續、董濬守章善、顯福二門。門内中書省、

史館、在中書省西。內醫局、史館南。尚食廚、史館北。命婦院、中書省北。修書院命婦院北，本太平公主內宅。在焉。明福之西爲集賢門，門內集賢殿在焉。舊書：開元十三年四月丁巳，改集仙殿爲集賢殿，麗正殿書院改集賢殿書院。胡交修洛陽宮記云：開元之隆，即明福門外置集賢書院，置學士員，校讐其閒。按開元五年，于東都乾元殿東廊寫四部書，因號乾元院。六年改爲麗正修書院。十二年移置明福門外，名麗正殿書院。十三年改集賢殿書院。張説恩制賜食於麗正殿書院宴賦詩：東壁圖書府，西垣翰墨林。俗本作西園，誤。舊書馬懷素傳論亦以西垣東壁言麗正殿。見潛邱劄記。〔按稿本，徐松在引潛邱劄記後批云：「補集賢殿條下。應考此詩作於何年，當在開元十二年。按集賢殿既在集賢門內，而在明福門外，則集賢門當在明福門之西南，但言西，似未確。」〕自此而北，有仙居殿，在集賢殿北。其東有億歲殿、在仙居殿東。舊書崔義玄傳：神慶則天時入朝，待制億歲殿。集仙殿、在宣政殿西北，武后造。前有迎仙門，亦謂之迎仙宮。舊書桓彥範傳：太子至玄武門，斬關而入，時則天在迎仙宮之集仙殿，斬易之、昌宗于廊下。迎仙宮張易之傳作迎仙院。按五王誅二張，進至太后所寢長生殿。閻氏若璩曰：唐寢殿皆謂之長生殿，通鑑二百七有長生院，胡注：院即長生殿。同明殿。在億歲殿東。舊書薛訥傳：則天以訥將門，使攝左武威衛將軍、安東道經略，臨行，於同明殿召見。其北則達九洲池，在仁智殿南，歸義門西，其池屈曲，象東海之九洲，居地十頃，水深丈餘，鳥魚翔泳，花卉羅植。池之洲，殿曰瑶光，隋造。武后殺僧懷義于瑶光殿前樹下。亭曰琉璃，隋造，在瑶光殿南。觀曰一柱，隋造，在琉璃亭南。環池者曰花光院、曰山齋院、在池東。河南志圖云二院並在仙居院北。按北爲南之誤。曰翔龍院、在花光院北。曰神居院、在翔龍院北。曰仙居院、在安

福殿西。曰仁智院，在仙居院西。殿西有千步閣，隋煬帝造。南有歸義門。曰望景臺，在池北，高四十尺，方二十五步，大帝造。西則達于隔城。隔城者，閶闔在其上，蔭殿在其下。隔城中南有三堂，北有三堂，舊皆皇子、公主所居。隔城之上有閶闔閣，閣南北皆有觀象臺，女使仰觀之所，下有蔭殿，東西二百五十尺，南北二百尺，壁前後三丈。隔城之西曰映日臺，又南百戲堂，又有五明殿。又南儀鸞殿，劉軻陳玄奘塔銘：法師謁文武聖皇帝于洛陽宮，二月己亥，對于儀鸞殿，殿有射堋，殿東即雒城西門，門外有給使坊及內教坊、御馬坊。又南五殿，殿在隔城西映日臺南，下有五殿，上合爲一，亦蔭殿也。壁厚五丈，高九十尺，東西房廊皆五十間。西院有廚，東院有教場、內庫，大帝常御此殿。又南德昌殿，在雒城西門內，殿南曰延慶門，又南曰韶暉門。河南志圖作延慶殿、昭暉殿，據禁扁改正。又南飲羽殿，又南雒城殿，則達雒城南門。雒城南門之西有麗景門，夾城自此潛通上陽宮。

延祥殿、延壽殿、六合殿、北殿、武后宴于北殿。崇福殿、弘福殿避孝敬皇帝諱改。含章殿、宜春院、迎祥院、六合院、觀禮門、收成門、光慶門、瓔珞門、劉弘基從太宗經略東都，戰于瓔珞門外。左右銀臺門、金鑾門、廣達樓、開元二十四年，明皇在東都，千秋節御廣達樓宴羣臣。武宗時雷震廣達樓。舊書王君㚟傳：上宴君㚟及妻夏氏于廣達樓。以上皆見河南志注。紫宸殿、通鑑：則天常御紫宸殿。胡身之注云：六典洛陽宮不載紫宸殿，以西京大明宮準之，紫宸殿內朝也，其位置當在乾元殿後。積善宮，通鑑：朱全忠害何太后于積善宮。不知其處。舊書地理志：太初宮內別殿、臺、館三十五所。

東宮，在宮城東南隅，正門曰重光門，東西各有小門，東曰賓善，西曰延義。一曰含清門，見禁扁。宮中有馬坊。通鑑：天后使薛元超等鞫太子賢于東宮馬坊，搜得皂甲數百領。

皇城

皇城，傅宮城南，因隋名曰太微城，亦曰南城，又曰寶城。通鑑：大業十一年，有孔雀自西苑集寶城朝堂。胡身之注：即皇城，王世充命楚王世偉守寶城。按河南志：宣輝門次北，舊有寶城門，蓋即皇城之西門，因城爲名也。東西五里一十七步，南北三里二百九十八步，新書地理志：長千八百一十七步，廣千三百七十八步。周一十三里二百五十步，新書地理志：周四千九百三十步。高三丈七尺。玉海引河南志作二丈七尺，「一」字誤。其城曲折，以象南宮垣。按城形正方，而東西微長，其西連上陽宮，則缺西北隅，東接東城，則缺東南隅，有似曲折也。南面三門，正南曰端門，北當應天門，南當定鼎門。東曰左掖門，通鑑：隋皇泰主戮于洪建於左掖門外。西曰右掖門。兩掖門各去端門一里。通鑑：王世充出右門，即右掖門。東面一門曰賓耀門。隋曰東太陽門，武德中改東明門，顯慶五年又改賓耀。按隋東太陽門，出則天門横街直東七百步。李庾東都賦：翼太和而聳觀，側賓耀而疏軒。太和與賓耀對舉，則太和之近賓耀可知矣。西面二門，南曰麗景門，西入苑。河南志圖作麗正門，誤。隋亦曰麗景門。通鑑：武后置獄于麗景門，入是獄者非死不出，王弘義戲呼曰「例竟門」。北曰宣輝門。隋曰西太陽門，武德中改西明門，顯慶五年改宣輝。按隋西太陽門，出則天門横街直西七百步。「宣輝」，河南

志作「宣耀」，圖作「宣輝」。按文苑英華有駕幸宣輝門觀試舉人賦，則作耀者誤。宣輝次北，舊有寶城門，門外苑又有二門，南曰由儀門，北曰咸安門，見河南志。城中南北四街，舊五街。東西四街。

應天門外第一橫街之南，第二橫街之北。

東曰東朝堂，通鑑：王世充令西朝堂納寃，抑東朝堂納直諫。當卽此東、西朝堂。次東，門下外省。次東，殿中省。隋曰殿内省。次東，左監門衛。開元初，分左衛地造内省。次東，左衛。隋曰左翊衛。次東，左衛率府。開元初，分左衛地造。次東，尚輦局。與左衛率府隔左掖門街。隋少府監作坊之地。

東朝堂之南，第三橫街之北。〔原脱「第」字，據前後文例補。〕

從西第一，右春坊。分左驍衛地造。次東，左驍衛。次東，左千牛衛。隋曰左備身府。次東，家令寺。分左千牛衛造。初東都百司不備，武后時猶權寓他所。開元初，明皇幸洛陽，分地營建，乃備矣。次東，左武衛。次東，左威衛。次東，左監門率府。河南志作左監門衛，誤，今改正。次東，左領軍衛。隋曰左御衛府。按此街應補左司禦率府，次東隔左掖門街，應補左春坊。

東朝堂之南，第四橫街之北。

從西第一，曰鴻臚寺。隋司隸臺及光禄寺之地。次東，衛尉寺。據河南志圖補。次東，大府寺。次東，太廟。在左掖門街之東。隋少府監之地。武后造。初以置武氏七廟，中宗因而正焉。安禄山陷雒陽，以太廟爲馬廏，棄其神主。收東京後，寄主于太微宫。宣宗時以廢弘敬寺爲太廟，由太微宫迎主祔焉。次北，中宗廟。隋

東宮率府之地。

應天門外第一横街之南，第二横街之北。

西曰西朝堂。次西，中書外省。隋曰内史省。次西，四方館。隋曰謁者臺。次西，右衛率府。分右衛地造。次西，右衛。次西舊有倉院，院西抵城之南北街，後併入太社。按此則隔右掖門之西，應補太社。又按右衛率府之次，當補右監門衛。

西朝堂之南，第三横街之北。

從東第一，右司禦率府。分右驍衛地造。次西，右驍衛。次西，右千牛衛。次西，右武衛。次西，右監門率府。分右武衛地造。次西，知匭使。分右威衛地造。次西，右威衛。次西，内侍省。本右威衛地，武后移造于此，便以園地充衛。次西，右領軍衛。次西，内坊。分右領軍地造。

西朝堂之南，第四横街之北。

從東第一，御史臺。次西，祕書省。省内有蔡邕石經數十段，後魏末自洛陽徙長安，周武帝時徙置鄴。隋煬帝爲太子，掇殘缺者徙至東宮，又移將作内坊。貞觀四年，祕書監魏徵奏于京祕書内省置，武后復徙於此。次西，尚舍局。次西，太僕寺。隋長秋監之地。武德初改名内侍省，武后曰司宫臺，尋徙于此街，于此置右肅政御史臺。景雲中臺廢。開元八年，王毛仲爲太僕卿，奏自安業坊移寺于此。寺西卽右掖門，門内道西舊有良醖署，後爲瀉口磑坊。

賓耀門内道北。

詹事府。大帝末嘗于此。

東城

東城亦隋時所築，唐因之。以在宫城、皇城之東，故曰東城。通鑑：王世充使太子元應守東城。東面四里一百九十七步，南北面各一里二百三十步，西屬宫城，其南屈一百九十八步，屬宫城之東北隅。南面屈曲，逐雒水之勢，北即含嘉倉城。高三丈五尺。正南門曰承福門，東面一門曰宣仁門，直東與外郭之上東門相直。通鑑：元文都等爲李密飾賓館于宣仁門東。安禄山之陷東京，封常清退守宣仁門，又敗，乃自苑西壞牆西走。北面一門曰含嘉門。南當承福門，含嘉門北即含嘉倉，倉北曰德猷門，門出外郭。

城中南北街二，東西街三。舊四街，後併曹司，廢街。

承福門内南北街之東，從南第一横街之北。

從東第一，司農寺。舊鴻臚寺之地，乾封中徙。次東，光禄寺。舊司農寺之地，乾封中徙。次東，太常寺。

承福門内南北街之東，從南第二横街之北。

東當宣仁門街北，尚書省。長壽中，左丞李昭德奏加修繕，甚爲壯麗。通鑑：王世充殺元文都等，自含嘉城

移居尚書省。

承福門内南北街之西，從南第一横街之北。

從西第一，少府監。次西，軍器監。本修甲弩坊，開元初立爲監。次西，大理寺。隋氏此街之北，從東第一衛尉寺，第二都水監，第三大理寺。更北又開東西一街，街北從東第一宗正寺，第二太僕寺，第三將作監。乾封之後，修繕東都，始移併焉。

上陽宮

上陽宮在禁苑之東，通鑑隋紀注云：苑距上陽宮七里。東接皇城之西南隅，南臨雒水，舊紀：開元二十九年七月，雒水汎漲，毁天津橋及上陽宮仗舍。西距穀水，東面即皇城右掖門之南，北連禁苑，上元中置。上元中，司農卿韋機造。大帝末年常居此宮聽政。初大帝登雒水高岸，有臨眺之美，詔機於其所營上陽宮，宮成移御之。尚書左僕射劉仁軌謂侍御史狄仁傑曰：古天子陂池臺榭，皆深宮複禁，不欲百姓見之，恐傷其心。而今列岸謻廊，亘王城外，豈愛君哉。東面二門，南曰提禁扁作「禔」象門，卽宮之正衙門，司農卿韋機測造。大典引洛陽志作司農少卿樊則造。宮南門通苑内。封常清傳：禄山渡河，賊大軍繼至，常清退入上東門，戰不利，賊鼓譟于四城門入，殺掠人吏。常清又戰于都亭驛，不勝，退守宣仁門，又敗。乃從提象門入，倒樹以礙之。北曰星躔門。門外有政事院。南面二門，東曰仙雒門，通鑑：開元二十年，宴百官于上陽東洲。胡注云：上陽宮南臨雒水，引雒水爲中洲

于宫之東。西曰通仙門。並在苑内。按舊書玄宗紀：開元十三年五月，妖賊劉定高夜犯通雒門。疑通仙原作通雒，涉上仙雒誤耳。北面一門芬芳門，西面二門。六典不言西面有門。河南志舊圖有二門而無名。永樂大典引洛陽志：乾元元年，郭子儀於上陽西金華門外仗下獲信寶。按金華當是上陽西門。

宫之正殿曰觀風，殿東向。武后還朝政後居此殿。其内有麗春臺、耀掌亭、九州亭。河南志作九洲亭，云亭院内竹木森翠。前曰觀風門，東直提象門。夾門者，南曰浴日樓，東臨雒水。北曰七寶閣。觀風殿之北曰化城院，開元十年，御雒城門試文章及第人，命蘇晉、陳希烈于化城院考。次曰仙居殿。武后崩于此。化城院之西南曰甘露殿，殿東雙曜亭，「雙」，禁扁作「集」。亭西麟趾殿，殿之前東曰神和亭，西曰洞玄堂。觀風殿之西曰本枝院，又西麗春殿，河南志以麗春殿與麗春臺合爲一，疑誤，今從六典。殿東含蓮亭，西芙蓉亭，又西宜男亭，又西則上陽宫芬芳門，内曰芬芳殿。又有露菊亭，宜春、妃嬪、仙妤、冰井等院。六典「妤」作「杼」。通仙門内曰甘湯院。

西上陽宫在上陽宫之西南，兩宫夾水駕虹橋，以通往來。

玉京門、金闕門、泰初門、六典：通仙門次北，東上曰玉京門，門内北曰金闕門，南曰泰初門。含露門、六典：上陽宫西曰含露門。禁扁作「含桃」。仙桃門、壽昌門、六典：玉京西北出曰仙桃門，又西曰壽昌門。玄武門、六典：玉京北出曰玄武門。客省院、蔭殿、翰林院、六典：皆在玉京之西。飛龍廄、六典：在玄武門内之東。上清觀，河南志：觀在宫西北，内女道士所處。不知其處。河南志上陽宫圖核以六典所載，玉京以西門名皆不合。

禁扁以玉京以西諸門皆屬西上陽宮，未知所據，今闕疑俟考。

神都苑

唐之東都苑，隋之會通苑也。又曰上林苑，武德初改芳華苑，武后曰神都苑。東抵宮城，按在宮城之西，故亦曰西苑。李希烈圍鄭州，東都留守鄭叔則入保西苑是也。西至孝水，北背邙阜，南拒非山，按水經注：甘水與非山水會。穀、雒二水會于其間。周一百二十六里，東面十七里，南面三十九里，一作二十九里。西面五十里，北面二十四里。一作二十里。隋舊苑方二百二十九里一百三十八步。太宗嫌其廣，毁之以賜居人。按苑缺東北隅，蓋屬于周之王城也。據周書作雒解：王城郛方七十二里。當每面十八里。垣高一丈九尺。東面四門，從北第一曰嘉豫門，門上有觀，隋曰翔鳳觀。次南曰上陽門，次南曰新開門，最南曰望春門。南面三門，從東第一曰興善門，隋曰清夏門。次西曰興安門，次西曰靈光門。隋曰昭仁門。西面五門，從南第一曰迎秋門，次北曰遊義門，次北曰籠烟門，次北曰靈溪門，次北曰風和門。北面五門，從西第一曰朝陽門，次東曰靈囿門，次東曰玄圃門，次東曰禦冬門，最東曰膺福門。顯慶三年修建東都，始廢洛陽宮總監，改青城宮監爲東都苑北面監，明德宮監爲東都苑南面監，洛陽宮農圃監爲東都苑東面監，食貨監爲東都苑西面監，凡四監，知苑中雜事。按通鑑：王世充自方諸門出，憑故馬坊垣塹，臨穀水，以拒唐兵。胡注：方諸蓋自都城出禁苑之門，今未知所在。

苑內最西者合璧宮，顯慶五年，命田仁汪、徐感造八關涼宮，改名合璧宮，當中殿曰連璧殿。又有齊聖殿，北據山阜，甚爲宏壯，孝敬皇帝薨此宮之綺雲殿。最東者凝碧池，東西五里，南北三里。六典有凝碧亭。祿山入東都，宴其羣臣于凝碧池。通鑑：大業元年，築西苑，周二百里，其內爲海，周十餘里，爲蓬萊、方丈、瀛洲諸山，高出水百餘尺，臺觀殿閣，羅絡山上，蓋唐改海爲凝碧池，隋煬帝之積翠池蓋即凝碧池，水隨地易名耳。當中央者龍鱗宮。大帝所造。通鑑：海北有龍鱗渠，縈紆注海內，緣渠作十六院，門皆臨渠。則唐之龍鱗宮，仍以龍鱗渠名之也。十六院皆當在海之北。合璧之東南，隔水者爲明德宮。隋曰顯仁宮，南逼南山，北臨雒水，宮北有射堂、官馬坊。按唐書魏徵傳：太宗幸洛，次昭仁宮。貞觀政要及魏鄭公諫錄皆作顯仁宮，是昭仁宮即明德宮矣。合璧之東爲黃女宮。宮三面臨雒水，水深潭處，號黃女灣，因以爲名。按太平寰宇記云：後魏移平陰縣理于皇女臺側，疑黃女即皇女而訛。其正南而隔水者，芳樹亭也。在黃女宮南，大帝造。苑之西北隅爲高山宮。司農卿韋機造。按貞觀十一年，以穀、雒溢，廢飛山宮之玄圃院，賜遭水家。疑高山宮即飛山宮也。東北隅爲宿羽宮。韋機造。南臨大池，池流水盤屈。按宮中有宿羽臺。通鑑：武后宴突厥使于宿羽臺。注云：高宗調露元年所起。舊書突厥傳作宿羽亭。東南隅爲望春宮。又有冷泉宮、隋造。有泉極冷，因以爲名。積翠宮、隋造。六典作翠微宮。按隋煬帝集四方散樂于東京，閱之于芳華苑積翠池，則宮以池得名。通鑑：貞觀十一年，上宴洛陽宮西苑，泛積翠池。注云：洛陽西苑，穀、雒二水會于其間，開元二十四年，慮其泛溢，爲三陂以禦之，一曰積翠，二曰月陂，三曰上陽。顯慶二年，駕幸洛陽，館玄奘法師于積翠宮。青城宮、隋造。在宿羽宮西。通鑑：王世充陳于青城宮。胡三省注：青城宮在洛城

西北。金谷亭、大帝造。凌波宮。隋造。六典：穀、雒二水會于苑中，中有十一宮。

隋及唐初苑內，又有朝陽宮、栖雲宮、景華宮、成務殿、大順殿、文華殿、春林殿、和春殿、華渚堂、翠阜堂、流芳堂、清風堂、永樂大典引洛陽志：清風堂下有光風堂。〔按稿本，此注爲張穆補。〕崇蘭堂、麗景堂、鮮雲堂、迴流亭、流風亭、露華亭、飛香亭、芝田亭、長塘亭、永樂大典引洛陽志作草塘亭。〔按稿本，此注爲張穆補。〕芳洲亭、翠阜亭、芳林亭、永樂大典引洛陽志芳林亭下有流芳亭。〔按稿本，此注爲張穆補。〕飛華亭、留春亭、澂秋亭、洛浦亭，皆隋煬帝所造。武德、貞觀之後多漸移毀，顯慶後，田仁汪、韋機等改拆營造，或取舊名，或因餘所，規制與此異矣。

外郭城

東京城，隋大業元年築，曰羅郭城。唐長壽二年，李昭德增築，按隋時外城僅有短垣，昭德始築之。改曰金城。按會要：天寶二年正月二十八日築神都羅城，號曰金城。則金城之名非始於武后矣。前直伊闕，後倚邙山，東出瀍水之東，西出澗水之西，雒水貫都，有河漢之象焉。按三輔黃圖云：始皇築咸陽宮，端門四達，以象紫宮，引渭水貫都，以象天漢。則煬帝蓋倣秦之爲也。周五十二里。韋述記曰：東面十五里二百一十步，南面十五里七十步，西面十二里一百二十步，北面七里二十步，周回六十九里二百十步。新書地理志曰：東西五千六百十步，南北五千四百七十步，西連苑，北自東城而東二千五百四十步，周二萬五千五十步，其崇丈有八尺。六

典注作西面連苑，距上陽宮七里，北面距徽安門七里。張鷟判：有大匠吴淳，掌造東都羅城，牆高九仞，隍深五丈。南面三門，正南曰定鼎門，南通伊闕，北對端門。隋曰建國，唐武德年平王世充改。大唐新語：長壽三年，則天徵天下銅五十萬餘斤，鐵三百三十餘萬，錢二萬七千貫，于定鼎門内鑄八棱銅柱，高九十尺，徑一丈二尺，題曰大周萬國述德天樞。東曰長夏門，在定鼎門東五里。廣明庚子，汝州召募軍李巡光等一千五百人，自鴈門回，掠東都南市，焚長夏門而去。蓋南市與長夏門惟隔四坊也。西曰厚載門。在定鼎門西二里。隋曰白虎門，唐初避廟諱改。東面三門，北曰上東門，西對東城之宣仁門。隋曰上春，唐初改。中曰建春門，隋曰建陽，唐初改。薛懷義於建春門内敬愛寺别造殿宇，改名佛授記寺。見舊書外戚傳。南曰永通門。河南志作中曰羅門，南曰建春門，而無永通之名，惟于注中引韋述記曰：建春南曰永通。蓋永通後廢，作志時已無此門也。今從六典、韋述記。續定命録：樊陽源有表兄任密縣令，使人招之，遂出永通門宿。許渾有出永通門經李氏莊詩，是唐時有此門也。北面二門，東曰安喜門，隋曰喜寧，唐初改。按「喜」或作「善」，非。西曰徽安門。南部新書：徽安門樓上元多雀鴿，後絶無。清泰中，帝上此樓自焚，俗謂之「火燒門」。杜鵬舉傳：鵬舉在洛城暴卒而蘇，云見兩人持符來召，相引徽安門出，直北上邙山。蓋此門外即邙山。城内縱横各十街，河南志引韋述記曰：定鼎門街廣百步，上東、建春二横街七十五步，長夏、厚載、永通、徽安、安喜及當左掖門等街，各廣六十二步，餘小街各廣三十一步。凡坊一百十三，市三。隋曰里一百三，市三。唐改曰坊。河南志引韋述記曰：每坊東西南北各廣三百步，開十字街，四出趨門。通鑑：魏景明二年，司州牧廣陽王嘉請築洛陽三百二十三坊，各方三百步，詔發畿内夫五萬人築之，四旬而罷。按唐時坊一百十三，則魏時坊或兼城

外數之，或字誤也。又按唐之三市，皆非隋三市之舊，隋無西市，唐無東市。當皇城端門之南，渡天津橋，至定鼎門，南北大街曰定鼎街。亦曰天門街，又曰天津街，或曰天街。河南志引韋述記曰：自端門至定鼎門七里一百三十七步，隋時種櫻桃、石榴、榆、柳，中爲御道，通泉流渠，今雜植槐、柳等樹兩行。諸載定鼎門詩：郟鄏城高門倚天，九重蹤跡尚依然。須知道德無關鎖，一閉乾坤一萬年。

定鼎門街東第一街，從南第一曰明教坊。

龍興觀。西南隅，尚書右丞宋璟宅。太平御覽：璟造宅悉東西相對，不爲斜曲，以避惡名。顔魯公宋璟碑：薨于東都明教里第。南門之東，清河縣子、國子司業崔融宅。太平御覽：融爲則天哀册，用思精苦，下直，馬過其門不覺，文就而卒。

次北宜人坊。本曰宜民，避唐太宗諱改，或作「仁」者，非。

半坊太常寺藥園。本隋齊王暕宅西南隅，菏澤寺。

次北淳化坊。

祁國公、贈太尉、益州大都督王仁皎宅。

次北安業坊。隋有薛道衡宅。廣異記：開元末，東京安宜坊有書生，夜中理書，鬼邀之，出坊至寺門鋪，俄至定鼎門內。安宜當即安業之訛。

太僕寺。典廏署。霍王元軌宅。李懷遠宅。

次北修文坊。隋立國子學于此，因曰修文。有麥鐵杖宅。

弘道觀。顯慶二年，盡併一坊之地爲雍王宅。王升儲，立爲弘道觀，因改坊名曰弘道。按會要：章懷太子于咸亨三年徙封雍王，則顯慶時不得有雍王宅也。河南志原注誤。名畫記：弘道觀東封圖是吴道玄畫。兩京記乃云非名手，誤也。

次北尚善坊。

太史監。本崇賢館。宗正寺。内僕局。右驍衛大將軍阿史那忠宅。阿史那忠碑：薨於洛陽尚善里之私第。岐王範宅。本武三思宅，宅有薛稷畫鶴。舊書外戚傳：武崇訓尚安樂郡主，時三思用事于朝，欲寵其禮，中宗爲太子在東宮，三思宅在天津橋南，自重光門内行親迎禮，歸於其宅。薛王業宅。本太平公主宅。坊北，天津橋。元和郡縣志：天津橋在河南縣北四里，隋煬帝大業元年初造。此橋以架雒水，用大船維舟，皆以鐵鎖鉤連之，南北兩路，對起四樓，其樓爲日月表勝之象。然雒水溢，浮橋輒壞。貞觀十四年，更令石工〔原誤爲上，今據元和郡縣圖志改正。〕累方石爲脚。爾雅：斗牛之閒爲天漢之津，故名取焉。按唐人由西京至東都，皆由天津橋。高宗還東都，百官見于天津橋南是也。白居易詩：津橋東北斗亭西，到此令人詩思迷。

右定鼎門街東第一街，六坊。

定鼎門街東第二街，北隔雒水，當皇城之左掖門。從南第一曰樂和坊。

國子學。本韓王元嘉宅。同鳳閣鸞臺平章事、建昌郡王武攸寧宅。齊景胄宅。工部侍郎

李適宅。吏部尚書李景讓宅。新書李景讓傳：景讓宅東都樂和里，世稱清德者，號樂和李公云。

次北正平坊。正或作政，非。

孔子廟。國子監。開元初，祕書監吴道師撰碑立廟前。舊書儒學傳：尹知章卒，門人孫季良等立碑于東都國子監之門外，以頌其德。安國女道士觀。本太平公主宅。安慶緒囚甄濟于安國觀，見舊書忠義傳。李商隱爲馬懿公郡夫人王氏黄籙齋文：妾某住河南府河南縣正平坊安國觀内。常州刺史平貞昚宅。張説平貞昚碑：薨于河南之正平里第。兵部尚書李迥秀宅。舊書本傳：所居宅中生芝草數莖，又有猫爲犬所乳，中宗以爲孝感所致，使旌其門閭。左散騎常侍、襄陽郡王路應宅。韓愈路應碑：薨于東都正平里第。

次北修行坊。

奉國寺。本張易之宅。白居易有東都奉國寺禪德大師照公塔銘。豆盧欽望宅。銀青光禄大夫致仕李義琰宅。舊書本傳：義琰宅無正寢，弟義璡市堂材送焉，義琰竟不營構。及將歸東都田里，公卿已下相餞于通化門外，時人以比漢之二疏。劉軻宅。劉軻陳玄奘塔銘：歲丁巳，開成紀年之明年，有具壽沙門曰令檢，自上京抵洛，師以縹囊盛三藏遺文傳記，訪余柴門于行修里。「行修」即「修行」之訛。太常少卿杜氏宅。温庭筠有和太常杜少卿東都修行里嘉蓮詩。

次北崇業坊。

福唐觀。李邕有東京福唐觀鄧天師碣。中王撝宅。守司徒、同平章事、充東都留守裴度宅。

次北修業坊。

景雲女道士觀。郋國公主宅。本許敬宗宅。張説郋國長公主碑：薨于河南縣之修業里。按公主爲睿宗第八女，降薛敬，後降鄭孝義。代國公主宅。本陸頌宅。鄭萬鈞代國長公主碑：薨于河南修業里第。按公主爲睿宗第五女，降鄭萬鈞。

次北旌善坊。北至雒水。

崇化寺。特進、尚書右僕射、上柱國温彦博宅。虞恭公碑：薨於旌善里第。寧王憲宅。本安樂公主宅。明威將軍梁待賓宅。楊烱梁待賓碑：終于東都旌善里私第。李翺宅。李翺來南録：元和四年正月，自旌善第以妻子上船于漕，乙未去東都。

右定鼎門街東第二街，六坊。

定鼎門街東第三街，北當雒水之中橋，又當東城之承福門。從南第一曰尚賢坊。

天官侍郎張錫宅。父子五人列戟，時號萬石張家。建安王武攸宜宅。檢校納言、兼肅政臺御史大夫狄仁傑宅。大理卿裴談宅。崔明昚宅。河東節度使韋湊宅。左衛將軍、范陽郡公張知謇宅。

次北敦行坊。

司農寺。司竹園。本周思茂宅。吏部尚書裴漼宅。鄴郡太守、長垣縣子、恒王傅吴兢宅。

滄州刺史鄭孝本宅。以致仕終于此里，見孫逖所作墓誌。里肆。杜牧集：川守大夫劉公早歲寓居敦行里肆，有題壁十韻。

次北崇政坊。

秋官尚書杜景佺宅。刑部尚書王志愔宅。李伯潛宅。按李伯潛未知何人，常袞有贊善大夫李君墓誌銘云：君諱某，天寶十四載終于東京崇政里之私第。載此俟考。太子賓客、贈禮部尚書崔沔宅。顏魯公崔孝公宅陋室銘記：公既留司東都，遂鬻所乘馬，就故人監察御史張汯子深河南府崇政坊買宅以製居，建宗廟于西南。維先太夫人安平郡夫人堂在宅之中，儉而不陋，淨而不華，六十餘年，榱棟如故。堂東嫂盧夫人所居，堂之東北鄭氏、李氏姊歸寧所居。堂之北五步之外，建瓦堂三閒以居之。

次北宣範坊。

半坊爲河南府廨。西北去宮城七里。古監洛城，即古之甘城也。隋置都，平之。按禹貢：豫州之域，秦始立三川郡，三川者，伊、洛、河也。漢改河南郡。曹魏時，以司隸校尉所掌置司州，領河南等五郡。晉穆帝時，桓温入雒陽，復置河南郡。宋武帝復置司州。後魏都雒陽，爲河南尹。隋文帝置河南道行臺省，煬帝建新都，改雒州爲豫州，大業三年，罷州爲河南郡，十四年復置雒州。王世充又爲司州。武德四年復爲雒州，開元元年改雒州爲河南府。太子賓客元行沖宅。

次北恭安坊。隋有馮慈明宅。

太子僕寺。右散騎常侍、舒國公褚无量宅。禮部侍郎賈曾宅。魏奉古宅。王怡宅。

次北勸善坊。隋有李圓通宅。東北隅，太子太師鄭公魏徵宅。太平御覽：魏徵宅山池院有進士鄭光乂畫山水，爲時所重。後王方慶居之。開府儀同三司、畢國公竇希瓘宅。户部尚書畢構宅。

次北惠訓坊。北至雒水，隋有翻經館。長寧公主宅。按公主爲中宗第四女，降楊慎交，後降蘇彦伯。新書長寧公主傳：東都廢永昌縣，主丐其治爲府，以地〔原誤作「池」，據新唐書改。〕瀕洛，築鄣之。又曰：魏王泰故第，東西盡一坊，瀦沼三百畝。泰薨，以與民，至是主丐得之。按永昌縣廨在道德坊，道德與惠訓相接，故兩坊皆有長寧公主宅，而魏王池在旌善、尚善之閒，東與兩坊相屬，長寧因丐得之也。岐王山亭院。密亳二州刺史鄭仁愷宅。崔融鄭仁愷碑：薨于東都惠訓里第。坊北舊中橋。隋大業初造，名立德橋，唐上元中韋機徙于東街。

半已西道術坊。隋煬帝多忌惡，五行、占候、卜筮、醫藥者皆追集東都，置此坊，遣使檢察，不許出入。時改諸坊爲里，以此偏居里外，既技藝所聚，謂之道術坊。唐貞觀中併坊地以賜魏王泰，泰爲池彌廣數頃，號魏王池。泰死，後立爲道術坊，分給居人。神龍中併入惠訓坊，盡爲長寧公主第。開元初復舊。通鑑：大業三年勅河南諸郡送一藝户陪東都三千餘家，置十二坊於洛水南以處之。按此則道術坊即十二坊之一也。

右定鼎門街東第三街，八坊。

定鼎門街東第四街，北隔雒水，當外郭之徽安門。卽長夏門之西街，從南第一曰歸德坊。

黄門侍郎、扶陽縣子韋承慶宅。尚書左丞相、徐國公劉幽求宅。左散騎常侍劉子玄宅。中書令韋嗣立宅。張説逍遥公墓誌：薨于歸德里。盧言宅。唐語林：盧言舊宅在東都歸德坊南街，廳屋是杏木梁，西壁有韋冕郎中散馬七匹，東壁有張旭草真蹟數行。宅之東果園，兩京新記云是馬周舊宅。旅舍。補録紀傳：李固言初未第時，寓歸德里。長夏亭。門内客亭。水南倉。制度甚雄敞，倉南有土冢，俗傳是蔡邕墓。水南草場。

次北康俗坊。俗或作裕，非。

左丞相、燕國公張説宅。張説先府君張騭碑：夫人長樂縣太君馮氏，傾背于東都康俗里第。按騭卽燕公父，馮氏卽燕公母。張九齡張燕公墓誌：薨于東都康俗里第。又張説李氏張夫人墓誌：臨淄李伯魚妻范陽張氏女，伯魚卒，夫人寡居無子，以歸宗焉，傾逝于康俗里。按張夫人卽燕公之姊。太子詹事陸餘慶宅。尚書右丞、工部尚書、東都留守劉知柔宅。前亳州刺史盧瑗宅。通幽記：貞元九年，前亳州刺史盧瑗家于東都康俗坊，瑗父正病卒，後兩日正晝，忽有大鳥色蒼，飛于庭，巡翔空閒，飛入西南隅井中，久而飛出，人往視之，井水已竭，中獲二卵，大如斗，將出破之，血流數斗，至明，忽聞堂西奥有一女人哭，出就東閒，却往西閒，拽其尸，如麋散之，出門而滅。成都功曹蕭公宅。穆員蕭公墓誌：終于康俗里第。

次北敦化坊。本名基化坊，景雲初避明皇名改。隋有永昌公主宅。

麟跡女道士觀。劇談録：東都敦化坊有麟迹見于興慶觀，殿宇悉皆穨毁。咸通中畢諴相國別令營造，建基址閒，得巨甕，皆貯白銀。雒州刺史賈敦頤宅。後爲鄭王府。突厥阿史那斛瑟羅宅。尚書左丞相、兼侍中源乾曜宅。户部尚書陸象先宅。嗣許王瓘宅。桂州觀察使李勃宅。酉陽雜俎：東都敦化坊百姓家，大和中有木蘭一樹，色深紅，後桂州觀察使李勃看宅人以五千買之，宅在水北，經年花紫色。河南府法曹參軍盧貽宅。韓愈盧府君夫人苗氏墓誌：卒於東都敦化里。按貽與苗氏即昌黎之妻父母。鄠縣尉劉刺夫宅。三水小牘：彭城劉刺夫，大中年授鄠縣尉，卒，妻王氏歸其家，居雒陽敦化里第。汝州魯山縣令皇甫枚宅。按枚撰三水小牘云：余在雒敦化里第，渤海徐公讜爲余言王知古事。是枚宅在此坊矣。

次北道化坊。道化一作遵化，隋有王邵宅、趙才宅。

定安公主宅。公主爲中宗第三女，降王同皎，後降韋濯，三降崔銑。益州大都督府長史、贈禮部尚書皇甫無逸宅。本隋蕭琮所居，後爲唐臨宅。右領軍府大將軍房仁裕宅。本隋郡學。中書令崔湜宅。張説滎陽夫人鄭氏墓誌：終于雒陽之遵化里。按鄭氏即湜之母。

次北温柔坊。

李晦宅。太平公主壻豆盧光祚居焉，後爲秦國公主宅。按會要無秦國公主。睿宗第七女曰蔡國，或形近而訛。瓊山縣主宅。閤門使薛貽簡園。號薛氏奉親園，園内流杯石，傳自平泉徙致。

次北擇善坊。

宰更寺。太尉、英國公李勣宅。左衛大將軍、同中書門下三品、韓國公張仁愿宅。本隋來護兒宅。宣城公主宅。宣城公主爲憲宗第五女。按雒陽第宅，多是武后、中宗時居東都所立，中葉以後，不得有公主宅。考中宗第二女曰宣城公主，降裴巽，「宣」蓋「宜」之誤也。同鳳閣鸞臺平章事、譙縣子婁師德宅。

次北道德坊。本曰道訓坊，北至雒水。隋有秦王浩宅。

東南隅，永昌縣廨。永昌中析河南、雒陽二縣立永昌縣，治此坊。神龍元年省。按紀聞云：唐衛州司馬杜某爲雒陽尉時，有賊在雒陽城南午橋人家殺人，將財至城，舍于道德里，欲出外，不能去，乃出道德坊南行，忽空中有火，遮其前，不得南出，因北走入縣門。蓋是未省縣時也。武成王廟。景龍女道士觀。南北居半坊之地，金仙公主處焉。按公主爲睿宗第九女。長寧公主宅。内史史務滋宅。

右定鼎門街東第四街，長夏門之西街，七坊。

長夏門之東第一街，定鼎門街東之第五街也，南出長夏門。從南第一曰仁和坊。坊本名民和，避唐太宗諱改，當作「人和」。而太平御覽、白居易集及河南志所引韋述記皆作仁和。河南志引韋述記云：此坊北側數坊，去朝市遠，居止稀少，惟園林滋茂耳。

兵部侍郎許欽明宅。欽明，户部尚書圉師猶子，與中書令郝處俊鄉黨親族，兩家子弟類多醜陋，而盛飾車馬，以遊里巷，京雒爲之語曰：衣裳好，儀觀惡，不姓許，即姓郝。禮部尚書裴寬宅。子孫最衆盛。柳玭戒子孫文云：東都仁和里裴尚書寬，天后時宰相魏玄同選尚書之先爲壻，未成昏而魏陷羅織獄，家徙嶺表。及北還，女已踰笄，其

家議無以爲衣食資，願下髮爲尼，有一尼自外至，曰女福厚豐，必有令匹，子孫將徧天下，宜北歸。家人遂不敢議。及荆門，則裴齎裝以迎矣。兵部侍郎裴隣宅。按白居易裴常侍薔薇架詩注：裴君所居名仁和里。蓋亦裴氏之族也。諸城劉氏云：大和題名有裴潾，則「隣」當作「潾」。益州長史、南陽公杜行敏宅。杜牧六代祖，賜宅在仁和里。按宰相世系表：行敏爲牧之六代祖。

次北正俗坊。按宣室志：長慶初，雒陽利俗坊有民行車數兩，將出長夏門，有一人負布囊，求寄囊于車中，因返入利俗坊。疑利俗即此正俗也。

玄元觀。李從遠宅。太子太傅分司東都李固言宅。盧氏宅。竇從直盧公夫人崔氏墓誌：元和甲午，終于東都正俗里之私第。

次北永豐坊。

尚書右僕射楊再思宅。户部尚書崔泰之宅。吴師道宅。邠王府長史陰公宅。張均陰府君碑：寢疾京都，終于永豐第。按陰君夫人即燕公之妹。太子賓客杜氏宅。唐詩紀事：蔣防有杜賓客永豐里新居詩。西南隅，柳樹。盧貞和白尚書賦永豐柳詩序：永豐坊西南角有垂柳一株，柔條極茂。

次北修善坊。隋有蔡王智積宅。河南志引韋述記云：坊内多車坊、酒肆。

波斯胡寺。太子賓客盧正己宅。常袞盧正己墓誌：薨于東都循善里之私第。按循、修雙聲，古多通用。

次北思順坊。隋有諸葛穎宅。洛陽縣龍門三龕有貞觀二十一年思順坊老幼等造彌勒像，卽此坊也。

户部尚書、長平公楊纂宅。中書令張嘉貞宅。嘉貞子延賞，延賞子弘靖，皆爲相，其居第亭館之麗，甲于雒城，子孫五代，無所加工，時號三相張家。

次北福善坊。此坊有坡，地勢隆起，名福善坡。河南志云：韋述記不著此坡，疑張全義保南州時所築壘垣，其後未嘗平蕩，因以得名。畫墁録云：唐家二百八十餘年，河決二穀，雒城歲爲患，壞天津，浸城闕，墊城郭不已。宋時自祥符至熙寧，福善坡以北率被昏墊，城下惟福善坡不及，城外惟長夏門不及，雒中有語云：長夏門外有莊，福善坡頭有宅。乃知水讖不苟云。

次北惠和坊。隋大業四年，坊内道東南醴泉涌出，水面濶五尺，暖而甘，泉上常有氣如霧，疾病者取飲之，多效，時人謂曰神泉，至九年枯竭。

安修仁宅。官舍。王紹宗兄元宗口授銘序：垂拱之歲，吾六兄見疾大漸，委化于伊、雒之閒，僑居惠和里之官舍。

次北安衆坊。北至雒水。

工部尚書尹思貞宅。尚書右僕射、燕國公于志寧宅。令狐德棻于志寧碑：薨于東都安衆里之第。

竇庭芝宅。唐語林：李鄴侯居憂于河清縣，騎驢入雒，至中橋南遇大尹，避道，驢驚逸而走，徑入分司竇庭芝員外宅。鄴侯與僕者共造其門，庭芝出，降階而拜，延接信宿，贈送甚厚，但云貴達之日，願以一家爲託。及朱泚之亂，庭芝降賊，

德宗首命誅之，鄴侯累白以舊事，乃原其罪。　按言中橋之南，卽安衆坊也。**坊北中橋。**此新中橋也。舊書李昭德傳：初都城雒水天津之東，立德坊西南隅有中橋及利涉橋。上元中，司農卿韋機始移中橋，置于安衆坊之左街，當長夏門，都人甚以爲便，因廢利涉橋，所省萬計。然歲爲雒水衝注，常勞治葺。昭德創意積石爲脚，銳其前以分水勢，自是竟無漂損。

右長夏門之東第一街，八坊。

長夏門之東第二街，從南第一曰興教坊。

祕書少監趙雲卿宅。河南志引蕭穎士集：興敬里有趙雲卿宅。　按「敬」卽「教」之訛。**李師道留後院。**通鑑：李師道置留後院于東都，本道人雜沓往來，吏不敢詰。　考異引河南記曰：賊帥訾嘉珍于東都留後院潛召募二百餘人，造置兵仗。會門子健兒有小過被笞，遂使兄弟一人告河南府。當時飭兩縣驅丁壯悉持弓矢刀棒，圍興道坊院數重，因縱火焚其院。　按興道卽興教，通鑑言賊出長夏門望山而遁，興教正在長夏門內也。　或原作「興道」，河南志因下宣教而訛。　留後院，舊書呂元膺傳作「邸院」。

次北宣教坊。本名弘教，神龍初避孝敬皇帝諱改。

懷音府。見地理志。**全真觀。齊州司馬陸孝斌宅。**張説陸孝斌碑：夫人盧氏，終于雒陽之宣教里。

安鄉郡長史黄撝宅。劉庭玲撰故安鄉郡長史黄府君夫人彭城劉氏龕銘云：夫人歸江夏黄撝。寢疾，終於東京宣教里之私第。**太子少師皇甫鏞宅。**白居易皇甫鏞墓誌：薨于東都宣教里第。　少師，墓誌作「少保」。**淮南節**

度使、趙國公李紳宅。李紳廉察東雒，初到雒陽，寓居宣教里。

次北陶化坊。隋有修行寺、史祥宅。元稹贈吕二校書詩注：與吕校書同年科第，後爲别七年，元和己丑歲八月，偶于陶化坊會宿。

侍中、譙郡公桓彦範宅。禮部尚書蘇頲宅。太僕卿、華容縣男王希儁宅。張九齡王府君墓誌：薨于雒陽之陶化里第。楚材按：希儁之名見蘇頲授王希儁太僕卿制。希儁又有宅在西京朱雀門街東第三街親仁坊。〔按稿本，楚材按語爲張穆補。〕河南府參軍張軫宅。吕巖説張軫墓誌：開元廿年六月五日，因調遘疾，終于洛陽陶化里之私第。按軫，柬之之孫，柬之作其父元弼墓誌，亦言終于洛陽，是洛陽世有張氏宅矣。穆案：星伯先生卒於道光二十八年三月初一日，此條則將屬纊之前四、五日手書示穆，令補入書中，時穆新遭妻喪，兒孝蘭疾亦垂殆，倉皇摧割之際，寶持手蹟，幸未遺失，附注於此，以志痛也。工部尚書、東都留守盧從愿宅。王光輔宅。光輔名曒，以字行，石泉公方慶長子，官至潞州刺史。楚材按：石泉公居魏鄭公宅，在定鼎門第三街勸善坊。〔按稿本，楚材按語爲張穆補。〕太子賓客高重宅。空宅。宣室志：東都陶化里有空宅，大和中，張秀才借得肄業。夜深攲枕，乃見道士與僧徒各十五人，從堂中出，排作六行，别有二物展轉于地，秀才以枕擲之，皆不見。明日于壁角中得一敗囊，中有長行子三十箇並骰子一雙。

次北嘉善坊。隋有元文都宅、韋津宅。

菏澤寺經坊。鄭果宅。嗣虢王邕宅。祕書監蘇踐言宅。五行記：蘇踐言左相，温國公長子，居

于嘉善里。永昌年六月，與其弟崇光府録事參軍踐義退朝還第，弘道觀東猝遇暴雨，震電光來繞踐言等馬，回旋甚急，有頃方散。

次北南市。隋曰豐都市，東西南北居二坊之地，其內一百二十行，三千餘肆，四壁有四百餘店，貨賄山積。貞觀九年促半坊。通鑑：李密以孟讓爲總管，讓夜帥步騎三千人東都外郭，燒掠豐都市。又曰：越王侗運回洛倉米入城，遣兵五千屯豐都市，五千屯上春門，五千屯北邙山。按豐都市隋之東市，唐以其在雒水南，故曰南市。

長壽寺。朝野僉載：東都豐都市在長壽寺之東北，初築市垣，掘得古冢，土藏無塼甓，棺木陳朽，觸之便散，屍上著平上幘、朱衣，得銘云：筮道居朝，龜言近市，五百年閒，于斯見矣。當時達者參驗，是魏黃初二年所葬也。**書肆。**呂温上官昭容書樓歌：君不見洛陽南市賣書肆，有人買得研神記。紙上香多蠹不成，昭容題處猶分明。詩注云：貞元十四年，友人崔仁亮於東都買得研神記一卷，有昭容列名書縫處。

次北通利坊。

太尉、英國公李勣宅。按擇善坊亦有李勣宅。**尚舍直長薛氏宅。**薛府君夫人裴氏墓誌：夫人裴氏，河東聞喜人，考終于通利之里第。**玉沙灘。**在坊之北，亦曰玉沙磧。

次北慈惠坊。河南志引韋述記曰：此坊半已北卽雒水之横堤。異聞録：京兆韋安道，大足年中於雒陽早出，至慈惠里西門，由里門循牆而南行百餘步，有朱扉西向，〔「向」原誤「閒」，據太平廣記卷二九九引改。〕扣之，有朱衣官乘安道以大馬，與之聯轡出慈惠西門，由正街西南自通利街東行，出建春門。

紫微令姚崇宅。胡皓姚文獻公碑：公後娶劉氏，累封彭城郡夫人。今紫微令崇，故宗正少卿景之母，終于洛陽慈惠坊之私第。又見張説姚文貞公碑、崔沔光禄少卿姚府君碑。銀沙灘。亦曰銀沙磧。

右長夏門之東第二街，六坊及南市。

長夏門之東第三街，北隔雒水，當北郭之安喜門。從南第一曰嘉慶坊。演繁露引韋述兩京記：東都嘉慶坊内有李樹，其實甘鮮，爲京城之美，故稱嘉慶李。

次北集賢坊。

刑部尚書、魏國公楊玄琰宅。泉獻誠宅。中書舍人孫逖宅。孫逖宋州司馬先府君墓誌：棄背于東都集賢里之私第。中書令裴度宅。舊書本傳：東都立第于集賢里，築山穿池，竹木叢萃，有風亭水榭，梯橋架閣，島嶼迴環，極都城之勝槩。太師致仕盧鈞宅。

次北尊賢坊。

楊玄琰宅。泉獻誠宅。按二宅已見前坊，或跨有兩坊之地也。崔玄童宅。東都留守鄭叔明宅。宋開府善羯鼓，叔明祖母即開府之女，尊賢第中有小樓，宋夫人習羯鼓之所。按穆員有雒陽縣主簿鄭約墓誌，言卒於東都尊賢里第，疑是叔明之族，附此俟考。成德軍節度使、兼侍中田弘正宅。酉陽雜俎云：宅中門外有紫牡丹成樹，發花千餘朵。

次北章善坊。

太子少傅、豳國公竇希瑊宅。招成太后之弟，賜第。洛州録事參軍殷子恩宅。顔魯公康希銑碑云：夫人陳郡殷氏，太子中舍人開禮之曾孫，右清道率令德之孫，洛州録事參軍子恩之第五女，公薨之年，殁于東都章善坊私第。按康公爲會稽人，是年卒於會稽，夫人蓋依母家也。

次北永泰坊貞觀九年析南市置。

鴻臚少卿張敬詵宅。薛長孺張敬詵墓誌：卒於洛陽永泰里之私第。按雲麾將軍河南府押衙張府君夫人上黨樊氏墓誌云：公諱銑，終于洛陽永泰里之私第。疑是敬詵之族，俟考。率府郎、上柱國某氏宅。徐珙某夫人墓誌：□君壽邱夫人疾終于雒陽永泰里之私第。

次北臨闤坊。

次北延福坊。

福先寺。有水碓，四輪齊轉。名畫記：福先寺吴道玄畫地獄變，有病龍最妙。舊書德王裕傳：昭宗至雒下，一日幸福先寺。

次北富教坊。

次北詢善坊。北至雒水。

郭廣敬宅。後爲姚崇山池院，崇薨，爲金仙公主所市。

右長夏門之東第三街，九坊。

長夏門之東第四街，從南第一曰崇讓坊。

禮部尚書蘇頲竹園。河南志引韋述記曰：此坊出大竹及桃，諸坊即細小。兵部尚書顧少連宅。杜黃裳顧少連碑：薨于雒陽崇讓里之私第。河陽節度使王茂元宅。李商隱即茂元壻，有崇讓里詩數篇。太僕卿分司東都韋瓘宅。瓘自州觀察使除分司，大中二年十二月七日過浯溪，題云：分司優閒，誠爲忝幸，宦途蹇薄，分亦可知。因吟：作宦不了卻歸來，還是杜陵一男子。余洛川弊廬在崇讓里，有竹千竿，有池一畝，罷郡之日，擕猿一隻，越鳥一雙，疊石數片，將歸洛中，方與猿鳥爲伍，得喪之際，豈足介懷。舒州刺史鄭甫宅。穆員鄭甫墓誌：卒于東都崇讓里第。李氏宅。宣室志：東都崇讓里有李氏宅，里傳云其宅非吉，固不可居，李生既卒，其家盡徙居陸渾別墅。開元中，有王長史者，質李氏宅以居焉。

次北履道坊。隋有樂平長公主宅，即文帝長女、周宣帝后也。又有宇文愷宅。

長壽寺果園。源匡贊宅。高力牧宅。西門內，刑部尚書白居易宅。舊書本傳：居易罷杭州，歸雒陽，于履道里得故散騎常侍楊憑宅，竹木池館，有林泉之致，爲池上篇曰：都城風土水木之勝在東南偏，東南之勝在履道里，里之勝在西北隅，西閈北垣第一第，即白氏叟樂天退老之地。地方十七畝，屋室三之一，水五之一，竹九之一，而島樹橋道閒之。按居易宅在履道西門，宅西牆下臨伊水渠，渠又周其宅之北，宅去集賢裴度宅最近，故居易和劉汝州詩注云：履道、集賢兩宅相去一百三十步。新書本傳：後履道第卒爲佛寺，東都江州人爲立祠焉。穆按：元史塔里赤傳：也里里白奉旨南征，至洛陽，得唐白樂天故址，遂家焉。是其時猶有遺跡。宅南，吏部尚書崔羣宅。按白居易與

劉夢得偶到敦詩宅感而題壁詩云：履道淒涼新第宅。蓋其宅在白宅之南，故居易聞樂感鄰詩注云：東鄰王大理去冬云亡，南鄰崔尚書今秋薨逝。又祭崔尚書文云：雒城東隅，履道西偏，修篁迴合，流水潺湲，與公居第，門巷相連。旅舍。杜牧上劉大夫詩注：某六代祖，國初賜宅在仁和里，尋已屬官舍，今于履道坊賃宅居止。

次北履信坊。本恭儉坊，避武太后曾祖改名。

邠王守禮宅。本霍王元祥宅。館陶公主宅。公主爲高祖第十七女，降崔宣慶。太子少保韋夏卿宅。宅有大隱洞。元稹有陪韋尚書丈歸履信宅詩。呂温韋夏卿碑：薨于東都履信里之私第。武昌軍節度使元稹宅。白居易詩注：微之履信新居多水竹。太子賓客李仍淑宅。宅有櫻桃池，仍淑嘗與白居易、劉禹錫會其上。白集有履信池櫻桃島上醉後走筆詩。陝虢觀察使盧嶽宅。穆員盧嶽墓誌：貞元四年，范陽盧公壽六十，中疾于位，優詔得謝，家東都履信里。左千牛韋珮宅。元稹韋珮母段氏墓誌：終于履信里第。將軍柳當宅。盧氏雜説：柳當將軍者，在履信東街有樓臺水木之盛。韋氏宅。定命録：崔元綜事，侍郎韋陟堂妹，宅在東京履信坊十字街西道北，崔元綜就昏其家。按「元綜」一作「元諒」。

次北會節坊。

祆祠。左散騎常侍徐堅宅。河南志云韋述記不載。趙懷正宅。酉陽雜俎：百姓趙懷正住雒會節坊，段成式家人雇其妻賀氏紉針。按雜俎作「惠節」，今正。

次北綏福坊。

道沖女道士觀。河南兵曹元盛宅。穆員元盛墓誌：卒于東都綏福里第。

次北從善坊。坊有梁袁象先宅。

來庭縣廨。長壽中以蕃胡慕義，請立天樞，武太后析雒陽、永昌二縣，置來庭縣廨于此坊，以領四方蕃客。後蕃客隸鴻臚寺，神龍元年省。孝敬皇帝廟。禮閣新儀曰：開元七年建廟于東都從善里，天寶之後祠饗遂絶。按舊書玄宗紀：于東都來庭縣廨置義宗廟，蓋其時縣已省，故即廢廨以立廟。左散騎常侍劉子玄宅。劉子玄宅在歸德坊，而權德輿集奏孝子劉敦儒狀云：孝子劉敦儒年四十九，曾祖子玄，祖況，父浹，住東都從善坊，其時旌表門閭，即在從善坊，雒中謂之劉孝子，蓋其徙居也。孝子郭思謨宅。孫翌郭思謨墓誌：無幾何，憶新笋，後園叢篁，忽苞而出。所居從善里，其竹樹存焉。劉太白宅。元稹送劉太白詩：雒陽大底居人少，從善坊西最寂寥。想得劉君獨騎馬，古隄秋樹隔中橋。注云：太白居從善坊。

次北睦仁坊。「仁」字避太宗諱改，當作「人」，而韋述記與世所傳皆作「仁」。坊内出柿實，俗稱睦仁之柿，嘉慶之李。坊有梁袁象先園，園有松蟲。

次北嘉猷坊。北至雒水。

右長夏門之東第四街，八坊。

長夏門之東第五街，從南第一曰里仁坊。

次北永通坊。本曰依仁。河南志引韋述記云：此坊東出外城之永通門，其後門塞，又改坊名。按河南志

于外郭城條下言：永通門廢于宋初，則言韋述記誤。

虢州刺史崔玄亮宅。白氏長慶集有聞崔十八宿予新昌敝宅時予亦宿崔家依仁新亭詩，其詩有曰：依仁萬莖竹。又有崔十八新池詩，蓋宅有水竹之勝。

次北利仁坊。

慕容詢宅。和州刺史張擇宅。白居易張擇碑：終于東都利仁里私第。居易利仁北街詩云：草色斑斑春雨晴，利仁坊北面西行。跏蹰立馬緣何事，認得張家歌吹聲。按所謂張家者，疑卽擇之後人。擇終于天寶十三載，不與白傅同時。

次北歸仁坊。

泰山廟。乾寧元年建。太子太傅、留守東都牛僧孺宅。舊書本傳：雒都築第于歸仁里，任淮南時，嘉木怪石，置之階廷，館宇清華，竹木幽邃，常與詩人白居易吟詠其間。按白集有牛相公歸仁里新成小灘詩。

次北懷仁坊。南街東出外城之建春門。

右散騎常侍、太子賓客徐彦伯宅。張嘉福宅。鄭夫人宅。孫逖鄭孝本墓誌：孝本終于東都敦行里，夫人王氏終于東都懷仁里。

次北仁風坊。「風」或作「豐」，非。

尚書右僕射、兼中書令、齊國公魏元忠宅。濟王府録事參軍裴榮期宅。杜甫故萬年縣君京

兆杜氏墓碑：終堂于東京仁風里。即河東裴棨期之夫人也。坊南運渠。

次北静仁坊。

官藥園。

次北延慶坊。北至雒水。

右長夏門之東第五街，八坊。

定鼎門街西，從南第一曰寧人坊。本曰寧民，避太宗諱改。其後多曰寧仁。

龍興寺。名畫記：寺有展子虔畫八國王〔原誤作「三」，今據歷代名畫記改正。〕分舍利。穆員有東都龍興寺均上人功德記。并州大都督府長史、贈吏部尚書、荆州大都督崔日用宅。工部尚書、東都留守韋虚心宅。孫逖韋虚心碑：薨于東都寧仁里私第。

次北寬政坊。隋有于仲文宅。坊有興禪師碑，唐中書侍郎嚴挺之撰，胡霈然書。

河南縣廨。河南縣本漢舊縣，後魏静帝改爲宜遷縣，周宣帝復爲河南，隋仁壽四年遷都，移縣治于此坊。駙馬都尉裴巽宅。本舒王元名宅。駙馬都尉鄭萬鈞别宅。太常卿、潞州大都督府長史崔日知宅。

榆柳園。俗傳隋煬帝置，垣牆内外多植榆柳，亦曰西御園，與師子園隔街相對。

次北淳風坊。隋有圓行寺。

同東西臺三品、贈汴州刺史楊弘武宅。駙馬都尉王守一宅。本武嗣宗宅。

次北宣風坊。隋有衛文昇宅。

安國寺。寺舊在水南宣風坊，本隋楊文思宅，後賜樊子蓋。唐爲宗楚客宅，楚客流嶺南，爲節愍太子宅。太子升儲，神龍三年建爲崇因尼寺，復改衛國寺，景雲元年改安國寺。會昌中廢，後復葺之，改爲僧居。諸院牡丹特盛。檢校文昌左丞、東都留守李嶠宅。北街之西，中書令蘇味道宅。有三十六柱亭子，時稱巧絶。

次北觀德坊。隋于此坊置百官射堋，取射以觀德之義，因以名坊。又有國子監。唐初唯内臣所居，長壽中敕不許他人居止。

景福寺。本千金公主宅，垂拱中，自教業坊徙景福尼寺于此，會昌中廢。

次北積善坊。北至雒水。隋有周法尚宅。文昌雜録曰：後唐同光三年，雒京蕃漢馬步使朱守殷，于積善坊役所得古文錢四百五十六文曰得一元寶。四百四十文曰順天元寶。〔兩「曰」字原脱，據文昌雜録卷三補。〕

太微宫。天寶元年正月，置玄元皇帝廟于此坊，九月改廟爲太上玄元皇帝宫，二年改太微宫。杜光庭歷代崇道紀云：衢州爲建觀宇，穿地得魚一頭，長三尺，其狀似鐵，微微帶紫碧之色，又如青石，光瑩雕鐫，殆非人功所成也，扣之甚響，遣使來獻。帝呼爲瑞魚磬，命懸于太微宫。明皇舊宅。本高士廉宅，聖曆初玄宗兄弟出閤，五人分院同居此坊，號五王子宅。明皇八分書院額。右金吾衛韋機宅。後爲丘神勣宅，神勣誅，以賜張易之。易之誅，爲將作監。河内縣尉陳該宅。陳子昂陳該石人銘：遇疾，于神都積善坊考終厥命。司禮卿、贈幽州都督崔神慶宅。李及宅。廣異記：李及性好飲酒，所居在京積善坊。坊北月陂。河南圖經曰：雒水自苑内上陽宫南，瀰漫東注。隋宇文

愷版築之，時因築斜隄，束令東北流，當水衝捺堰，作九折，形如偃月，謂之月陂。其西有上陽、積翠、月坡三堤。明皇開元末作三堤，命李適之撰記，永王璘書。其記云：及泉而下巨木，飛輪而出伏水，然後積石，增卑而培薄，方下而鋭上。餘皆殘闕不可辨，記之背列明皇諸子及當時公卿名位。世傳安禄山陷雒陽，覩之云：此多有賢士之名。蕃音訛爲鹽豉，遂號鹽豉碑。

右定鼎門街西第一街，六坊。

定鼎門街之西第二街，北隔雒水，當皇城之右掖門。從南第一曰從政坊。

揚州大都督府長史、贈户部尚書李傑宅。

次北大同坊。本曰植業坊，隋大業六年徙大同市于此，凡周四里，市開四門，邸一百四十一區，資貨六十六行，因亂廢。唐顯慶中，因舊市以名坊。

洛汭府見地理志。

次北承義坊。「承」或作「永」，非。

申王撝宅。後爲王毛仲宅。刑部尚書韋抗宅。蘇頲韋抗碑：薨于雒之承義里第。

次北明義坊。本曰顯義，避中宗諱改。隋有蜀王秀宅。

左右教坊。崔令欽教坊記云：東京兩教坊，俱在明義坊，而右在南，左在北也。坊南西門外即苑之東也，其間有頃餘水泊，俗謂之月陂，形似偃月，故以名之。尚書左僕射、郇國公韋安石宅。

次北教義坊。

武后母榮國夫人宅。後立太原寺。武后登上陽宮，遥見之，輒悽感，乃徙于積德坊。此坊與禁苑連接。

次北洛濱坊。北至雒水，垂拱中築入苑。

右定鼎門街西第二街，六坊。

定鼎門街之西第三街，卽厚載門第一街，從南第一曰西市。河南志引韋述記曰：厚載門第一街，街西本固本坊，又改西市。隋有姚辨宅、甲弩坊，天經宮乃文帝寢廟。朝野僉載：則天磔閻知微于西市。

按唐以隋之東市爲南市，故不置東市，而於隋南市之西置西市。

望仙橋。南對厚載門，北對右掖門。

次北廣利坊。河南志引韋述記曰：廣利坊其北抵苑，卽隋富義坊。隋有陳叔寶宅。

右定鼎門街西第三街，一坊及西市。

定鼎門街之西第四街，卽厚載門第二街，從南第一曰通濟坊。河南志引韋述記：通濟坊卽隋懷義坊。

次北淳和坊。

其西南里，河南志引韋述記：南里、北里在淳和之西。

次北北里。

吳少微宅。吳少微哭富嘉謨詩序：河南富嘉謨卒，予時寢疾于雒陽北里。

右定鼎門街西第四街，三坊。

雒水之北，東城之南，承福門之東，從西第一曰承福坊。坊南新中橋，南當長夏門。

次東玉雞坊。按水經注：含始受玉雞之瑞于雒水，故坊以爲名。李庾東都賦：左掖通東，右掖洞西，籠故地之銅駝，抱舊里之玉雞。

次東銅駝坊。通鑑：晉懷帝步出西掖門，至銅駝街。水經注：雒陽城中太尉、司徒兩坊閒謂之銅駝街。按此坊蓋取銅駝爲名，而非即魏晉之銅駝街也。

次東上林坊。

次東溫雒坊。

右雒北、漕南二水之閒，五坊。

雒水之北，東城之東，第一南北街，北當徽安門西街，承福坊之北，從南第一曰立德坊。在宣仁門外街南。

胡祆祠。四庫提要西學下云〔「云」字當衍。〕引宋敏求東京記載，寧遠坊有祆神廟。注曰：四夷朝貢圖云：康國有神名祆，畢國有火祆祠，或曰石勒時立此。按東京無寧遠坊，而會要與此皆有祆祠，未識所引東京記見于何書，俟考。

王本立宅。後爲都水監，吏部選院。監察御史裴氏宅。穆員裴府君墓誌：終于立德里之第。水陸轉運判

官孟郊宅。孟郊有立德新居詩。寫口渠。通鑑：陳懷文引榘刺世充，世充衷甲不能入，懷文走趣唐軍，至寫口追獲，殺之。

次北清化坊。隋有鄖王楊慶宅、許道進宅。河南志引河洛記曰：越王侗卽位，李密遣李儉送降款，以清化里紀洪政宅爲賓館，以處儉。通鑑：羅士信帥勇士，夜入雒陽外郭，縱火焚清化里。

左金吾衛。按朝野僉載：天后永昌中，有宿衛十餘人于清化坊飲。當卽金吾衛士也。弘道觀。有老君像，明皇、肅宗二像侍立。恒州刺史、建昌公王義童宅。楊炯王義童碑：薨于雒陽之清化里。廢宅。博異志：天寶中，金陵陳仲躬攜數千金，于雒陽清化里假居一宅，其井甚大，常溺人，仲躬命匠淘之，得一古銅鏡。次日移居立德坊，後三日，清化宅井無故自崩，兼延及堂隅東廂，一時陷地。旅舍。定命録：袁天綱初至雒陽，在清化坊安置，朝野歸湊，人物常滿。都亭驛。

次北道光坊。隋有元壽寺。

昭成寺。名畫記：寺有張遵禮、程遜畫，西廊障日西域記圖，楊廷光所畫。朝野僉載：雒州昭成佛寺有安樂公主造百寶香鑪，高三尺，用錢三萬。韓氏宅。逸史：太學博士鄭還古向東洛，再娶李氏，于昭成寺後假宅拜席，宅主姓韓。

次北道政坊。本曰元吉坊，永徽中改。隋有楊義臣宅。

千金堨。水經注：河南十二縣境簿曰：河南縣城東十五里有千金堨。雒陽記曰：千金堨，舊堰穀水，魏時更修

此堰，謂之千金堨，積石爲堨，而開溝渠五所，謂之五龍渠，後張方入洛破之，大和中修復故堨。

右徽安門西街，四坊。

東城之東，第二南北街，北當徽安門東街，從南第一曰歸義坊。坊南卽玉雞坊，瀍水自北來，東南合洛河。

太平寺。垂拱二年太平公主建。祕書監致仕穆寧宅。按寧與夫人裴氏皆終于此宅，見穆員所撰元堂誌。福建觀察使李貽孫宅。大中時人。

次北思恭坊。河南志引韋述記：思恭在歸義之北。

張大安宅。右羽林軍大將軍、遼陽郡王李多祚宅。駙馬都尉王守一山亭院。欽州刺史邢羣宅。杜牧邢羣墓誌：卒於東都思恭里。唐參軍宅。廣異記：雒陽思恭里有唐參軍者，立性修整，簡於接對。王廣宅。杜牧故平盧軍節度巡官李戡墓誌：卒於雒陽友人王廣思恭里第。朱七娘宅。廣異記：東都思恭坊朱七娘者，倡嫗也。有王將軍素與交通。開元中，王遇疾卒，已半歲，朱不知也。其年七月，王忽來朱處，久之日暮，曰：能隨至温柔坊宅否？不獲已，以後騎載去入院，歡洽如故。明旦，王氏使婢收靈牀被，見一婦人在被中，問其故，送還家焉。

次北履順坊。隋有牛弘宅。

沙苑監。杜康祠。

次北進德坊。北抵城。隋有辛公義宅。

郟鄏府見地理志。

右徽安門東街，四坊。

東城之東，第三南北街，北當安喜門西街，從南第一曰景行坊。

拜洛壇。華嚴寺。江州刺史鄭善果宅。在拜洛壇北。都亭驛。前臨瀍水。唐制，駕在京有馬九十四，在都一百五匹。按京謂西京，都謂東都。

次北北市。本臨德坊，顯慶中立爲北市。廣異記：張仁亶幼時貧乏，恒在東都北市寓居。

次北敦厚坊。隋有觀王楊雄宅。

試大理評事裴君宅。柳宗元裴君墓誌：終于河南敦厚里。

次北修義坊。北抵城。坊有晉司空裴楷墓。

右安喜門西街，三坊及北市。隋北市曰通遠，見通鑑注，蓋亦自通遠移于此也。

東城之東，第四南北街，北當安喜門東街，從南第一曰時泰坊。隋有通遠橋，跨漕渠，橋南通遠市，周六里，市南臨雒水，有臨寰橋。

放生池。其南卽上林坊之地。

其東時邕坊。隋有蘇威宅。

郯王宅。本鄭貴妃宅。其南卽上林坊官園之地。户部尚書致仕崔俊宅。按元稹有贈太子少保崔倰墓誌銘云：薨于雒陽時邕里。疑「倰」卽「俊」之誤。旅舍。張說故瀛州河閒縣丞崔漪碑：奉使上都，遘疾，終于時邕里之旅館。

次北立行坊。隋有宇文述宅。

大聖真觀。上東門草場。其東北有土臺，俗傳云晉石崇寵姬緑珠墓。河南志言韋述記不載，疑非是。

次北殖業坊。坊有晉司空王戎墓。封演聞見録曰：王戎墓，隋代釀家穿其傍作窖，得銘曰晉司徒尚書令安豐元君王公之銘。〔今封演書石誌條作「晉司徒、尚書令安豐侯王君銘。」〕俗傳爲朱買臣墓，非是。〔按稿本，此坊内原有銀青光禄大夫、行内侍員外置同正員、上柱國張元忠宅，注云：「按元忠夫人令狐氏墓誌云：夫人卒于京兆府殖業里之私第。西京無殖業坊，故載于此。」後爲張穆刪去，移于卷四之首西京光禄坊後缺名之坊下。〕

衛國寺。神龍二年，節愍太子建，以本封爲名。會昌中廢，光化中復建，有小院十一。趙仁奬宅。御史臺記：唐趙仁奬，河南人也。得販于殖業坊王戎墓北，善歌黄麞，與宫官有舊，因所附託，景龍中負薪詣闕，遂得召見，云負薪助國家調鼎，卽日臺拜焉。睿宗朝左授上蔡丞，時崔宣一使于都，仁奬附書于家，題云：西京趙御史書，附到雒州殖業坊王戎墓北第一鋪，付妻一娘。宣一以書示朝士。客舍。陳子昂孫虔墓誌：遇暴疾，卒於雒陽殖業里之客舍。酒家。朝野僉載：兵部郎中朱前疑貌醜，其妻有美色。天后時，雒中殖業坊西門酒家有婢，蓬頭垢面，傴肩皤腹，寢惡之狀，舉世所無，而前疑大悦之。

次北豐財坊。北抵城。

中書令、汾陰公薛元超宅。楊炯薛振行狀：振字元超，薨于雒陽豐財里之私第。

右安喜門東街，五坊。

東城之東，第五南北街，從南第一曰毓材坊。隋雒陽縣廨在此坊。西去宮城八里。又有李雄宅。

大雲寺。本後魏浄土寺。隋大業四年，自故城徙建陽門内。貞觀三年，復徙此坊。天壽二年改大雲，會昌中廢。祕書監、常山縣公馬懷素宅。馬懷素墓誌：終于河南之毓材里第。郎中李敬彝宅。北夢瑣言：彭城劉山甫，自云外祖李敬彝爲郎中，宅在東都毓材坊，土地最靈，家人張行周事之有應。未大水前，預夢告張求飲食，至其日，率其類遏水頭，並不衝圮李宅。郭大娘宅。廣異記：雒陽郭大娘者，居毓材里，以當壚爲業。某氏宅。白居易有重到毓材宅有感詩云：軒窗簾幕皆依舊，只是堂前欠一人。未知誰氏之宅，俟考。

次北德懋坊。

次北毓德坊。

洛陽縣廨。元和郡縣志：洛陽本秦舊縣。貞觀六年，自金墉城移入郭内毓德坊。鬬富臺。洛人相傳石崇、王愷築會之所。河南志言韋述記不著，疑妄。陸渾尉崔泳宅。穆員崔泳墓誌：卒於洛陽毓德里之私第。又有崔少尹夫人盧氏墓誌：終于洛陽毓德里之私第。按盧氏即泳之母。

次北審教坊。北抵城。

户部尚書、朔方軍節度使王晙宅。御史大夫、贈右丞相程行諶宅。蘇頲程行諶碑：葬于洛陽審政里第。按政即「教」之訛。陳憲宅。陳憲墓誌：葬于東都審教里第。

右東城之東，第五南北街，四坊。

東城之東，第六南北街，從南第一曰積德坊。隋曰遊藝坊，盡一坊爲楊素宅，宅有沈香堂。坊南即温洛之地。

太原寺。自教義坊徙于此。崔融代皇太子賀天后芝草表云：伏承芝草生于東都太原寺舍利塔屋下。司農寺輸場。長松營。太平公主園。

次北教業坊。隋有長孫熾宅。

天女尼寺。貞觀九年建景福寺，武后改天女，會昌中廢。金吾將軍裴休貞宅。記聞：休貞微時與弟元休居教業里。〔「元休」原誤爲「元素」，今改正。〕

次北興藝坊。

金谷府。見地理志。麟趾尼寺。

次北通遠坊。北抵城，「遠」或作「逺」。

樂工李龜年宅。明皇雜録曰：開元中，樂工李龜年能歌，特承顧遇，于東都通遠坊大起第宅，僭侈踰于公侯，

中堂制度，甲于都下。其後裴晉公度購得之，移于定鼎門別廬，號緑野堂。

右東城之東，第六南北街，四坊。

雒渠。

雒水在雒陽縣西南三里，河南縣北四里。西自苑内上陽宫之南，流入外郭城。東流經積善坊之北，分三道，當端門之南立橋。南枝曰星津橋，中枝曰天津橋，北枝曰黄道橋。玄宗紀：開元二十年四月，改造天津橋，毁星津橋，合爲一橋。過橋，又合而東流，經尚善、旌善二坊之北，南溢爲魏王池。與雒水隔隄，初建都築隄，壅水北流，餘水停成此池，下與雒水潛通，深處至數頃，水鳥翔泳，荷芰翻覆，爲都城之勝也。貞觀中以賜魏王泰，故號魏王池。泰黜後，賜東宫，屬家令寺。又東北流，經惠訓坊之西，分爲漕渠。分流處置斗門，上有橋，橋上有屋，水勢峻急，激湍百餘步。穆員有新修漕河石斗門及新修漕河石斗門亭二記。斗門之西舊中橋，隋名立德橋，北當徽安門，因水溢壞，顯慶中建都後置。中橋，上元中司農卿韋機移入東街。過斗門又東，流經新中橋。南當長夏門，北通西漕。橋南北三百步，武德初置浮橋，尋廢，韋機乃徙中橋于此。後漕水復壞，永昌中，敕將作監少匠劉仁景修繕，李昭德統其事，殊爲堅壯，號永昌橋，尋廢其名。又東經安衆、慈惠二坊之北，有浮橋。隋造，名利涉橋，北抵通遠市南壁之西偏門。王世充平，橋市俱廢。顯慶中復置，南當南市之北壁東偏門，北當北郭之安喜門。乾封中又廢，後乃私造，以舟爲梁。又東流經詢善、嘉猷、延慶三坊之北，出郭城。

通濟渠。

通濟渠，自苑内支分穀、雒水，流經都城通濟坊之南，故以名渠焉。過通濟坊，又東北流經西市，東折而東流至河南縣之西，又北流至寬政坊之西北隅，東流過天門街，經宜人、正平坊，北流至崇政坊西，過河南府、宣範、恭安坊西北，又東北抵擇善坊西北，東流經道德、惠和、通利、按渠至通利、慈惠之北，有浮橋。通鑑云：洛水逕端門、左右掖門前，有天津、永濟、中橋三橋。按橋無名永濟者，疑卽通濟之浮橋，「通」誤作「永」耳。富教、睦仁、靜仁六坊之南，屈而北流，過官藥園、延慶坊之東，入雒水。天寶中，壅蔽不通，渠遂涸絶。

通津渠。按通津之名，蓋以通天津橋也。

通津渠，隋大業元年開。於午橋莊在長夏門南五里。西南二十里分雒堰分雒堰北十里有重津橋，見宋會要。引雒水，又于正南十八里龍門堰引伊水，伊水在河南縣東南十八里。以大石爲杠，互受二水。雒水一支西北流，名千步磧渠。又東北距河南縣三里，名通津渠。由厚載門入都城，經天街北、天津橋南入于雒。伊水分二支，西支正北入城，經歸德之西，折而東流，又北經正俗、永豐之西，又折而東南流，經修善、嘉善南，合于東支。東支東南入城，經興教坊西，又折而東流，經宣教、集賢之南，又折而北，經履道之西，以周其北，又東經永通之北，又

折而北經利仁、歸仁、懷仁之東，以入于運渠。

運渠。

運渠，自都城之東，西北流至外郭之東南隅，屈而北流，經永通、建春門外，又屈而西流入城，經仁風坊南，又西經從善坊南，分爲二流，屈曲至臨闤坊南而合，至南市北，有福先寺水磑，又北流經延福、富教、詢善坊西入雒。

漕渠。

漕渠，本名通遠渠。隋開。自斗門下枝分雒水當雒水中流立堰，令水北流入此渠，有餘水然始東下。時令官奴撩此堰，亦號蜀子堰。初隋煬帝以爲水灘洩多石磧，不通舟航，乃開此渠。下六十餘里至偃師之西，復與雒合。東北流，至立德坊之南，西溢爲新潭。長安中司農卿宗晉卿開，以通諸州租船。四面植柳，中有租場，積石其下，于上布土。潭立石柱，馬吉甫爲其文，鍾紹京書。後潭中水淺，租船不能至。又東流至歸義坊之西南，有西漕橋。南當中橋，乾封中造。又東流至景行坊之東南，有漕渠橋。大業初造，初曰通濟橋，南抵通遠市之北西偏門。自此橋之東，皆天下之舟船所集，常萬餘艘，填滿河路，商旅貿易，車馬填塞，若西京之崇仁坊。又東流經時邕、毓財、積德三坊之南，出郭城之西南。

穀渠。

渠在雒水之北，自苑内分穀水東流，至城之西南隅入雒水。渠南隋有石瀉，後入上陽宫。玉海載宋會要云：政和四年宋昇奏：西京端門前，考唐洛陽圖舊有四橋，曰穀水、曰黄道，在天津橋之北。則上陽宫、皇城之閒，渠上當有橋也。

瀍渠。

瀍水元和郡縣志：瀍水在河南縣西北六十里。按「西北」疑當作「東北」。自修義坊西南流入外郭城，南流經進德、履順二坊之東，又東南流，穿思恭坊，通宣仁門南流，經歸義坊入漕渠。開成五年七月，避武宗諱，改瀍水爲吉水。

洩城渠。

渠自含嘉倉城出，循城南流至宣仁門南，屈而東流，經立德坊之北，至東北隅遶其坊，屈而南流入漕渠。

寫口渠

渠自宣仁門南，枝分洩城渠，南流與皇城中渠合，循城南流，至立德坊之西南隅，遶其坊，屈而東流入漕渠之西，有司農官磑。

唐兩京城坊考校補記

黔程鴻詔伯敷

宋皇祐時，欲行入閤儀，莫知故實，仁宗得唐長安圖，儀始定。元豐時，都官員外郎蒙安國得唐都省圖，獻於朝，遂遷舊七寺監如唐制。政和時，宋昇奏端門橋制，考唐洛陽圖之四橋。而胡身之注通鑑亦引閣本太極宫圖、閣本大明宫圖。唐宫省圖之珍重，在宋時已如此。大興徐星伯太守松，讀舊唐書及唐小説，於宫苑曲折，里巷歧錯，以長安志證之，得其舛誤。而東都則於永樂大典中得河南志圖，證以玉海所引，禁扁所載，知是次道舊本，其源亦出於韋述兩京記而加詳。亟爲摹鈔，采金石傳記，合以程大昌、李好問之長安圖，作兩京城坊考，時嘉慶庚午歲也。道光戊申，平定張石洲大令穆刊之靈石楊氏連筠簃叢書中。予得而讀之，愛同球璧。庚戌自雞澤南歸，舟中暇，有校補次而記之，以貽好古者。

西京外郭城圖

龍首渠　補：滻水。

興道　補：即瑤林。

安仁　補：本安民。

務本　補：卽玉樓。

永樂　補：卽平樂。

靖安　補：或作静安。

大業　補：本弘業。

崇仁　補：昌化附。

晉昌　補：或作進昌。

長樂　補：卽延政。

安興　補：卽廣化。

勝業　補：本宜仁。

宣平　補：或作宣政。

修行　補：本修業。

修政　補：或作循政。

興慶　補：本隆慶。

常樂　補：亦名大同。

靖恭　補：即静恭。
立政　補：長安圖分爲談寧。
敦化　補：即敦教。或作通化，或分長和。
缺　補：殖業附。
崇業　補：即安善。
光行　補：即光仁。
興化　補：客户、治成附。
崇德　補：本弘德。
懷貞　補：即懷賢。
豐安　補：俗作安豐。
修德　補：本貞安。
輔興　補：正平附。
布政　補：本隆慶。
光德　補：善和附。
醴泉　補：本承明。

嘉會　補：和會附。

永平　補：本永隆。

昭行　補：本顯行。

義寧　補：本熙光。

崇化　補：本弘化。

永和　補：本淳和。

西京三苑圖

漢未央宫、漢長樂宫　中間補：秦樗里子墓。

西京宫城圖

凝香閣　校：考從大典閣本圖作凝陰閣，此依長安志作凝香，當依考改。

凝陰殿　校：考從通鑑注引閣本太極宫圖作凝雲閣，此仍長安志作凝陰殿，當依考改。

卷一　西京

太極殿　補注：困學紀聞、唐會要：武德元年五月，改隋大興殿爲太極殿。

承天門注：正當唐興村門首。　補：朝野僉載：開元二年六月，大風，長安街中樹連根出者十七八。長安城初建，隋將作大匠高熲所植槐樹殆三百餘年，至是拔出。

又注：唐興村，隋曰楊興村，唐時改之。　補：廣記百三十五西京記云：長安朝堂卽舊楊興村村門，大樹今見在。初，周代僧根言多驗，時村人於此樹下集，根來逐之曰：「此天子坐處，汝等何故居此？」及隋文帝卽位，便有遷都意。

左藏庫　補注：酉陽雜俎：天寶初，於左藏中得五色玉。

凝陰閣校在圖下。

凝雲閣校在圖下。　補注：按異聞録：天寶七載，秦中大旱，帝親幸龍堂祈之，不應。幸凝陰殿，召葉法善祈鏡龍，雨大澍。亦作凝陰殿也。

東宮　麗正殿　補注：麗正殿有藏書，陸龜蒙和皮日休詩云：貞觀購亡逸，蓬瀛漸周旋。炅然東壁光，與月争流天。偉矣開元中，王道真平平。八萬五千卷，一一皆塗鉛。人間盛傳寫，海内來窮研。自注云：開元麗正殿書録。

皇城

承天門街東，第四横街北，從西第一尚書省。注大唐新語下補兩京新記並云。

又注俗誤爲㯃里子墓下補：朝野僉載：尚書考功廳前一雙桐樹，開元四年東樹忽枯，月餘，西邊樹又枯。

第五横街北，次東禮部南院補注：逸史：齊映應進士舉，至省，歇禮部南院，遇雨，徐步牆下。

街西，第六横街北，次西御史臺補注：御史臺記：京臺監察院西行中間，號横擘房，先無窗，後人置之。

大明宮

百官待漏院補注：國史補：凡拜相，府縣載沙填路，自私第至於子城東街，名曰沙堤。百官早朝，必立馬建福、望仙門外，宰相則列於光宅車坊避風雨。元和初，始置待漏院。

含元殿補注：芝田録：會昌、開成中，含元殿换一柱，勑右軍采造。盩厔工人遇一巨材，鋸解至二尺血流，中是巨蟒，急推曳渭流下。

含元殿後曰宣政殿　補注：杜陽雜編：德宗試制科於宣政殿，獨孤綬始成，術者劉門奴見鬼，稱漢楚王戊太子葬於此，是其故宅。

日華門外爲門下省　補注：舊唐書地理志：京師東内正門曰丹鳳，正殿曰含元，含元之後曰宣政，宣政左右有中書、門下二省。高宗以後，天子常居東内。

月華門外爲中書省　補注：感定録：韋執誼爲職方員外，所司呈諸州圖，每至嶺南州圖，必令將去。及爲相，北壁有圖，經閲之乃崖州圖，果貶崖州司馬。

又注：樂天故於省北搬亭，以通騎省牖也。　下補：蘇軾有樂天西掖通東省詩跋云：唐時得西掖作窗，以通東省，而今日本省不得往來，可歎也。

光範門　補注：集異記：宰相狄仁傑入奏事，出至光範門，以昌宗裘付家奴衣之，促馬而去。是宰相奴得至此門，門外方可馳馬。又摭言：新進士過堂日，先於光範門裏東具供張，同年於此候宰相上堂。是新及第得於此門飲酒。

紫宸之後曰　下補：玉宸觀。並注：元稹寄浙西李大夫詩注：玉宸觀在紫宸殿後。

太液池有亭，注：太液亭有尚書君臣事跡　餘下補：又有網索，元稹詩云：網索西臨太液池。注：網索在太液池上，學士候對，歇於此。又李紳有太液池東亭候對詩。

麟德殿　補注：洞天集：嚴遵仙槎，唐置之麟德殿，長五十餘尺，聲如銅鐵，久而不蠹。

翰林院注：在麟德殿西　校：當云翰林院在銀臺門北，麟德殿西。

長生殿注：闇氏若璩云：大明宫寢殿也　補：闇又云：唐寢殿皆曰長生。按鄭嵎津陽門詩自注：長生殿乃齋殿也，有事於朝元觀，卽御長生殿以沐浴。飛霜殿卽寢殿，而白傅長恨歌以長生爲寢殿，誤矣。嵎就華清宫言，然自注如此，可證闇説是非。

壽春殿　補注：北夢瑣言：天復元年，李茂貞入朝，昭宗御安福樓。翌日，宴於壽春殿。

興慶宫

興慶殿　補注：殿有複壁。杜陽編：德宗幸興慶宫，於複壁寶匣中獲輭玉鞭。

殿後爲龍池　補注：明皇雜録、神異録並云開元中三輔大旱，玄宗密以玉龍子投南内之龍池，風雨隨作。　池之下，補：上爲龍池新殿。　並注：開元時，關輔大旱，上於龍池新搬一殿，令少府監馮紹正於四壁各畫一龍，設色未終，陰雲四布。見明皇雜録。

宫之西南隅曰花萼相輝樓　補注：盧氏雜記：玄宗集登科人於花萼樓前重試，張奭曳白。

其東曰勤政務本樓　補注：舊書讓皇帝傳：玄宗於興慶宫西南置樓，西面題曰「花萼相輝」，南面題曰「勤政務本」。按西面、南面極確。

三苑

禁苑　未央宮　補注：有秦樗里子墓。論衡云：樗里子葬渭南章臺之東，曰後百年有天子宮夾我墓。至漢，長樂宮在其東，未央宮在其西，武庫正值其墓。

西樓　補注：朝野僉載：姜師度於長安城中穿渠，繞朝堂坊市，上登西樓望之，師度堰水瀧柴柢而下。

不知其處　上補：北樓，並注：因話録：玄宗嘗登苑北樓，望渭水，見一醉人臨水臥。按知爲禁苑樓者，苑北枕渭也。又補：落雁殿，並注：朝野僉載：太宗養一白鶻，號曰將軍，取鳥嘗驅至殿前，然後擊之，故名殿云落雁也。上令鶻從京送書至東都與魏王。補：中渭橋，三苑圖有，在玄武門外。進士楊楨宅。纂異記：楨家於中渭橋。

卷二　西京

外郭城

東啟夏門　補注：啟夏門在南之東，延興門在東之南，皆巽維也。王洙東陽録：長安之巽維，御宿川之東峙，地名荀家觜。當在兩門之間。霍小玉傳：葬御宿原，亦此間也。酉陽雜俎：工部員外張周封舊莊在城東荀架觜。前定録：貞元初，太學杜思温夜宿荀家觜。架、家音同。又終南山亦在此門外。原化記：開元中，陸生出啟夏門，直至終南山

下。續仙傳：終南山子午谷。

通化門　補注：集異記：上都通化門長店多是車工所居，輪轅輻轂，皆有定價。

春明門　補注：春明門，時卽稱東門，門外有鎮國寺，寺東偏有僧運平舍利塔，塔旁有賈昌舍，竹栢森然。見陳鴻祖賈昌傳。又唐闕史：春明門外有逆旅及灞水橋石岸。聞奇録：鄭昌圖居長安，夢出春明門，至合大路石橋上遺履一隻。及寤，床前果失一履，於石橋上尋得之。朝野僉載：王無尋於春明門待諸州庸車，屬灞橋破，唯得麻三車。

延興門　補注：河東記：盧佩妻乘馬出延興門，至城東墓田中。

西面三門　補注：長安城西有漕店，見異聞録，蓋城西漕渠旁地。

金光門　補注：御史臺記：太常寺卿裴明禮於金光門市不毛之地。

萬年縣所領

蘭陵坊

補注：河東記：有使者出蘭陵坊西門，見一道士，身長二丈餘。

補四條並注：校書郎殷保晦妻封氏殉節處。注：封名絢，字景文，能文章草隸。黄巢入長安，封與保晦匿蘭陵里，拒賊遇害。見廣記二百二十。

坊南小門，注：酉陽雜俎：京兆尹黎幹怒杖老人，疑其非常，命坊卒尋之，至蘭陵里之南

入小門。

大菜園，注：逸史〔按：原「逸」字墨釘，今補。〕：大曆中，王員外好道術，裴老約於蘭陵坊西大菜園後相見。果見小門，引入有小堂，甚清淨，旬日復來，其宅已爲他人所賃。賃宅。注：見上。

保寧坊　昊天觀　補注：芝田録：有僧謁李德裕，言京都一井與常州惠山寺泉脈相通，在昊天觀常住庫後是也。又李德裕寄茅山孫鍊師詩云：欲馳千里思，惟戀鳳門泉。注云：茅山句曲，金陵地肺，土良水清，作井正是長安鳳門外井水味，當是洞泉遠通耳。按鳳門或卽丹鳳門。李德裕宅在安邑坊，父吉甫舊居也，近丹鳳門外，亦可證泉脈可通之説。

務本坊　補：民家，並注：酉陽雜俎：上都務本坊，貞元中有一人家打牆，掘地遇一石函，見物如絲，滿函飛出，忽有一人起於函中，被髮，長丈餘。蓋太陰鍊形，日滿必露。

崇義坊

補：執金吾王因宅，並注：乾𦠆子：王因亡，移其宅崇義里。

又補：萬年縣尉薛少殷宅，並注：前定録：少殷舉進士日，暴卒於長安崇義，既醒，具述其事。

長興坊　旅館，注：酉陽雜俎：段成式，元和中假居在長興里　補：自後徙居數處。按段亦居修行里。又南楚新聞：段於私第鑿池，獲鐵片，懸室中北壁。時有金書兩字報十二時。此池不知在修行宅否？

永樂坊

張説宅，注引常侍言旨有永巷者　永巷，當依大唐新語、戎幕閒談作求士。

蕭寘宅　補注：韓愈有奉和李逢吉題蕭家林亭詩，樊氏注：蕭瑀、嵩、華、復、俛、寘、倣、遇，凡七葉宰相。嵩第在城南永樂坊，見長安志。劇談録：龍復本善揣骨相笏。永樂蕭相寘居諫署日，詣之，授以所持竹笏，復本曰：宰相笏。後如復本言也。

蘇遏宅，注：永樂第　校：第，當依博異記作里。

補：旅舍，並注：玉堂閒話：元和中，湖州録事參軍旅舍俯逼裴晉公第。校：裴宅在此永樂坊。

又補：相國李石宅，並注：據廣記四百七，舊書在親仁坊。

靖安坊

韓愈宅　補注：宣室志：愈於靖安里晝卧，見神人曰：威粹骨蓏國，世與韓氏爲仇，今欲討之。十二月，愈卒。又韓愈示兒詩言屋内外景物甚詳。又有庭楸詩，此宅庭内有楸樹

五株，他樹四株，東堂可以見山南亭，有松果瓜芋之區，西偏有槐榆，北屋乃内室。

元稹宅　補注：元作鶯鶯傳云：貞元歲，李公垂宿於予靖安里第。

卷三　西京

翊善坊　補：韋蒙宅，並注：仙傳拾遺：東京翊善里韋蒙妻許氏。按東京無翊善，當是西京此坊。

光宅坊　補：車坊，並注：國史補：初百官早朝，立馬建福、望仙門外，宰相則於光宅車坊避風雨。按車坊屬太僕寺。

光宅寺　補注：唐畫斷：光宅寺七寶臺後面，尉遲乙僧畫降魔像，千怪萬狀。

永興坊

魏徵宅　後補：殿中侍醫孫迴璞宅，並注：冥祥記：孫迴璞與魏徵隣家。

民家　後補：漁人許儼宅，並注：法苑珠林：京師永興坊許儼，取漁爲業。

崇仁坊

資聖寺　補注：西京記：秀禪師，長安中入京，在資聖寺，忽戒弟子滅鐙燭，因説火災不可不備，佛殿、鐘鼓樓、經藏可惜。至夜，果焚佛殿、鐘樓、經藏三所。

王立傭居　校：傭居二字，改宅字。立所傭居在大寧坊。

補：旅館，並注：乾饌子：李僖伯早往崇仁里訪同選人。

平康坊

菩提寺　補注：紀聞：開元十八年，西京菩提寺長生豬死，焚之，得舍利百餘粒。酉陽雜俎：東草，師坐卧寺西廊下，不肯住院。〔雜俎續集卷五「草」作「藁」，「西」作「兩」。〕

張弘靖宅，注：本國子司業崔融舊第　校：本字上脱「尚書故實」四字。

王哲宅，注：拾得一石子　校：石子下脱朱書曰「修此不吉」。

馮震宅　校：馮當改馮。

宣仁坊

補：崔尚書宅，並注：李娃傳，詳布政坊。

又補：蕭餘宅，並注：雲仙雜記：蕭餘於上元夜，宣陽里第酒盤下得一物，類美石，光彩射人。

親仁坊

回元觀

補注：鄭嵎津陽門詩注云：時於親仁里南陌爲禄山造甲第，今回元觀是也。

補：侍郎郭承嘏宅，並注：尚書故實：郭侍郎承嘏初應舉，誤納試卷，一吏爲换出，承嘏歸親仁坊，自以錢三萬送興道里酬之。校：承嘏宅即子儀宅。

馮宿宅注：宿從子袞條下補：雜説又記：馮給事入中書祇候宰相，尚食令云：給事宅在何處？曰：在親仁坊。按：「袞」一作「兖」字。

又補：大理韓皐宅，並注：續定命録：德皇末，馮芫任太常奉禮，與皐同官。其年，前進士時元佐任協律郎，三人同約上丁日釋奠武成王廟。芫住長樂，皐住親仁，元佐住安邑，芫拉二官同之太平、興道西南角。

永寧坊

楊憑宅　補注：唐書：憑築第永寧里，廣蓄妓妾於永樂別宅，爲御史中丞李夷簡所糾，貶臨賀尉。張籍傷歌行：長安里中荒大宅，朱門已除十二戟。高堂舞榭鎖管弦，美人遥望西南天。爲憑詠也。

王涯宅　補注：宣室志：王涯字仲翔，避暑於山亭。酉陽雜俎：永寧王相涯宅南有一井，水腐不可飲。又内齋有禪床，柘材絲繩，工極精巧。

李聽宅　補注：博異志：元和中，聽從子琯任金吾參軍，自永寧里出。

永崇坊

孝廉陳巖宅　校：孝廉上增秦州上邽尉。

補：郝居士宅，並注：宣室志：郝居士在里中有符籙所禁之術。

李晟宅　補注：李洞有贈永崇李將軍充襄陽制置使詩。

司徒兼中書令韓弘宅　校：依韓愈撰碑，增「贈太尉、許國公」。

崔塗宅　此條後補：崔氏宅，並注乾𦠆子：華州柳參軍，長安上巳曲江，見車子入永崇里，知其大姓崔氏女，有青衣名輕紅。

昭國坊

尚書右丞庾敬休宅　補注：唐畫斷云：庾右丞宅有壁王維圖山水兼題記，亦當時之妙。

補：李家南園，並注：李商隱有過昭國李家南園詩，又病中訪昭國李十將軍遇挈家游曲江詩，又送李千牛將軍赴闕五十韻，注者以千牛爲李西平之孫。

晉昌坊注：晉，一作進。

補注：長安圖：自京城啟夏門北入東街第二坊曰進昌坊。進，亦作晉。

大慈恩寺　補注：寺有三藏院，酉陽雜俎：慈恩寺唐三藏院後簷階，開成末有苔狀如古苣，布於塼上，藍綠可愛。

寺西院浮圖注：名畫記：塔院有吳道玄、尹琳、尉遲乙僧、楊廷光、鄭虔、畢宏、王維、李果奴、

張孝師、韋鑾畫　校：按唐畫斷：吴道玄所畫塔前面、西面又小殿前門也。尉遲乙僧所畫，塔前面功德，又凹垤花西面中間，千手千眼菩薩也。王維、畢宏、鄭虔所畫，乃寺東院小壁，非西院也。

若耶女子寓宅　補注：此女子自題廋詞：二一九子，爲父後，玉無瑕，弁無首，荆山石，往往有。乃李姓名弄玉也。

補：令狐綯宅，並注：唐書：綯字子直。李商隱詩集有子直晉昌李花詩、晉昌晚歸詩、宿晉昌亭聞驚禽詩。

長樂坊

補注：酉陽雜俎：寶曆中，長樂里門有百姓刺臂，出血斗餘。

大安國寺注：睿宗在藩舊宅　補：卽尊位，乃建道場，施一珠鎮常住庫，見紀聞。

補：水館，並注：李商隱有長樂水館送趙滂詩。

補：傳舍，並注：摭言：崔郾侍郎既拜命於東都試舉人，三署公卿皆祖於長樂傳舍。冠蓋之盛，罕有加也。

大寧坊

興唐寺　補注：寺有御注金剛經院，見唐畫斷。

補：餘干縣尉王立傭居，并注：見集異記，詳崇仁坊。

勝業坊

勝業寺　補注：寺有僧齊之卒，二日而蘇，因移居東禪定寺院中，建一堂極華飾，長座横列等身像七軀，見紀聞云。

又補五條並注：羽林軍士王忠憲宅，注：見博異記，忠憲弟忠弁。

李司倉宅，注：廣異記：王老於西京賣藥，李司倉家在勝業里，知是術士，敬待有加。

北街槐樹北門短曲，注：劇談録：王超過勝業坊北街，有三女子於道側槐樹下蹴踘，居坊北門短曲。

司門令史辛察宅，注：見河東記。

車傭宅，注：河東記：在辛察宅居之西百餘步。〔原誤作「宅」，據太平廣記三八五引河東記改。〕

東市

下補注：廣異記：薛矜開元中爲長安尉，主知宫市，迭日於東、西二市。

資聖寺　補注：東城老父傳：賈昌大曆元年，依資聖寺僧運平，居東市海池，立陀羅尼石幢，建僧房佛舍，植美草甘木。

補六條並注：趙太宅，注：法苑珠林：長安市里風俗，每至歲元日已後，遞飲食相邀，號爲

傳坐，東市筆生趙太次當設之。

王布宅，注：酉陽雜俎：永貞中，東市百姓王布知書，藏錢千萬，鄉旅多賓之。

李和子宅、畢羅肆，注：酉陽雜俎：東市李和子見鬼將入畢羅肆，鬼不肯前。

旗亭，注：東市有杜氏旗亭，見酉陽雜俎。

酒肆，注：衛庭訓恆游東市，隱於酒肆，見集異記。又仙傳拾遺云：穆將符給事中，仁裕之姪，長安東市酒肆姚生與之善。

小曲内臨路店，注：原化記開元時吴郡舉人逢俠女事，東市小曲内有臨路店數間。

安邑坊

奉誠園，注：杜牧過田家宅詩：安邑南門外，誰家板築高。奉誠園裏地，牆缺見蓬蒿。按雍録：奉誠園在安邑坊西。

元法寺，注：寺塔記張穎　校：酉陽雜俎載此事作「張頻」。

李吉甫宅　補注：尚書故實：李師晦得落星石一片，如斷磬，端刻狻猊，首有孔，穿絛處光滑，此石流轉到安邑李吉甫宅中。又唐書：德裕所居安邑里第，有院號「起草」，亭曰「精思」，每計大事，則處其中。

補：協律郎時元佐宅，並注：詳親仁坊下。

宣平坊

補三條並注：裴遵慶宅，注：國史補：裴遵慶罷相知選，朝廷優其年德，令就第注官，自宣平坊榜引士子，以及東市兩街。

太子賓客賀知章宅，注：原化記：賀知章西京宣平坊有宅，對門有小板門，是西市賣錢貫王老。

昇平坊

羅邵興宅，注：唐語林：邵興居宣平，餘詳安邑坊封敖宅下。

漢樂游廟

補注：兩京新記：樂游廟，一名樂游苑，亦名樂游原，基地最高。

補：坊北門旁鬻餅舍，並注：見任氏傳。

修行坊

段成式宅

補注：酉陽雜俎：段成式城南别墅有水耐冬。又原注：顧非熊有夏日會修行段將軍宅詩，未知誰宅，俟考。補曰：雜俎記秀才顧非熊見壞裙化蜨事，知顧、段有往還也。惟段官太常少卿，不得稱將軍。

道政坊

東平進奏院，注：奇鬼傳　校：「奇鬼傳」改「乾𦠆子」。

補：章正字宅，並注：朱慶餘題章正字道政新居詩云：獨在御樓南畔住。又云：眼前惟稱與僧鄰。蓋此坊近花萼、勤政二樓之南，章宅又與寶應寺鄰也。

常樂坊

補五條並注：八角井，注：此井與渭通，酉陽雜俎：景公寺前街中有巨井，俗呼八角井。元和初，有公主令婢以銀椀盛水，椀誤墜井，出於渭河。此條補趙景公寺一條後。

江嶺從事王直方宅，注：續玄怪録記錢義方事云，王直方居同里，久於江嶺從事。此條補錢徽宅一條之後。

太常丞岳州刺史馮芫宅，注：詳親仁坊下。

祕書監姚合寓，注：姚合詩：舊客常樂坊，井水濁而鹹。

王居士宅，注：闕史：常樂王居士耄年，持誦施藥，有危病不救者，能活之。

附校一條：錢徽宅注所引續玄怪録常樂第　廣記三百四十六引作長短之「長」，長樂又別一坊矣。

靖恭坊　楊汝士宅　補注新書楊汝士傳：所居靖恭里，兄弟並列門戟。歐陽修楊侃墓志銘：太和、開成之間，汝士、虞卿、魯士、漢公居靖恭坊，大以其族著。

新昌坊

楊於陵宅，注：具慶中　校：「中」字當依本書作「下」字。

路巖宅　補注：劇談録：丁重善相人，至路巖新昌里第，值于悰至，路曰：「此人作宰相否？」重曰：「作相必矣。」

西北此二字校增太子少師牛僧孺宅　補注：本將作大匠康䛒宅，事詳盧氏雜說。又明皇雜録云：牛相第在新昌里西北，本䛒宅。

補四條並注：哥舒翰宅，注：幽明記：哥舒翰長安宅新昌坊。

吕逸人宅，注：王維有春日與裴迪過新昌里訪吕逸人不遇詩云：柳市南頭訪隱淪。又云：城上青山如屋裏，東家流水入西鄰。裴迪亦有與王右丞過新昌里訪吕逸人詩。

旅館，注：聞奇録：程顔税居新昌里，調選不集。

民家，注：唐闕史：青龍寺西廊繪毗沙門天王，新昌坊民時疫，肩置繪壁下，逾旬能步，逾月以力聞。

曲江

補二條並注：曲江亭子，注：摭言：曲江亭子，安史未亂前，諸司皆列於岸滸，幸蜀後，皆燼於兵火，唯尚書有亭子存焉。進士開讌，每寄其間。

校書郎李周南宅，注：國史補：李周南居曲江，拜校書郎。

卷四　西京

長安縣所領

安業坊　唐昌觀　補注：程瑶田釋草小記引長安志：安業坊唐昌觀舊有玉蘂花，乃唐昌公主手植也。

太平坊

定水寺　補注：摭言：賈島遇武宗皇帝於定水精舍，侮慢，謫長江縣尉。

鄭雲逵、王彦伯宅，注：適雲逵立於中　校：中下脱庭字，依本書增。

裴坦宅，注：太平坊　校：依釋子蘭詩題作太平里。

又補二條並注：法壽寺，注：廣記二百五十：西京太平坊法壽寺有滿師善九宫。

王崇、竇賢宅，注：摭言：太平王崇、竇賢二家，以科目爲資，足以升沉後進，故科目舉人相謂曰：未見王、竇，徒勞慢走。

興化坊　劉震宅，注：且就客户一宿，來早同去未晚　補：按客户猶言客舍也，摭言云：牛僧孺謁韓愈、皇甫湜二公曰：可於客户税一廟院。據摭言及此無雙傳，皆不謂坊里。會昌解頤録：牛生至京，止客户坊，自坊至菩提寺三十餘里。又河東記：段何賃屋客户

里。此二書有坊里之名，意與廣異記所云「楊元英開元中亡，已二十載，其子至治〔原誤作「治」，今改正，下同。〕成坊削家，識其父壙中劍」文同。客户坊、客户里、治成坊，皆假借之稱，不能定其所在。附記於此。

懷貞坊　王郎中宅，注：劉禹錫有題王郎中宣義里詩云：愛君新買街西宅　校：此當在宣義坊，誤刻重出。

宣義坊　安禄山池亭　補注：劉得仁有宣義亭子詩，備言池島菰蒲竹鶴之勝。又姚合有題宣義池亭詩。

安樂坊　王鉷舊宅，注：創建遵堂　校：遵改道字。

布政坊

補三條並注：波斯胡寺，注：本在醴泉坊，景龍中移此坊西南隅。

司戈張無是宅，注：紀聞：天寶十二載，司戈張無是居布政坊，行街中，夜鼓絶，門閉，遂趨橋下。忽有騎至，言至布政坊取無是妻，其一則同曲富叟王翁。富叟王翁宅。注：見上。

延壽坊

補：鬻金玉者家，並注：集異記：延壽坊鬻金銀珠玉者女，遘病物故，長樂王居士神丹

活之。

又補：民家，注：宣室志記王薰事云：里中民家驢失一足。

光德坊

鄜陽公主邑司　補注：盧照鄰病梨賦序云：余卧疾長安光德坊之官舍，父老〔原作「户老」，據盧集卷一改。〕云是鄜陽公主邑司，公主未嫁而卒，故其邑廢。

裴垍宅　補注：元稹西歸詩：腸斷裴家光德宅，無人掃地戟門深。

孔緯宅，注：緯又有賜宅在善和里　補按：摭言：善和韋中令在閣下，中和初，隨駕西川命相。又雲仙雜記引大康龍髓記：許芝有妙墨八厨，巢賊亂，瘞於善和里第。事平取之，唯石蓮匣存。又國史補：善和坊舊御井，故老云非可飲之井，地卑水柔，宜用濯。開元中，以駱駝數十馱入大内，以給六宫。以上皆言善和里，檢圖考皆無善和，僅見此注，因附記其事。又雲溪友議：崔涯、張祜贈李端詩：善和坊裏取端端。下云揚州近日渾成錯，又云涯、祜久在維揚，則又揚州之善和坊也。

延康坊

西明寺　補注：廣異記：則天時，西國獻青泥珠，后以施西明寺，布金剛額中。胡人云，西國青泥泊多珍寶，泥深不可得，以此珠投泊中，泥悉成水，其寶可得。又玉堂閒話：長安西明寺鐘，貧民竊鑿鬻之，後盗鐘者抱鑿坐枯。

崇賢坊　法明尼寺　補注：乾䐑子：元和中，寇鄘與崇賢里法明寺僧普照爲徒。按此時又爲僧寺矣。

延福坊

玉芝觀　補注：觀有上清院，詳蘭陵坊。

補一條並注：杜氏家廟，注：杜牧求湖州第二啓：元和末，十徙其居，歸於延福私廟，支拄攲壞而處之。

西市

市署　補注：朝野僉載：魏伶爲西市丞。

鞦轡行　補注：行有酒樓。

補七條並注：麩行，注：續玄怪録：張高有驢，其子和牽入西市麩行，王胡子與緡半易之。絹行，注：乾䐑子：功曹王翃在西市絹行，舉錢共人長行。賣飲子家，注：玉堂閒話：長安西市一家賣飲子藥，百文一服，千種之疾，入口而愈，蓋福醫也。酒肆，注：國史異纂及紀聞，並云李淳風奏，北斗七星化人，至西市飲酒。太宗使人往候，有七人自金光門至西市酒肆，登樓取酒飲。使者宣勅，請至宮。笑曰：李淳風小兒

言我也。
波斯邸，注：見續玄怪録。
卜者李老居，注：原化記：開元中，西市有李老善卜。
西市北坊新宅，注：逸史：齊映行至西市北，入一静坊新宅，門曲嚴潔。
懷遠坊　寺内有浮圖，注：田圖西壁南圖　校：南圖之圖，依名畫記改南壁。
嘉會坊　竇氏家廟　附注：乾𦠆子又云：竇乂京城和會里有邸，弟姪宗親居焉。　檢圖考無和會坊，附記於此。
通軌坊　補一條並注：三衛劉公信宅，注：法苑珠林：唐龍朔三年，長安城内通軌坊三衛劉公信妻陳死復蘇。
普寧坊　李勣宅　補注：勣宅後爲弩營，獨異志云：唐樂懸獨無徵音，天后末，李嗣真聞砧聲在今弩營，當時英公宅，無由得之。後敬業敗，瀦其宫，乃於東南隅掘得石一段，裁補樂缺。
義寧坊
化度寺　補注：報應記：龍朔二年，高紙出長安順義門，欲往化度寺。按順義是皇城西面南門，歷頒政、金城兩坊，便至義寧也。

波斯胡寺，注：貞觀十二年，太宗爲大秦國胡僧阿羅斯立　補注：槐西雜志：西洋艾儒略作西學凡一卷，末附唐碑，稱貞觀十二年，大秦國阿羅木將經卷來獻，卽於義寧坊勅建大秦寺，度僧二十一人。癸巳類稿：唐建中二年，大秦國僧景浄立景教流行中國碑，言大秦寺始貞觀十二年七月。按通典職官二十二，視流内有薩寶府祆正，視流外有薩寶府祆祝、薩寶府率、薩寶府史。注云武德四年置，羣胡奉事，取火祝詛。貞觀二年，改波斯寺。開元二十年，禁民習末摩尼法。天寶四年，改波斯寺爲大秦寺。其言不相應。碑稱三一妙身无元真主阿羅訶，又稱其母爲三一分身景尊施訶，云室女也，誕聖於大秦。

補一條並注：五娘宿處，注：酉陽雜俎：上都義寧坊有婦人風狂，俗呼五娘，嘗止宿永穆牆下。

羣賢坊

補：華州參軍柳生宅，並注：自金城坊遷此，詳金城坊。

崇化坊

補：祆寺，並注：西溪叢語：貞觀五年，有傳法穆護何祿將祆教詣闕奏聞。敕令長安崇化坊立祆寺，號大秦寺，又名波斯寺。天寶四年七月敕：波斯經教，出自大秦，傳習而來，久行中國。爰初建寺，因以爲名，將以示人，必循其本。其兩京波斯寺，並宜改爲大秦寺，天下諸州縣有者準此。祆音天地之天。

豐邑坊　下補注：啟顏録：上都豐邑坊出方相。又紀聞：京中方相編竹，太原無竹，用荊。

永陽坊　大莊嚴寺，注：隋仁壽三年，立禪定寺。武德元年，改爲莊嚴寺。大中六年，改聖壽寺。按異苑記大莊嚴寺釋智興鳴鐘感應事，在隋大業五年，猶稱禪定寺也。

龍首渠　滻水北流至長樂坡　補注：紀聞：開元二十二年，京城東長樂村有人家齋僧，一僧云：適到滻水，見老僧坐水濱，洗坐具。按此長樂坡下有村近滻水之證。餘詳禁苑光泰門及外城通化門下。又項斯有和李中丞期王徵君同游滻水舊居詩。又北夢瑣言：盧渥於滻水遇宣宗微行，帝揖與相見，請詩卷，袖之，乘驢去令主司擢第。

永安渠　又北流經大通、敦義、永安、延福、崇賢、延康六坊之西　補注：乾𦠆子云：竇乂日傭人於崇賢西門水澗洗破麻鞋、碎瓦子，即此渠也。

東都外郭城圖

宜人　補：本宜民。

安業　補：安宜附。

正平　補：即政平。

康俗　補：即康裕。

敦化　補：本基化。

道化　補：一作遵化。

道德　補：本道訓。

仁和　補：本民和。

正俗　補：利俗附。

興教　補：卽興道，一作「敬」。

宣教　補：本弘教。

履信　補：恭儉。

會節　補：卽惠節。

睦仁　補：本睦民。

永通　補：本依仁。

仁風　補：一作仁豐。

寧人　補：本寧民，亦作寧仁。

大同　補：本植業。

承義　補：一作永義。

明義　補：本顯義。

西市　補：本固本坊。

道政　補：本元吉。

北市　補：本臨德坊，又附振德。

毓財　校：考作「材」。

通遠　補：或作通達。

卷五　東京〔按此題原在東都外郭城圖之前，與徐考次第不合，今移正。〕

宮城

長樂門　補注：按此卽光政門改名。朝野僉載：婁師德於光政門外横木上坐。卽此門也。

觀文殿　補注：大業拾遺：武德四年，東都平後，觀文殿寶厨新書八千許卷，欲載往京師，於河值風覆没，一卷無遺。又陸龜蒙和皮日休詩云：近有隋後主，搜羅勢駢闐。〔「搜羅勢」三字原墨釘，今據全唐詩卷六一七補。〕寶函映玉局，彩翠明霞鮮。伊唐受命初，載史聲連延。

砥柱不我助，驚波涌淪漣。遂令往古書，半在餘浮泉。即詠此事也。

集仙殿　補注：困學紀聞：武后在洛陽，不歸長安，張柬之等舉兵至后所寢長生殿，又遷后於上陽宮，皆在洛陽。程泰之雍録誤爲長安宫殿，長安別自有長生殿。

皇城

麗景門　補注：舊書來俊臣傳：麗景門亦號新開門。

上陽宫

宫之正殿曰觀風，注：武后還朝政後居此　補注：張柬之等遷后於上陽宫，即此。

麟趾殿　補注：逸史：麟趾殿廷有大方梁，長數丈，徑六七尺。

神都苑

黄女宫　補注：西晉洛陽圖有皇女臺，在外郭廣陽門內流杯池畔。

凌波宫　補注：逸史：玄宗在東都，夢凌波池中龍女，上爲鼓凌波曲。及覺，遂宴從官於凌波宫，臨池奏新曲，有神女出於波心，良久乃没，因遣置廟於池上，歲祀之。

外郭城

長夏門　補注：皇甫枚三水小牘：出長夏門，由闕塞渡伊水而東南，踐萬安山之陰麓。

上東門　補注：上東門外有郭仁鈞別墅，見戎幕閒談。又集異記：裴珙家洛陽，自鄭西歸，至石橋，有少年以後乘借之，疾馳至上東門而別。珙居水南，促步而進，徘徊通衢，復出上東門，投白馬寺西竇温之墅。按水南在歸德坊，去上東門甚遠。

建春門

補注：唐闕史：洛城建春門外有信安盧尚書莊，竹樹亭臺，芰荷洲島，實爲勝境。

又補原注敬愛寺一條之後：尚書故實：敬愛寺東廊有雉尾病龍，繪素奇巧入神。三水小牘云：東都敬愛寺北禪院從諫，姓張。武宗時毁塔廟，諫潛於皇甫枚之温泉別業。又按，李頎有敬愛寺古藤歌。

徽安門，注：此門外卽北邙山　補注：録異記：李義範住邙山玄元觀，每入洛，徽安門必歇轡馬。又劇談録：北邙山有玄元觀，觀南有老君廟，廟有吴道子畫。杜甫配極元都閟詩，卽此廟。又乾䉼子：老君廟東北二百餘步，有大邱三四，時號後漢諸陵。有貴戚車出徽安門，抵榆林店，一老翁歌曰：我家在何處？北邙松柏鄰。又紀聞：婆羅門執幡花出

城門北去，至北邙墟墓間。又朝野僉載：北邙有白司馬坂。

尚善坊

坊北天津橋，注：貞觀十四年，更令石上　校：元和郡縣志作「石工」。

補一條並注：天津橋天宮寺，注：續玄怪録：李愬登天津橋，因入憇天宮寺。原化記：華嚴和尚在洛都天宮寺，弟子三百餘人。西京記：洛都天宮寺秀師，玄鑒默識，中若符契。獨異志：天宮寺有吳道玄畫。

旌善坊　李翺宅，注：正月　下校增「己丑」。

惠訓坊　長寧公主宅　補注：宅倉庫爲將作大匠楊務廉所造，見朝野僉載。

道術坊

校注：則道街坊，「街」是「術」字。

補注：傳奇：廣德中，孫恪游洛，至魏王池畔，有一大第，土木皆新，路人云此袁氏第。魏王池在此坊。

歸德坊　盧言宅　補注：此注所引語林與盧氏雜記文同，雜記卽盧言撰。

敦化坊

麟趾觀，注：劇談録：東都敦化坊有麟跡見於興慶觀　校：廣記百七十一引作「有麟德

廢觀」。

補一條並注：邕管經略使張同宅，注：五代史唐六臣傳：張策父同爲邕管經略使，居洛陽敦化里。浚井得古鼎，銘曰「魏黄初元年春二月匠吉千」十一字，策曰：「建安二十五年改延康，十月又改黄初，是黄初元年無二月。」

溫柔坊 補：王將軍宅，注：詳思恭坊。

擇善坊 婁師德宅 補：袁德師樓，並注：嘉話録：故給事汝南袁高之子德師於東都買得婁師德故園，起書樓。洛人語曰：昔日婁師德園，今日乃袁德師樓。

道德坊 補：書生宅，並注：紀聞：東都〔原誤作「郡」，今據太平廣記卷三三一引紀聞改。〕道德里書生行至中橋，遇貴人與語，因南去長夏門，遂至龍門，入一甲第。

仁和坊 許欽明宅 補注：西京雜記：唐東都仁和坊許欽明宅，院内有竹林。

永豐坊 西南隅柳樹，注：盧貞和白尚書賦永豐柳詩序：永豐西南角有柳樹一株，柔條極茂。補注：事詳雲溪友議，引白詩「永豐坊裏東南角」，白集作「永豐西角荒園裏」。按「西南」是也。又宣宗取入禁中乃兩株。

安衆坊 坊北中橋

此注後補二條並注：卜筮胡蘆生居，注：逸史：中橋胡蘆生善卜，聞人聲卽知貴賤。原化記：

宰相李蕃嘗寓東洛時，胡蘆生在中橋，李往候之，生曰：「郎君兩紗籠中貴人也。」感定錄：中橋有筮者胡蘆生，神之久矣。席氏旅舍，注：集異記：王琚姪四郎停中橋逆旅席氏家。

宣教坊　李紳宅　補注：紳有初到雒陽寓居宣教里時已春暮而四老已洛中分司詩。

嘉善坊　祕書監蘇踐言宅，注：五行記：蘇踐言，左相温國公長子　校：據廣記引，「蘇」上增「司禮寺」三字，下增「良嗣」二字。

南市

補注：續玄怪錄：南陽張茂實，唐大中初游洛中，假僕於南市，得王夐。

補一條並注：麩行，注：酉陽雜俎：開成初，東市百姓騎驢，驢語：「南市賣麩家欠我錢。」其人驚異，牽往麩行賣之。

通利坊　補：靜曲，並注：河東記：韋丹、胡蘆生至通利坊靜曲幽巷一小門入，數十步復一板門，又十餘步乃見大門，有人稱元濬之，流連竟日。

崇讓坊　河陽節度使王茂元宅　補注：西溪叢話：〔按「話」當作「語」。〕洛陽崇讓坊有河陽節度使王茂元宅，宅有東亭，見李商隱詩。

履道坊

白居易宅，注：新書本傳下增：東都所居履道里，疏沼種樹，構石樓香山，鑿八節灘，自號醉吟先生。又補注：居易詠興詩序：七年四月，予罷河南府，歸履道第。洛下卜居詩云「且脱雙驂」，易自注：買履道宅，價不足，以兩馬償之。又有履道池上作詩。又汎春池詩注：此池始楊常侍開鑿，中間田氏爲主，予今有之，蒲浦、桃島，皆池上所有。詠興詩云：百吏放爾散，雙鶴隨我歸。歸來履道宅，下馬入柴扉。劉禹錫鶴歎詩序云：樂天罷吴郡，挈雙鶴雛歸，今爲祕書監，不以鶴隨，置之洛陽第。

又補：宅東王大理宅，注：白居易聞樂感鄰詩注。又劉禹錫鶴歎詩：鄰舍夜吹笙，注：東鄰卽王家。

履信坊　補：北牆，注：玄怪録：洛州刺史盧頊姨蓄一猧子，骸在履信坊街北牆委糞中。

會節坊　趙懷正宅，注：酉陽雜俎：趙懷正住雒會節坊，段成式家雇其妻賀氏紉鍼　校：據雜俎本文，汴州百姓趙懷正住光德坊，病死，妻賀氏住洛惠節坊。

永通坊　補：西北有井，注：李商隱井泥詩云：皇都依仁里，西北有高齋。昨日主人氏，治井堂西郵。按此齋不知何人所宅。永通本名依仁。

歸仁坊　牛僧孺宅，注：舊書本傳雒都　校：雒都上依本傳增「留守」二字。

仁風坊　補：李著作園，並注：元稹仁風李著作園醉後寄李十詩：朦朧春月照花枝，花下音

聲是管兒。卻笑西京李員外，五更騎馬趁朝時。又琵琶歌寄管兒兼誨鐵山詩云：段師弟子數十人，李家管兒是上足。管兒不作供奉兒，抛在東都雙鬟絲。著作曾邀連夜宿，盡日聽彈無限曲。自茲聽後六七年，管兒在洛我朝天。去年御史留東臺，今年制獄正撩亂。暫輟歸時尋著作，著作南園花坼萼。

積善坊　李及宅　下補：南曲，並注廣異記文，下補：及云往南曲婦家將息。

銅駝坊

補注：洛陽銅駝街在洛陽城東，漢置銅駝二於宮之南街四會道頭，兩銅駝夾東西，夾路相對。諺云銅駝陌上集少年，言人物盛也。又異聞集：垂拱中，駕在上陽宮，太學進士鄭生晨發銅駝里，乘曉月度洛橋。

補一條並注：隱士薛弘機宅，注：乾𦠆子：東都渭橋銅駝坊有隱士薛弘機，營蝸舍渭河之隈。

立德坊

胡祆祠　補注：朝野僉載：河南府立德坊及南市西坊皆有胡祆神廟，每歲商胡酬神祈福，募一胡爲祆主，有幻術法。

補：陳仲躬宅，並注：博異記：陳仲躬於雒陽清化里假居，移居立德坊。

清化坊　補：旅店，並注：乾𦠆子：閻濟美到洛，投清化旅店。

道光坊　補：安樂寺，並注：朝野僉載：景龍年，安樂公主洛州道光坊造安樂寺，用錢數百萬。

北市本臨德坊　補注：雲仙雜記：洛陽振德坊皆貧民，賀知章目爲糠市。按振德坊不見所在，廣異記：張仁亶貧，居北市。與賀糠市言相應。又本臨德坊地，疑振德是臨德或名。

教業坊　裴休貞宅，注：與弟元素居啟業里　校：紀聞本云：弟休元，素多力。「素」字屬下句，「休元」乃弟名，此注誤。

通遠坊　李龜年宅，注：移於定鼎門　校：「門」字下依本書增「南」字，廣記引同。

雒渠　補注：伽藍記：洛水橋南道東，後魏時有白象坊。